# Entiende la tecnología

# Entiende la tecnología

Desde la caída de Megaupload
hasta los secretos de la inteligencia artificial

## Nate Gentile

Primera edición: noviembre de 2024
Segunda reimpresión: diciembre de 2024

*Printed in USA* – Impreso en Estados Unidos
1st Printing
ISBN: 978-84-666-7845-2
Depósito legal: B-16.127-2024

# ÍNDICE

# INTRODUCCIÓN

El ser humano es una especie relativamente limitada en cuanto a capacidades físicas: no es el animal más rápido ni el más fuerte. No puede volar, ni saltar alto, tampoco sobrevivir demasiado tiempo en el frío o en general en condiciones extremas. Pero sin duda es la especie con mayor capacidad de adaptación que habita la Tierra, y todo gracias a la tecnología.

Lo que más me fascina de la tecnología es que es capaz de elevarnos hasta puntos que ninguna otra especie ha alcanzado, por lo menos que nosotros sepamos. Conseguir logros y hazañas que hace pocas generaciones jamás hubiésemos imaginado, e irónicamente estas hazañas serían imposibles sin el trabajo de esas generaciones pasadas. A lo largo de la historia de nuestra civilización han ido surgiendo grandes inventos que han cambiado completamente las reglas del juego, desde la agricultura a las máquinas que protagonizaron la Revolución Industrial, los microchips y la inteligencia artificial, la revolución que vivimos en la actualidad. Pero, sobre todo, la tecnología son superpoderes. Sí, piénsalo, son superpoderes.

Sin tecnología no podemos hablar con personas que están a miles de kilómetros de nosotros, viajar de una punta del planeta a la otra en cuestión de horas, saber el estado de salud de nuestro cuerpo y curarlo, o incluso tener acceso a grandes cantidades de información desde cualquier lugar y en cualquier momento.

Con los últimos adelantos hasta podemos hablar con las máquinas en lenguaje natural (nuestro lenguaje del día a día) y que nos expliquen prácticamente cualquier concepto o que escriban código de programación por nosotros para manejar otras máquinas.

Por esto y mucho más la tecnología me vuelve loco desde que tengo memoria. Uno de mis pasatiempos favoritos es entender cómo funcionan las cosas, especialmente las que el ser humano ha creado con su ingenio. Empezó como un hobby cuando era pequeño y hoy, en mi trabajo, tengo la suerte de practicarlo cada día. No te voy a mentir, he sido un poco rarito desde que era niño: mis hobbies a lo largo de mi infancia y adolescencia han sido principalmente leer libros de ciencia y tecnología y ver documentales. Nunca me gustó el fútbol ni los deportes, ni tuve muchos de los intereses que tenían los chicos de mi edad. La verdad es que, cuando eres pequeño y estás obligado a encajar en un grupo social, a veces tener intereses fuera de lo común es un problema, pero ahora que tengo treinta y tres años, por lo menos en el momento en el que escribo esto, me reconforta saber que al final cuando eres adulto puedes convertir tus rarezas en fortalezas. Si eres raro como lo era yo y aún eres muy joven para verle las ventajas, tranquilo, con el tiempo seguramente juegue a tu favor. Y no lo digo solo por mí, piensa que la gente más talentosa e inspiradora que ha pisado nuestro planeta tampoco encajaba demasiado bien cuando era joven.

De todas las ramas de la tecnología la que más me ha fascinado desde siempre es la informática, porque en mi opinión es una de las menos intuitivas. A grandes rasgos puedes entender qué hace un motor de combustión o la física que hace que los aviones vuelen, o por lo menos hacerte un esquema mental que tenga sentido. Lo mismo ocurre con los relojes, las centrales de ciclo combinado y muchos otros inventos. Hasta puedes llegar a visualizar el funcionamiento de la radio en tu cabeza, aun siendo un niño, con algo de esfuerzo y entendimiento básico del electromagnetismo. Pero la informática... Esa sí que es otra bestia.

De niño me planteaba preguntas como estas: ¿Cómo es posible que una caja de color crema a la que llamamos ordenador pueda sacar esos gráficos coloridos en la pantalla? ¿Qué hay detrás de un programa como Word? ¿Cómo es posible que el ser humano haya creado algo así? Por mucho que le intentase dar un sentido a todo esto, yo no lo encontraba. Era algo imposible de comprender. No por nada el microprocesador es uno de los inventos más complejos y avanzados jamás creados por la humanidad. A día de hoy siguen siendo tan difíciles de diseñar que existe una delicadísima cadena de suministro y fabricación detrás de la creación de los chips más avanzados del mundo, chips como los que puedes encontrar en tu smartphone o tu MacBook.

Por eso, y por muchas otras cosas, decidí dedicar mi vida a estudiar y entender los ordenadores para aprender su funcionamiento y aprender a controlarlos, programarlos y modificarlos.

Nací en Uruguay en 1990. Cuando tenía diez años mis padres decidieron que nos mudaríamos a vivir a Italia. Dejé atrás a todos mis amigos y a todo el mundo que conocía para trasladarme a un país del que apenas conocía el idioma, a un pueblo muy pequeño en la mitad del campo donde no había muchos niños ni mucha cosa que hacer.

Como literalmente no había nada interesante con que entretenerme, en cuanto mis padres me dejaron conectarme a internet, empecé a aprender todo lo que pude acerca de los ordenadores. Investigué sobre ciberseguridad y sistemas operativos; aprendí sobre ataques DDoS, inyecciones SQL y exploits. Descubrí Linux y comencé a trastear con él. Probé distribuciones, recompilé el kernel de forma manual para entender qué hacía cada componente y hackear mi propia wifi de casa (o la de algún vecino). Pero no tardé en darme cuenta de que en este mundillo no saber programar es lo mismo que no saber leer. Puedes sobrevivir, pero te pierdes la mitad de las cosas.

Con once años empecé a aprender Python desde la página web oficial, Python.org. Uno de mis primeros programas fue Todd, un bot conversacional. Podías hablar con él y analizaba palabras clave dentro de lo que decías para darte una respuesta relacionada.

Luego seguí con la programación orientada a objetos con la que hacía pequeños juegos de cartas y otras aplicaciones. Más tarde me uní al Linux User Group de mi ciudad, donde conocí a gente con muchos más años que yo que me pasó todo tipo de material de lectura: libros sobre Unix, redes, el protocolo HTTP, incluso matemáticas y física.

Me gustaba tanto todo este mundo y todo lo que estaba aprendiendo que, literalmente, me pasaba los veranos pegado a la silla delante del ordenador, día y noche. No salía de casa a menos que mis padres me obligaran, algo extremadamente desagradable para mí. Contaba los minutos para volver a conectarme y seguir aprendiendo más y más. En realidad hacían bien en obligarme a salir para que me diera el sol, usara un poco la musculatura y esas cosas. Pero para mí el mundo digital era tan apasionante que todo lo demás me daba absolutamente igual.

Cuando llegó el momento de decidir qué quería estudiar, tenía tan interiorizado que la informática era algo que hacía de forma pasional que ni se me pasó por la cabeza que podría dedicarme a ello. Elegí Psicología, que también me interesa mucho (y uno de los temas sobre los que más leo a día de hoy). Pero justo antes de empezar el curso me di cuenta de que la informática también podía ser una buena profesión. No entendía cómo me iban a pagar por dedicarme a todo eso que yo ya hacía por pura diversión en mi casa, pero si podía ser así, vaya vida más feliz me esperaba.

Al cabo de unos años mis padres decidieron marchar a España, y sobre los dieciséis años me mudé a Barcelona, donde sigo viviendo actualmente. En España empecé a dedicar mi tiempo a aprender desarrollo web de forma autodidacta. Estaba llegando la Web 2.0, la web colaborativa, y parecía que programar páginas y aplicaciones web iba a ser el futuro, aunque esto nunca me gustó demasiado.

También aprendí sobre procesadores, placas base, tarjetas gráficas, montar ordenadores y todo lo que pudiese caerme entre las manos. Hasta me sacaba un dinero extra haciendo de servicio técnico a domicilio a pequeñas empresas y autónomos.

Mi padre, que confiaba mucho en mis habilidades, me presentó a un empresario que necesitaba un informático y programador para desarrollar su software de gestión. Yo tenía diecisiete años y nunca había trabajado, así que estaba dispuesto a trabajar prácticamente gratis.

Después de comprobar que realmente sabía programar, me puso a desarrollar por mi cuenta un módulo de CRM para gestionar los contactos de la empresa. En aquel momento no era tan fácil como hoy en día conseguir un CRM gratuito (todos los que había costaban dinero), sobre todo si querías personalizarlos a tus necesidades. Así que mi trabajo consistía en, poco a poco, ir creando el programa a la medida de los requisitos exactos de la empresa. Ese fue mi primer trabajo real de programador: era prácticamente un esclavo pero ya estaba en la rueda con diecisiete años, de ahí todo iría hacia arriba.

Siempre tuve una relación tóxica con los estudios. La verdad es que tantos cambios de país no me sentaron demasiado bien. En Italia era un estudiante ejemplar. Cuando vine a España a vivir, las cosas cambiaron. Dejé de estudiar en cuanto pude empezar a trabajar. Años más tarde hice la prueba de acceso a grado superior y acabé entrando en la universidad a distancia con veinticuatro años.

Pero, he de ser sincero, no iba conmigo. No quiero pecar de arrogante, tampoco que nadie se inspire en mí para dejar de estudiar. Estudiar es una gran idea y los profesores correctos te pueden literalmente cambiar la vida. En mi caso, que llevo toda la vida aprendiendo por mi cuenta, creo que seguir un camino único para todos, con un ritmo y con una profundidad preestablecidos es algo muy negativo. Creo que cada uno de nosotros somos en parte responsables de nuestra formación y que, como concepto, la educación debería tener más el aspecto de un árbol que se va desarrollando hacia abajo que no el de una lista de puntos por los que pasar.

Cada vez que aprendemos algo nuevo se nos abre por delante un mundo de posibilidades, una nueva rama de la que cuelgan muchas subramas. El conocimiento tiene forma de fractal y es prácticamente infinito. Aprender se parece más a navegar por un mapa, un mapa que deberías poder recorrer a tu manera y a tu ritmo, que deberías navegar guiado por la curiosidad. Esto dista mucho de lo que te ofrece la educación tradicional, donde normalmente tienes que pasar por una serie de temas preestablecidos, a veces de forma un poco arbitraria, y que son iguales para todos. Esta solución es práctica, porque si tienes decenas de alumnos en cada clase, es prácticamente imposible que cada uno pueda seguir su propio itinerario y al mismo tiempo asegurarse de que está aprendiendo algo. Pero también es muy ineficiente, y siento que gran parte de lo que se aprende en el colegio es una gran pérdida de tiempo. Además, cuando eres adulto te das cuenta de que la mayoría de las personas han olvidado casi todo.

Es cierto que el saber no ocupa lugar, aprender de cualquier cosa nunca va a ser malo. Pero estoy convencido de que si pudiésemos desarrollarnos siguiendo nuestra propia curiosidad desde pequeños le sacaríamos mucho más partido. Creo que lo mejor que pueden hacer los padres es facilitar a los niños que puedan desarrollarse en esas cosas por las que muestran interés. Aprender a ser autodidacta, tener la autogestión y la autodisciplina, o simplemente la curiosidad para aprender por tu cuenta y seguir algo que te apasiona es la habilidad definitiva en la era en la que vivimos y en los tiempos que vendrán en el futuro. Creo que algo parecido pasa con los estudios universitarios, por lo menos en ciertas áreas, tampoco es que pueda hablar por todos los campos. Pero en el mundo tecnológico, si aprendes rápido y sin ayuda, tienes una ventaja competitiva importante.

Siempre he sido bastante adicto al trabajo. Me identifico con mi profesión. No digo que sea algo bueno, tan solo es lo que es. Y con veinticinco años las cosas no me estaban yendo para nada bien. Necesitaba un cambio urgente. A lo largo de los años, tal y como había enfocado mi vida y me había proyectado a mí mismo, tenía el sueño de ser un gran programador y trabajar en un importante proyecto tecnológico. Quería de alguna forma cambiar el mundo a través de la ingeniería de software. Y en ese sentido me estaba acercando cada vez más a cumplir mis metas.

Durante un tiempo trabajé en una empresa de investigación científica donde participé en varios proyectos de la Agencia Espacial Europea y la Comisión Europea relacionados con la observación de la Tierra (imágenes de satélite) y el clima. Lo menciono porque creo que fue el trabajo que he tenido que más me ha gustado (fuera de lo que hago ahora, claro). Conocí a científicos e ingenieros inteligentísimos, muy por encima de mi nivel (que es el sitio ideal donde estar en casi cualquier momento de la vida). Pero pronto me di cuenta de que yo era el programador con más conocimiento de la empresa y que, por mucho que pudiese aprender de todo el equipo sobre matemáticas, ciencia de datos y muchos otros temas extremadamente enriquecedores, si quería seguir mejorando como programador, tenía que buscar una empresa enfocada en el desarrollo de software.

Así que cambié de trabajo. Conseguí un puesto de programador en una empresa con algunos de los ingenieros de software más brillantes que he conocido en mi vida. Eran personas extraordinarias con gran talento, muy afines a mí, con las que debatía acerca de todo tipo de cuestiones. Se trataba de un proyecto estable y ganaba mucho dinero, sobre todo para la edad que yo tenía entonces. Disfrutaba también de mucha libertad y me rodeaba de un ambiente intelectual muy fértil. Pero... en un par de años me di cuenta de que era extremadamente infeliz. Mi vida intelectual iba a morir en ese trabajo, que, por muy creativo e ingenioso que fuese, siempre se limitaba a la misma área de la tecnología. Era primero que nada programador, y por otro lado me estaba especializando cada vez más.

¿Qué pasa con hackear? ¿El hardware? ¿La programación concurrente? ¿Linux? Todas estas cuestiones me rondaban la cabeza. La bioinformática, la inteligencia artificial, todas esas áreas me interesaban y quería seguir aprendiendo. Este trabajo me estaba lastrando.

Había algo más en lo que pensaba mucho en aquella época: pasar horas sentado en una silla. No me malinterpretéis, amo programar. Me pongo y me puedo pasar diez horas sin mirar el reloj y pierdo completamente la noción del tiempo. Es una de las cosas más satisfactorias y atrapantes que he hecho nunca. Es una droga. Pero entonces sentía que estaba descuidando muchas otras áreas de mi vida que me llamaban mucho la atención: desarrollar mis dotes de comunicación, aprender sobre empresas y negocios, conocer gente, viajar, llevar un equipo, ver qué había más allá de esas cuatro paredes. Entiendo que algunos estaréis pensando que este tipo de cosas son las que tienes que hacer en tu tiempo libre, fuera de tu horario de trabajo. OK, estoy de acuerdo, pero soy una persona un poco obsesiva, y mi trabajo me obsesiona. Lo vivo como una de las partes más importantes de mi vida y lo disfruto inmensamente. No contemplo una vida en la que mi trabajo es una carga o solo cubre algunas de mis necesidades. Estamos hablando de aquello a lo que le dedicamos un tercio de nuestra vida adulta, otro tercio lo dormimos.

Para mí, el trabajo ideal es un estilo de vida, que disfrutas y te llena y te realiza como persona. Dedícate a lo que amas y no volverás a trabajar. Eso no es del todo cierto, te lo puedo asegurar, pero aun así creo que invertir en hacer algo que amas, tener como meta dedicarte a algo que realmente te satisface, junto con hacer ejercicio, dormir bien y alimentarte correctamente, va a hacer que tu vida valga mucho la pena. Invertir tu energía en cultivarte a ti mismo y llevarte al máximo nivel es apasionante. Y ya que te tienes que ganar el pan, lo ideal es que puedas hacerlo así. Admiro profundamente a todas las personas que cada día se levantan para luchar por su sueño y hacen las cosas con pasión, que viven y disfrutan de lo que hacen. Creo que es la manera correcta y la única de hacer las cosas: con pasión.

Pero en aquel momento, sufría una crisis personal profunda. Bastante profunda; hasta tomé antidepresivos. Abrí mi canal de YouTube como una vía de escape.

Al principio, con el canal, los objetivos eran dos: probar productos tecnológicos, que es algo mucho más superficial que entender la tecnología (aunque los productos también tienen un montón de tecnología por entender y explicar), y hablar sobre temas tecnológicos interesantes y dignos de investigar.

Con el tiempo he descubierto que hacer vídeos sobre tecnología satisface muy bien mis necesidades. Me permite dedicar tiempo a probar productos, así como nuevas tecnologías, investigarlas, entenderlas y luego explicarlas para que todo el mundo las pueda comprender. En los vídeos hay asimismo una parte artística y creativa importante, además de que me permiten desarrollar y cultivar muchas nuevas habilidades: el diseño gráfico, la filmografía, la redacción, hasta marketing y negociación para saber vender ideas a las marcas.

Acabé dejando mi trabajo y me empecé a dedicar por completo a mi canal. ¿Mi ocupación principal? Sigue siendo entender la tecnología, probarla, experimentarla y crear vídeos interesantes y cautivadores para que mi audiencia pueda no solo pasar un buen rato, sino también seguir aprendiendo. Aprender es extremadamente divertido. Entender la tecnología es muy disfrutable, por lo menos para mí. Y si lo es para mí, seguramente lo sea para muchos. Esa ha sido la base de todo lo que he hecho hasta la fecha y la clave del éxito que he cosechado a lo largo de los años.

A día de hoy hago muchas más cosas que producir vídeos. Aparte del canal, dirijo mi escuela tecnológica, Mastermind. Mi rol en Mastermind es de director de contenido. Trabajo mano a mano con los profesores para perfeccionar el método de aprendizaje basándome en los datos que hemos ido recogiendo de las millones y millones de visitas que recibe el canal y el comportamiento de los usuarios. En general tengo un rol más estratégico, pero lo mismo pasa en nuestros canales de YouTube y redes sociales. Si bien sigo siendo el redactor e investigador principal, con los años mi trabajo ha evolucionado y me dedico mucho más a gestionar a las personas y la estrategia de la empresa, y menos a editar vídeos, grabar y esas cosas que solía hacer cuando empecé. La verdad, ha sido una transición dura, pero me encanta.

Creo que plataformas como YouTube y la creación de contenido en general han revolucionado completamente la forma de aprender, y esa revolución nace de una necesidad. Una gran diferencia entre el contenido en redes y la educación tradicional es que, en la mayoría de los casos, no ves YouTube para aprender, sino para entretenerte. No solo eso, sino que existe una competencia enorme, y cada vez que subimos un vídeo a YouTube tenemos que competir con otros miles de usuarios que han subido vídeos sobre temas relacionados o incluso más interesantes. Los creadores de contenido competimos por vuestra atención. No hay un grupo de personas que esté obligado a ver tu contenido porque quiere desarrollar su carrera o sacarse un título, como en el caso de un profesor en un aula. Realmente no tienen ningún motivo para verlo más que estar aburridos en su casa, por lo menos en la mayoría de las situaciones. En cualquier momento pueden cerrar tu vídeo e irse a ver el nuevo proyecto de MrBeast, o un vídeo de Ibai. Eso nos ha obligado a crear nuevos métodos para que nuestro contenido tenga buen ritmo, esté más trabajado y editado, se entienda, sea entretenido y llame la atención incluso antes de verlo. La consecuencia de esta competencia por la atención y la retención es una nueva forma de aprender, más efectiva y más entretenida. Esto no lo digo solo como creador, sino también como consumidor de canales como Veritasium, Quantum Fracture, DotCSV o la Hiperactina, que son muy buenos ejemplos de cómo se tiene que divulgar en internet.

Esta es la magia de los creadores de divulgación: transmitir pasión por las cosas. Aunque yo solo soy divulgador a medias, a veces únicamente me dedico al puro consumismo y al espectáculo.

Me encanta probar productos tecnológicos. Me lo paso bomba usando cacharritos nuevos simplemente porque sí. Y muchos sabéis que también me meto en proyectos locos con mi padre. Montamos ordenadores que son auténticas obras de arte. Desde PC interactivos con inteligencia artificial a PC que lanzan fuego o que llevan un tirador de cerveza, o que utilizan técnicas innovadoras de refrigeración, como la refrigeración por inmersión. En fin, probar tecnologías, entenderlas, investigarlas, integrarlas, esta es mi pasión. Y he tenido la suerte de conseguir crear mi canal de YouTube (bueno, dos canales de YouTube, Twitch e Instagram, hoy en día no hay una sola red) y monetizarlo para poder dedicarme a tiempo completo a ello.

Gracias a esto surgen oportunidades increíbles, como viajar a exclusivos eventos de la escena tecnológica, hablar con expertos de la industria, incluso con los mismos ingenieros que desarrollan los microprocesadores más avanzados. He estado en algunas de las fábricas más secretas del mundo, he conocido a CEO tecnológicos que han revolucionado la industria y estoy a una llamada de preguntar cualquier cosa a prácticamente cualquier marca de tecnología. Para mí, un sueño hecho realidad.

Y cómo no, tengo acceso a probar casi todos los productos tecnológicos que salen al mercado. Hace poco estuve en San Francisco en la sede de Meta. En la Meta Store, la tienda oficial con todos los productos de la marca, me preguntaron si quería probar algo. Miré a mi alrededor y pensé: «Tengo en mi oficina todos y cada uno de los productos que hay en esta tienda». Más tarde me pasé por la Apple Store y el pensamiento fue el mismo; hasta he dedicado una semana entera a trabajar de forma exclusiva con las Apple Vision Pro que la gente está haciendo cola para probar. Para numerosas personas esto quizá no tiene valor o no lo desean. Para muchos su sueño es tal vez vivir en una cámper o viajar por el mundo. Quizá tener un Lamborghini o una mansión. Mi sueño es este. Estar conectado a este nivel con la tecnología me hace sentir muy afortunado y, sin duda, me permite tener una perspectiva única como muy pocas personas en el mundo. Y todo esto es gracias a mi audiencia, de la que espero que tú, lector, formes parte.

Pero volviendo a lo de antes, no solo me interesan los productos, parte de mi trabajo también es entender las tecnologías que van apareciendo. Las transformaciones en el mundo de la inteligencia artificial, las criptomonedas, los servicios web, los modelos de *cloud* y mucho más. A veces es abrumador siquiera pensar en todo lo que hay por leer, probar, entender, y evidentemente el nivel de profundidad al que puedo llegar no siempre es el que me gustaría.

Parte de mi proceso creativo consiste en documentarme (ahora tengo un equipo que me apoya en esta tarea para reducir los tiempos de trabajo) y luego escribir, a mi manera, bajo mi óptica y mi punto de vista. Decido qué es lo que quiero contar sobre esa tecnología, ese suceso, producto o servicio. De ahí sale un guion, guion que luego uso para crear mi vídeo.

A lo largo de estos años he acumulado unos cuantos guiones, casi quinientos, *wow*. De modo que con tantos guiones se podría decir que de alguna manera soy escritor. Entonces ¿por qué no hacer un libro?

La verdad es que nunca he escrito un libro, y quiero hacerlo bien. Así que le he dado muchas vueltas: ¿Cómo puedo hacer que este libro realmente sea bueno? ¿Que su contenido sea interesante, cautivador y valga la pena? Bueno, como te acabo de decir, llevo muchos guiones escritos. Algunos, muy a mi pesar, no han tenido mucho éxito, pero otros han sido tendencia y a día de hoy son los vídeos más vistos de tecnología de habla hispana. Alguno incluso ha inspirado nuevos formatos de vídeo a otros creadores de contenido que han seguido mi legado. Tengo vídeos que son objetivamente bastante buenos. Las cifras hablan por sí solas. Así que una recopilación de mis mejores temas es un gran punto de partida para este libro.

He elaborado un ranking de los vídeos que más han gustado, los más vistos, con el mejor *feedback* de todo mi canal, y con los temas más trascendentes e interesantes que he publicado a lo largo de los años, y los he recopilado. He recuperado esos guiones y los he mejorado, adaptado y ampliado. He añadido información nueva y más actualizada, o aclarado algunas explicaciones que no terminaban de estar claras, además de explayarme más en ciertas materias. Incluso he dejado de lado algunos puntos que no fue tan acertado incluir en aquel guion original. En otras palabras, he trabajado en elevar la calidad de mi mejor contenido para llevarlo a este libro que tienes en tus manos.

Como sabrás si eres seguidor del canal, tengo muchos tipos de vídeos. Para este libro he elegido los que se enfocan en la divulgación y los más atemporales, que cuentan historias y aspectos de la tecnología que son profundos, actuales y apasionantes. Algunos son historias de personas relevantes, otros son divulgación pura, y espero que con ellos te explote un poco la cabeza, tal y como me pasó a mí cuando investigaba.

En fin, este es un libro muy personal. Un libro en el que quiero que conectes un poco más con mi filosofía y mi forma de pensar.

Sin más dilación, vamos a empezar con una de las historias más delirantes del mundo de la tecnología y uno de vuestros vídeos favoritos del canal: la injusta caída de Megaupload.

# 1

# LA INJUSTA CAÍDA DE MEGAUPLOAD

## Un nuevo hogar

En 2010 los Dotcom llegaron a Nueva Zelanda. La familia había tomado prestado el jet privado de Peter Jackson, el famosísimo director de *El señor de los anillos*. Su llegada al Aeropuerto Internacional de Auckland, el 15 de diciembre, fue todo un acontecimiento. Gracias a arreglos previos, atravesaron el control de pasaportes con una fluidez reservada solo para celebridades y miembros de la realeza.

Kim Dotcom se había enamorado de aquel país y también de una de sus mansiones más caras, una gigantesca casa valorada en más de treinta millones de dólares. La verdad es que valía cada uno de aquellos dólares: contaba con estanques, una cancha de tenis, doce dormitorios, múltiples piscinas (una de las cuales es una piscina cubierta de tamaño olímpico), varias fuentes, un laberinto y veinticuatro hectáreas de césped impecablemente cuidado. La mansión, situada en Coatesville, se anunciaba en la web de Sotheby's. «Sotheby's tenía esta propiedad en su lista, por 35 millones de dólares estadounidenses, con todas las fotos. Como nos gustó Nueva Zelanda en esas primeras vacaciones, encontré esa propiedad..., vi las fotos y contacté con el dueño», explica Kim en el libro *The Secret Life of Kim Dotcom - Spies - Lies and the War for the Internet*, de David Fisher. No quería comprarla de inmediato, sino pasar un mes en la casa para «ver cómo se sentía» y «si era compatible con nosotros». Acordaron un alquiler de 80.000 dólares al mes, todo incluido. Se mudaron allí cuando los ingresos registrados de Kim Dotcom alcanzaban su máximo con 40.784.000 dólares anuales. En ese momento Megaupload, su empresa, se situaba como el decimocuarto sitio web más popular del mundo. Megaupload, con personal en Filipinas y operada desde Hong Kong, no dejaba de crecer. De modo que treinta y cinco millones por una casa no era un precio descabellado teniendo en cuenta que la mayoría de las personas adquieren casas que valen casi diez veces lo que ganan en un año. Esta resultaba incluso barata desde este punto de vista. Mudarse a Nueva Zelanda tampoco era un problema: «Mi negocio era virtual. No importa dónde esté. Nunca tuve una oficina real en Hong Kong, así que nunca me reunía con gente en una oficina ni trabajaba en una. Siempre trabajé desde casa. Si tienes un negocio configurado de esa manera, no importa dónde estés en el mundo, siempre y cuando tengas una conexión a internet».

Kim se fue encariñando con la mansión y empezó a personalizarla sin reparar en gastos. Desde su nombre en letras metálicas brillantes en la entrada hasta retratos suyos repartidos por todas las estancias, en los que aparecía junto a su yate o su helicóptero, pescando, cazando con escopeta y en escenas que recordaban más a la propaganda de un dictador que a la decoración típica de una sala de estar. Además, la casa estaba repleta de artículos de lujo, como mesas de Versace, paneles LCD que cubrían paredes enteras y, cómo no, una sala de *gaming*...

## LAG EN NUEVA ZELANDA

Kim era muy aficionado al *Call of Duty: Modern Warfare*. Sin embargo, el juego exigía una gran cantidad de ancho de banda, por lo que instaló un cable de fibra óptica para aumentar su velocidad. Decidió que quería ser el número uno en las listas de clasificación internacionales, lo que requería una gran cantidad de tiempo y la conexión a internet más rápida posible. No obstante, el cable de fibra óptica aún tenía retrasos inexplicables conocidos como «lag».

El lag es fatal para los jugadores online, de modo que Kim se vio obligado a contratar los servicios de la empresa de sistemas a medida Liquid Automation y la compañía de servicios tecnológicos Gen-I para realizar una serie de diagnósticos en la conexión. Esto reveló picos inusuales y desviaciones extrañas de la señal cuando salía de la propiedad.

A pesar de todo, Dotcom dedicó horas al juego y su pseudónimo online, Megaracer, ascendió en las clasificaciones hasta alcanzar el primer puesto. Un vídeo subido a internet muestra a Dotcom cubierto de confeti cuando alcanzó el primer puesto y celebrándolo con una gran tarta. El vídeo superó los dos millones de visualizaciones en YouTube en una semana.

Kim se había involucrado personalmente en el rediseño de la casa para cumplir con todas las ambiciones del niño que una vez había sido pobre. La «habitación del pánico» en el ático sobre el dormitorio principal era uno de sus caprichos, junto con la puerta secreta que disimulaba su ubicación. Estos espacios blindados no son difíciles de encontrar en las residencias de personas ricas y poderosas. Están pensados para refugiarse en ellos en caso de peligro, como un robo o un intento de secuestro.

La mansión también llegó a emplear a unas cincuenta personas, incluyendo mayordomos, limpiadores, cocineros, jardineros, niñeras y guardias de seguridad, además de contratistas. Incluso había un especialista dedicado al cuidado de los peces exóticos del acuario que se extendía a lo largo de la cocina.

Kim, entusiasmado por su nueva residencia, se moría de ganas de mostrársela al mundo. Por eso, pocas semanas después de mudarse, en la víspera de Año Nuevo, financió el espectáculo de fuegos artificiales más lujoso y más caro jamás visto en Nueva Zelanda, un regalo deslumbrante para su nueva patria. El cielo nocturno sobre el puerto de Waitemata estalló en un festín de pirotecnia de 500.000 dólares. Los fuegos artificiales se lanzaron desde una balsa flotante, iluminaron la noche y marcaron el inicio de una nueva era para los Dotcom en tierras neozelandesas.

Pero las cosas estaban a punto de cambiar.

## La noche de la redada

Kim amaba la música. No por nada era el dueño de uno de los sitios webs más usados en el mundo para conseguir las últimas canciones de los artistas con más tirón. Así que se había empeñado en producir su propio álbum de música pop, con videoclips incluidos. Un año antes, en París, había conocido a Printz Board, el productor de los Black Eyed Peas y le propuso ser uno de sus productores en un nuevo proyecto musical. «De ninguna manera —le respondió aquel—, quiero ser el único productor». Board, que vivía en Estados Unidos, viajó a Nueva Zelanda y pasó allí seis meses trabajando en el disco. Una noche, después de siete horas en el estudio, Kim subió al asiento trasero de su Mercedes rumbo a su mansión. Su familia ya dormía. Tras darse una ducha y vestirse con su pijama negro de seda, Kim tomó una botella de agua Fiji de su mininevera y se sentó en su cama de cien mil dólares, frente a sus monitores. Esa cama era uno de sus sitios preferidos donde pasar el día, y no era para menos. Hästens, una firma sueca, la había diseñado y fabricado a mano. Como explica Charles Graeber en un extenso artículo de investigación para la revista *Wired*, estas camas, confeccionadas con capas de crin de caballo, algodón y lana, requieren unas 160 horas de trabajo y llevan la firma del maestro artesano que las elabora. Cada cama tiene un coste de aproximadamente cien mil dólares. Kim poseía tres y había adaptado una de ellas como su cama de trabajo.

Fue entonces, en la comodidad de la mejor cama del mundo, cuando todo empezó.

De repente, Kim escuchó un sonido, un sonido grave y lejano que venía de fuera. Parecía un helicóptero. A continuación, sonó un fuerte golpe, gritos y ruido de botas en las escaleras: había intrusos en su casa. Sin dudarlo, corrió hacia su habitación del pánico y cerró la puerta blindada tras de sí.

Unas horas antes de estos hechos, al otro lado del océano, la operación se había puesto en marcha. El Departamento de Justicia de Estados Unidos incluso había avisado a algunos periodistas de lo que estaba a punto de pasar: se disponían a atrapar al pirata más temido de la red, y la captura sería una de las hazañas más heroicas llevadas a cabo por el FBI. Eso, al menos, es lo que querían hacer creer.

Dos helicópteros volaban sobre Auckland, al sur de la mansión, mientras el amanecer se abría paso por la ciudad. Los alrededores estaban llenos de policías armados entrenados para rastrear y, si fuera necesario, eliminar terroristas. Eran la fuerza civil más altamente preparada que Nueva Zelanda podía ofrecer. Su objetivo era Kim Schmitz, conocido también como Kim Dotcom, un exconvicto y exhacker, célebre por presuntamente servir cincuenta petabytes de contenido multimedia a cincuenta millones de personas al día, es decir, un total del 4 por ciento del tráfico global de internet.

Los detalles de la operación eran altamente confidenciales, conocidos solo por unos pocos involucrados en la redada.

Dotcom y sus colegas también estaban siendo rastreados por la Oficina de Seguridad en Comunicaciones del Gobierno, la agencia de inteligencia de Nueva Zelanda encargada de actuar como un sistema de alerta temprana para amenazas de seguridad desde el exterior del país.

La policía tiró abajo la puerta y entró en la casa para localizar al objetivo, pero algo no iba bien.

Habrían pasado diez minutos desde que había comenzado la redada y la unidad de élite antiterrorista no tenía ni idea de dónde estaba su objetivo o de cómo encontrarlo. No es fácil perder a un alemán de 170 kg, pero de alguna manera eso era lo que había pasado.

Al final, después de interrogar a su jefe de seguridad, consiguieron localizarlo. «Kim, somos la policía», llamaron los agentes mientras subían la escalera hacia la habitación del pánico.

Tras conseguir sacarlo de allí, lo condujeron escaleras abajo. Lo sentaron en una silla del salón. Dotcom dijo que estaba mareado, que tenía diabetes y necesitaba aumentar sus niveles de azúcar. Un agente le trajo una Fanta. Otro sacó una orden de arresto y otra orden de registro, y se las extendió a Kim. Era una lista muy larga de cargos en la que incluso figuraba el de crimen organizado.

Pero Kim Dotcom sabía perfectamente a qué se debía todo aquel despliegue. Su verdadero objetivo era cerrar Megaupload de una vez por todas.

## Megaupload: la web donde podías conseguirlo todo

Megaupload era un servicio totalmente gratuito donde podías guardar tus datos en internet para compartirlos con otras personas. Un sitio donde almacenar archivos demasiado grandes como para poder mandarlos por mail. Hoy en día parece algo de lo más normal. Tenemos WeTransfer, Dropbox, Google Drive, OneDrive, iCloud y mil servicios por el estilo, pero, en 2005, Megaupload fue uno de los primeros y, con muchísima diferencia, el más usado.

El funcionamiento de Megaupload era muy sencillo. Cualquiera podía subir cualquier tipo de archivo a la página web. Estos archivos no estaban indexados en los buscadores, es decir, no aparecían en las búsquedas de Google ni en otros buscadores, pero sí era posible compartir los enlaces con cualquier persona. Por ejemplo, podías escribir un artículo en un blog y poner ahí los links de Megaupload a programas, música o películas.

Era muy común en la década de 2010 que una búsqueda en Google te devolviera enseguida artículos con títulos como «Adobe Photoshop CC gratis Link MEGAUPLOAD» o «RED HOT CHILI PEPPERS [DISCOGRAFIA mp3] I Link Megaupload». En esas webs podías encontrar, aparte de una descripción de lo que ibas a descargar y un montón de publicidad intrusiva, el link para bajarte directamente el archivo, totalmente gratis.

En cuanto a modelo de negocio, Megaupload ganaba dinero de una forma muy adelantada a su tiempo. Generaba veinticinco millones de dólares al año en publicidad. Estos eran básicamente anuncios que aparecían de forma bastante invasiva dentro de la página web, pagados por distintas empresas que querían dar a conocer sus servicios. También ganaba otros ciento cincuenta millones a través de las cuentas premium. Esta era una cuenta por la que se tenía que pagar de forma recurrente y que te permitía descargar mucho más rápido, además de estar libre de publicidad.

Pero, evidentemente, Megaupload no inventó el concepto de traficar con archivos por internet.

## El P2P vs. los servidores dedicados

En aquella época ya existían otras formas muy usadas. La más famosa es el peer-to-peer. Estoy seguro de que alguna vez habrás usado esta tecnología o por lo menos has oído hablar de ella: es la que está detrás de aplicaciones como Torrent, eMule o Kazaa. Estos sistemas tienen un funcionamiento bastante distinto al de Megaupload: lo que hacen es crear un índice de archivos que están repartidos en los ordenadores de millones de usuarios conectados a internet. Las descargas no ocurren desde un servidor central, como en el caso de Megaupload, sino que los propios usuarios de la red actúan como cliente y servidor dependiendo de la situación.

Voy a usar una analogía para que lo puedas entender mejor. Imagina una comunidad de amigos que desean compartir DVD de películas entre ellos. Cada uno tiene en su casa uno o varios DVD que quiere poner a disposición de todo el mundo. Lo más lógico sería alquilar una sala o un espacio donde poder colocar todos esos DVD para que cada uno pueda recogerlo cuando más le convenga, pero esto implica invertir un dinero que ninguno tiene o quiere gastar. Por eso se les ocurre una idea: en lugar de tener todos los DVD físicos en un mismo lugar, crean un índice, un libro maestro público donde esté listado cada uno de los DVD disponibles y quién es su dueño. Cada dueño sigue teniendo el DVD en su casa, pero existe una lista con todos los DVD que los usuarios comparten. De esa manera, cada vez que alguien quiera ver una película tendrá que ir a ese índice, buscar la película en cuestión y allí aparece la dirección y el número de teléfono de la persona que la tiene. A partir de ahí el interesado se tendría que poner en contacto con el dueño del DVD para ir a recogerlo a su casa o que se lo envíe por correo. A medida que la red de películas crece, no solo tendríamos una ubicación por cada una, sino que podría haber cientos de personas con las mismas películas, por lo que los títulos más populares tendrían una lista de contactos muy grande donde poder conseguirlos.

Así es como funciona un sistema peer-to-peer (P2P). Tenemos usuarios que quieren compartir archivos almacenados en su ordenador. Los archivos son los DVD de nuestra metáfora. El archivo nunca va a un servidor. El programa en cuestión (Kazaa, eMule, Ares) crea un identificador para cada archivo compartido y lo envía a una lista de archivos, nuestro índice, que está en un servidor mantenido por la comunidad. De esa manera, cada vez que un usuario busca algún archivo en un programa de descargas P2P, en realidad se busca dentro de este índice. En él aparece la dirección de aquellos ordenadores desde donde lo va a poder descargar. A partir de ahí es cuestión de que los dos ordenadores hablen entre ellos: el PC del usuario que necesita el archivo se conecta al PC del usuario que tiene ese archivo en su disco duro, y de forma directa uno descarga el archivo desde el otro.

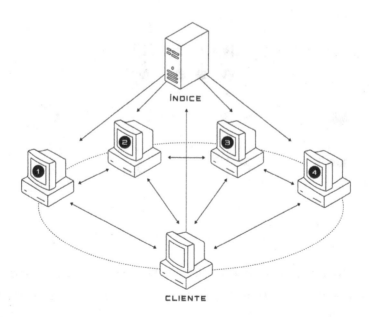

ÍNDICE

CLIENTE

Esto, como puedes imaginar, o quizá recordar, es extremadamente lento. Además, en la época en la que este sistema alcanzó su máxima popularidad, los usuarios no tenían una conexión a internet demasiado rápida en sus casas. La buena noticia es que, a diferencia de lo que pasa con un DVD físico, los archivos se pueden clonar fácilmente y dividir en trocitos. De esa forma, si muchos usuarios tienen ese mismo archivo disponible para descargar, el archivo se divide en muchas partes, pongamos 46, por decir un número, y cada una de esas partes se descarga de cada uno de los 46 usuarios que tienen el archivo a disposición. Mediante este método podemos aprovechar la velocidad de subida a internet de 46 usuarios a la vez, con lo que la descarga es muchísimo más rápida que si la estuviésemos descargando desde el ordenador de un solo usuario.

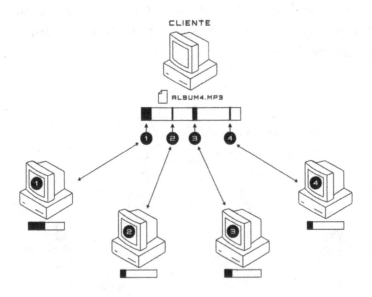

La descarga siempre es distribuida y siempre se hace de usuario a usuario. Por eso se llama P2P o peer-to-peer, porque los intercambios ocurren entre pares, es decir, usuarios del mismo nivel. Este sistema es muy efectivo, pero dependiendo de la conexión de red de cada usuario y lo popular que sea un archivo en concreto, la descarga puede ser lenta o directamente imposible.

Megaupload se basaba en un concepto más tradicional: los archivos se almacenaban en servidores privados. Estos servidores eran ordenadores diseñados para funcionar las veinticuatro horas del día, con mucha capacidad de almacenamiento y una buena conexión a internet. De esa manera la experiencia de descarga siempre era la mejor posible. Esto, volviendo al ejemplo de la colección de DVD, es como si Kim Dotcom hubiese pagado por montar ese local donde se guardan todos los DVD para que cualquier usuario pudiese venir a buscarlos sin necesidad de ir a la casa de su dueño.

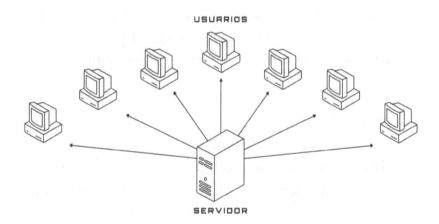

USUARIOS

SERVIDOR

La experiencia es más consistente y, en general mejor, pero también tiene sus inconvenientes. En una red peer-to-peer es casi imposible frenar las descargas. Podrías rastrear y detener a los usuarios más activos, cosa que, por cierto, se ha hecho en algunos países como Italia, pero nunca cerrar toda la operación. En el caso de Megaupload, esos servidores tenían un mismo dueño.

## El gran problema de Megaupload

A efectos legales, tener servidores privados a disposición de los usuarios para que puedan compartir archivos libremente no tiene nada de malo. El problema es que, en aquella época, muchísima gente, y me tengo que incluir en esa lista, usábamos Megaupload y Megavideo para compartir contenido que infringía los derechos de autor, desde programas hasta música, películas y series de televisión.

Por esa razón, la existencia de Megaupload generaba un profundo malestar, especialmente en la industria musical y del cine. Tanto es así que la MPAA (Motion Picture Association of America), formada por Universal, Paramount, Walt Disney, Sony Pictures y Warner, y dirigida por Chris Dodd, acabó declarando abiertamente la guerra a plataformas online como la de Kim.

### LA PIRATERÍA EN ESPAÑA

En España se desarrolló una cultura de ver series en internet centrada en Megaupload. Aunque existían otros servicios, este destacaba por ser el mejor. Disponía de Megavideo, que permitía ver vídeos directamente sin necesidad de descargarlos. Ofrecía alta calidad, rapidez de carga y, si contabas con una cuenta premium o ilimitada, podías incluso optar por un pago único vitalicio.

Este servicio no solo facilitó el acceso a los usuarios a una enorme biblioteca de series y películas, sino que también alimentó un cambio cultural en la manera de consumir entretenimiento. La gente comenzó a familiarizarse más con la idea de ver contenido en línea en su propio horario, lo que al final pavimentó el camino para la aceptación y el éxito de plataformas legales de streaming como Netflix o HBO.

Irónicamente, fueron estas plataformas las que, mediante un único y módico pago mensual (y no por el pago por unidad), disuadieron a los consumidores de piratería. Desde su nacimiento, pues, la piratería de contenidos audiovisuales se ha reducido de forma muy significativa: solo desde 2018, se evidencia un descenso del 20 por ciento.

Por último, es importante matizar que la obtención ilegal de productos de pago sin autorización vulnera la Ley de Propiedad Intelectual. No obstante, según el Código Penal, la gravedad varía si existe ánimo de lucro. Por ejemplo, ver una película ilegalmente (es decir, descargarla o reproducirla sin pagar por ella) no se considera un delito penal grave si no hay ánimo de lucro, aunque sigue siendo una infracción de la Ley de Propiedad Intelectual que puede acarrear sanciones administrativas y civiles. Pero la piratería con ánimo de lucro (por ejemplo, vender copias ilegales o gestionar una web que ofrece enlaces a contenidos ilegales con fines comerciales) se considera un delito penal y puede castigarse con multas severas y hasta con penas de prisión.

Fue un año antes de la ejecución de aquella operación que el Gobierno estadounidense había decidido intervenir, probablemente influido por la amenaza de la MPAA de no financiar al Partido Demócrata en las elecciones de 2012. Sea como fuere, en estas elecciones, ganadas por el Partido Demócrata y con Obama reelecto, el Departamento de Justicia y el FBI se pusieron manos a la obra para terminar con Megaupload de una vez por todas.

La redada fue ejecutada por la Policía Especial de Nueva Zelanda y supervisada por el FBI desde Estados Unidos. Un contingente de setenta policías con rifles automáticos y perros, además de helicópteros y furgonetas, irrumpió en el domicilio de los Dotcom.

El FBI creía erróneamente que Kim tenía en su poder algún tipo de mecanismo para destruir todos los servidores y eliminar pruebas en caso de ser capturado. Así que la prioridad era inmovilizarlo rápidamente para impedir la eliminación de datos.

Kim lo desmintió mientras bebía su Fanta.

Paralelamente se realizaron otras ocho redadas en los países donde se encontraban los centros de datos de Megaupload, y también en Alemania, en la casa de su madre, donde se confiscaron un coche y efectos personales. En total, se incautaron 67 millones de dólares en bienes materiales y se tomó el control de los servidores y dominios de Megaupload.

A pesar de todo este despliegue de medios, Kim solo experimentó una relativa sorpresa. No era la primera vez que lo habían arrestado, así que ya tenía cierta experiencia. De hecho, a los diecinueve años, en Alemania, su país natal, había sido encarcelado por manejo de bienes robados, un término usado por los tribunales para describir sus actividades de hacking.

## Kim, el niño hacker

Kim Schmitz se crio en el norte de Alemania, en un hogar marcado por un padre alcohólico que, cuando bebía, amenazaba con agredir a su madre o lanzar a Kim desde el balcón. Después de esta infancia difícil, creció como un adolescente sin miedo a los adultos ni a la autoridad. A los once años, quedó fascinado por un Commodore C16 en una tienda y, tras insistir mucho, su madre, ya harta de él, accedió a comprárselo. Con este ordenador, Kim aprendió a programar en BASIC y se conectó con una amplia comunidad de informáticos interesados en el hacking y en compartir claves de acceso a diferentes servidores.

En esta época, durante los años noventa, es cuando Kim pone en marcha su primer pequeño gran emprendimiento, pero de forma no demasiado legal.

## Llamadas de cobro revertido...
## desde el teléfono de otro

Imagina la típica oficina donde hay cientos de empleados. Cada uno de ellos tiene un teléfono en su mesa con una extensión interna: un número al que puedes llamar para hablar con esa persona desde cualquier parte de la oficina.

Por ejemplo, si Carlos, en su despacho, levanta el teléfono y marca #314, llama a Pedro, que está en la planta baja del mismo edificio. Esos mismos teléfonos también permiten que Carlos y Pedro puedan llamar a números de teléfono externos, como el de Sandra. Sandra es la representante de uno de sus clientes más importantes, por lo que Pedro la llama mucho desde su despacho. Al mismo tiempo, Sandra puede llamar a la sede donde trabaja Pedro y, usando la extensión #314, llamar directamente al despacho de Pedro sin pasar por una operadora.

Tradicionalmente este tipo de sistema de comunicación se configuraba usando unos aparatos llamados PBX (Private Bench eXchange). Estas son centralitas telefónicas privadas, imagínatelas como cajas con un montón de puertos para conectar cables de muchos teléfonos. Aquí es donde se conectaban los teléfonos de todos los empleados para interconectar llamadas internas, recibir llamadas del exterior, reproducir locuciones grabadas, poner llamadas en espera y permitir a los empleados de la empresa llamar al exterior.

Hoy en día muchas empresas ya no usan estos sistemas, los han sustituido aplicaciones como Slack, Discord, Zoom o Skype, pero siguen siendo muy comunes en centros de soporte y asistencia o telemarketing (los pesados que te llaman para venderte cosas), porque allí no hay otra opción que usar el teléfono, aunque en la actualidad hay alternativas virtuales basadas en software.

En aquella época las PBX eran sistemas muy caros y complejos, desconocidos por la mayoría de la gente, que encontrábamos normalmente en hospitales, grandes hoteles y grandes empresas. Y al conocerlos tan poca gente, la seguridad tampoco era una de las máximas preocupaciones de los fabricantes de este tipo de aparatos.

A través de su red de contactos, Kim aprendió sobre las PBX y sus fallos de seguridad. Aprendió a controlarlas de manera remota. Si controlas una centralita de forma remota, puedes usarla para hacer llamadas, y hacer llamadas desde un número que no es tuyo puede ser muy beneficioso.

Contrató una línea telefónica de cobro revertido, de estas donde se paga por cada minuto de llamada. La línea estaba en las Antillas Holandesas, un país donde no te hacían demasiadas preguntas a la hora de contratar estos servicios. Entonces, empezó a llamar desde todas las centralitas que había hackeado a ese número de teléfono.

Este tipo de ataques son muy comunes en el mundo de la telefonía y hoy en día se siguen haciendo. De hecho, hace unos diez años trabajé como programador en una empresa que tenía un departamento de telefonía IP que se dedicaba a dar servicios a empresas y *call centers*. Nuestros clientes no siempre configuraban bien el software en sus oficinas y dejaban agujeros de seguridad abiertos, por lo que más de un lunes nos encontrábamos con empresas que habían sido atacadas el viernes a última hora y, usando el método de llamada a cobro revertido, les habían hecho agujeros de 20.000 o 30.000 euros durante el fin de semana. El viernes por la tarde es el momento ideal para hacer este tipo de ataques porque nadie se dará cuenta hasta el lunes, cuando vuelvan a la oficina, y los números a cobro revertido suelen estar en Pakistán, con lo que la policía no puede hacer mucho al respecto.

Con esta estrategia, a los catorce o quince años, Kim *ganó* unos 195.000 dólares. Estuvo haciendo esto desde 1990 hasta 1993, cuando lo pillaron. Tras pasar cuatro semanas en un centro de detención juvenil, expertos de empresas como AT&T y MCI lo visitaron, no lograban entender cómo había logrado hackear las PBX.

Después de salir, Kim fundó una empresa de ciberseguridad llamada Data Protect, una de las primeras consultorías *white hat* del mundo. En otras palabras, las empresas le pagaban mucho dinero para que Kim y su socio les dijeran cómo protegerse contra los hackers. El trabajo consistía en intentar hackear los sistemas informáticos de sus clientes para encontrar vulnerabilidades y explicarles cómo cubrir esos agujeros de seguridad. Esto es algo bastante común hoy en día y se conoce como *pentesting*, o prueba de penetración.

### WHITE HAT HACKER

En el ámbito de internet el concepto de «*white hat hacker*», o hacker de sombrero blanco, describe a un profesional en la seguridad informática que, actuando de manera ética, se dedica a realizar pruebas de penetración. Para ello, emplea diversas técnicas para identificar y solventar vulnerabilidades en los sistemas de comunicación e información de las organizaciones. Estos expertos juegan un rol crucial en la protección contra ciberataques, ya que aseguran que las infraestructuras digitales sean robustas y resistentes a intrusiones malintencionadas.

Esta figura fue originalmente conceptualizada por IBM, con la intención de establecer una clara distinción entre los hackers que actúan con propósitos nocivos, comúnmente conocidos como *crackers*, o hackers de sombrero negro, y aquellos cuyo enfoque es constructivo y preventivo.

Según Kim, los hackers eran los nuevos magos. Empresarios reputados le trataban como si fuera un genio cuando, en realidad, lo único que hacía era conseguir contraseñas de una forma bastante básica y asequible a cualquiera que tuviese el tiempo para aprender.

Pero a Kim tanto dinero y tantos elogios se le estaban subiendo la cabeza. A los veinte años abrió una página web sobre su vida, su éxito y sobre las reglas para triunfar («10 reglas para ser un hombre de éxito»). También publicaba fotos suyas con mujeres, en un jet privado, en la cima de una montaña, con coches de lujo y todo tipo de extravagancias para mostrar que su estilo de vida estaba lleno de éxito. Una especie de Barney Stinson de *Como conocí a vuestra madre* en la vida real.

«La gente piensa que empecé esta web por mi ego, pero en realidad era para motivar a otras personas, como hacen otras figuras, como por ejemplo Bill Gates, Steve Jobs, Tony Robbins y Donald Trump».

Al final, Kim se aburrió de la ciberseguridad. Un día se despertó y vendió su parte de Data Protect para dedicarse a un nuevo sector: una empresa de inversión de capital.

## Kim, el hombre de negocios

Invirtió en LetsBuyIt, uno de los antepasados de sitios como Groupon o Atrápalo en España, pero una década antes de que se popularizaran. LetsBuyIt estaba cerca de la bancarrota, a punto de quebrar, así que decidió comprar acciones por un valor de 375.000 dólares. También anunció que tenía planes para mejorar la aplicación cambiando la interfaz y prometió invertir otros cincuenta millones de dólares. Este anuncio se publicó en varios medios y consiguió que las acciones de la empresa subieran automáticamente un 220 por ciento.

Kim se sorprendió y vio una oportunidad de ganar mucho dinero, así que empezó a vender las participaciones que acababa de comprar. Lo que no tuvo en cuenta fue un pequeño detalle: esta maniobra es ilegal. Fue acusado de abuso de información privilegiada, un delito que implica beneficiarse de información confidencial obtenida por relaciones laborales o personales con la empresa. Explicado de manera simple, según la policía, Kim había revelado los planes de la compañía para inflar artificialmente su valor en bolsa para, luego, aprovecharse de esta subida y vender sus acciones.

La televisión alemana fue a entrevistar a Kim, quien se encontraba en una suite de lujo del hotel Grand Hyatt en Tailandia. Su aparición en un canal alemán dejó mucho que desear. La imagen que transmitió fue la de un magnate en un lujoso hotel tailandés criticando duramente a Alemania por su trato a los empresarios. Llegó a plantearse si volvería a pisar el país tras aquel incidente.

En esencia, había desafiado abiertamente a toda Alemania. ¿Cuál fue la consecuencia directa? Pues que la embajada alemana le anuló el pasaporte y finalmente lo acabaron metiendo en la cárcel. Y no en una cárcel normal, sino una cárcel tailandesa, una de esas en las que hay 40 °C, sin camas, con olor a excrementos y donde te dan de comer en un cubo. Kim no aguantó mucho y pactó su regreso. Pasó seis meses entre rejas. Se ganó una fama bastante negativa en su país.

Con su historial delictivo, tampoco es que tuviera un futuro brillante en Alemania. Así que hizo un parón en su vida y decidió dedicarse a lo que realmente le apasionaba: las carreras.

## Kim, el piloto de carreras clandestinas

Sí, Kim era un fanático del asfalto, un habitual de las Gumball y eventos similares para millonarios con coches de lujo. Estas carreras eran del estilo de *Need for Speed Underground*: llevas tu supercoche y corres por las calles, a veces en circuitos, a veces en la vía pública. Si te pilla la policía, pagas una multa y sigues tu camino. Si eres rico, ¿qué más da?

### LA GUMBALL 3000

La Gumball 3000 es un evento anual que consiste en una carrera de coches de lujo de unos seis días en los que se cubre una distancia de aproximadamente 5.000 kilómetros (o 3.000 millas). Aunque oficialmente no es una competición y se espera que los conductores respeten las leyes de tráfico de cada país que recorren, no es raro que algunos participantes elijan ignorar estas normas. Esto a menudo resulta en enfrentamientos con las autoridades locales debido a infracciones por exceso de velocidad.

En el año 2001, Kim se alzó con la victoria en la prestigiosa carrera de coches de lujo Gumball 3000. Lo hizo con un Mercedes Brabus SV12 que, como no podía ser de otra forma, se llamaba Megacar. Sin embargo, tres años después, fue sancionado por la policía española con una multa de 315 euros. Esta penalización se debió a su participación ilegal en la misma competición, y se vio agravada por un fallido intento de soborno.

En la operación TakeDown, se confiscaron 24 vehículos, muchos de ellos de alta gama. Entre ellos, destacan cinco Mercedes-Benz Clase ML, incluyendo tres con la versión deportiva 63 AMG. Otros modelos de Mercedes incautados son un Clase S 65 AMG, un G 55 AMG con matrícula «POLICE», un E 63 AMG con matrícula «STONED», un CL 63 AMG con matrícula «HACKER» y tres exclusivos CLK DTM, de los cuales solo se fabricaron cien ejemplares. La colección de Megaupload también incluía vehículos de superlujo, como un Rolls-

Royce Phantom Drop Head Coupe, un Maserati Gran Cabrio, un Lamborghini LM002 y dos Cadillac clásicos: un Series 62 descapotable de 1959 y un El Dorado de 1957.

El coche estrella de Kim era un Mercedes Brabus SV12, totalmente equipado con pantallas, ordenador a bordo y conexión a internet. Lo llamaba el Megacar. En las matrículas de sus Mercedes ponía palabras como «Evil», «Hacker», «Mafia», «Theo», «Guilty». Le gustaba hacerse el duro, se veía a sí mismo como un gran hacker, un genio del mal.

Después de un tiempo participando en carreras decidió que era el momento de ser el anfitrión, así que empezó a trabajar en su propio evento: el Ultimate Rally. Este sería un evento para la élite, con pilotos de Fórmula 1 y millonarios excéntricos de todo el planeta. ¿La ubicación? Cuanto más clandestina, mejor: Corea del Norte era el primer candidato en la lista.

Estas carreras eran demasiado épicas como para guardárselas para sí mismo, el mundo no se las podía perder, por eso Kim las grababa absolutamente todas. Pero había un problema que le frustraba profundamente, y es que no había una forma efectiva de distribuirlas. Los vídeos eran demasiado pesados para enviarlos por mail. Así que pensó: ¿Y si existiera una página web que te permita subir archivos y compartirlos con tus amigos simplemente pasándoles el link?...

Así nació Megaupload. Sí, Megaupload se creó para subir los vídeos de carreras ilegales de Kim Schmitz en persona. Para promocionarlo, incluso organizó un concurso en el marco del Ultimate Rally: ofreció 5.000 dólares al mejor vídeo de carreras callejeras. Pero rápidamente se encontró con que los servidores de Megaupload se quedaban sin espacio y, al mismo tiempo, el Ultimate Rally se desmoronaba. Demasiado ambicioso, cada vez era menos factible. Otro proyecto se le iba al garete.

## Kim cambia su nombre por el de su página web

Irónicamente, de todos sus proyectos, el único que parecía tener algo de éxito era Megaupload. Kim Schmitz vio en esto una oportunidad para reinventarse, para dejar atrás su pasado y empezar de nuevo. Y lo primero que decidió cambiar fue su apellido. Schmitz, además de ser difícil de pronunciar, era el apellido de su padre, a quien consideraba un alcohólico fracasado, y Kim no quería cargar con ese legado. Entonces se le ocurrió: ¿por qué no Kim.com? Representaba todo lo que él era y aspiraba ser.

Con esta nueva identidad, retomó la idea de su página web, un espacio para hablar de su éxito, de sus actividades, de quién era él realmente. Y pensó: «Si me llamo Kim.com, estaré promocionando mi web cada vez que mencione mi nombre». Era un golpe de genialidad.

Así que lo primero que hizo fue comprar el dominio Kim.com, invirtió una pequeña fortuna en él. Luego dio el paso definitivo y cambió legalmente su apellido a Dotcom («punto com» en inglés).

El tiempo pasaba y Megaupload se fue convirtiendo en una mina de oro, generaba millones de dólares. Empezó a ser un problema para la industria del entretenimiento.

Mientras que las empresas movían hilos para intentar ilegalizar a Megaupload de todas las formas posibles, Kim trabajaba en campañas para ganarse la opinión del gran público. Una de las campañas más famosas fue la «Mega Song», una canción sobre Megaupload en la que participaron celebridades de renombre en el mundo de la música, como P. Diddy, Will.i.am, Alicia Keys, Snoop Dogg y Kanye West. En el vídeo, cada artista expresaba su apoyo a Megaupload y destacaba las ventajas del servicio para compartir y disfrutar de la música. La campaña buscaba transmitir un mensaje claro: Megaupload no era solo una herramienta para la distribución de contenido pirata, sino también una plataforma que artistas de renombre mundial utilizaban y defendían.

Pero, al final, llegó el momento de rendir cuentas.

## La caída de la plataforma

En junio de 2012 se produce la redada en la residencia Dotcom. Kim y sus colaboradores fueron acusados de cinco delitos diferentes, incluyendo infracción de derechos de autor, crimen organizado y lavado de dinero. La acusación sostenía que Megaupload no solo había facilitado a sus usuarios cometer infracciones de copyright, sino que también los había incitado a ello. En otras palabras, que Megaupload les estaba pidiendo de alguna manera a sus usuarios que participaran en la piratería de material con derechos de autor.

Se argumentaba que, a pesar de que la plataforma almacenaba una gran cantidad de contenido pirata, no era Megaupload, sino los propios usuarios quienes subían dicho contenido. Aquí surge el concepto de «infracción secundaria de derechos de autor», una noción aplicada por primera vez en un contexto criminal y que no estaba prevista en la legislación ni de Estados Unidos ni de Nueva Zelanda.

El plan de las autoridades era cerrar Megaupload, extraditar a Kim y a sus colaboradores a Estados Unidos y solicitar condenas de varias décadas de prisión. Parecía que no había vuelta atrás, independientemente de cualquier defensa que pudieran plantear.

Sin embargo, Kim, incluso con sus cuentas bancarias bloqueadas, decidió enfrentarse al Gobierno de Estados Unidos con un equipo de abogados. En su defensa, contaba con varios factores a su favor. Uno de ellos, las numerosas irregularidades cometidas durante la operación del FBI, incluyendo la redada en su mansión en Nueva Zelanda. Esta intervención del FBI en territorio neozelandés fue vista con escepticismo por los locales, ya que la empresa operaba principalmente fuera de Estados Unidos y Nueva Zelanda, con su sede legal en Hong Kong.

Desde el comienzo de Megaupload, los problemas de derechos de autor fueron una constante. Para abordarlos, Megaupload permitía a las grandes empresas denunciar contenido que, tras comprobarse su ilegalidad, era eliminado sin más trámites. Seguro recordaréis que muchos enlaces de Megaupload en su época dorada caducaban, no por un vencimiento natural, sino porque la propia plataforma los eliminaba tras recibir quejas de infracción de copyright. Megaupload estaba obligado a hacer esto para cumplir con la Ley de Derechos de Autor de la Era Digital (en inglés *Digital Millennium Copyright Act* o DMCA) de 1998 y, de hecho, se ocupó de más de treinta millones de solicitudes de eliminación de contenido. Incluso en los términos y condiciones de la plataforma se especificaba la prohibición de subir material con derechos de autor.

Curiosamente, el 90 por ciento de los usuarios de Megaupload estaban fuera de Estados Unidos. Los países con más tráfico eran aquellos donde el acceso a películas y series era limitado, por lo que la gente recurría a Megaupload para descargar este contenido. Además, en muchos de ellos ni siquiera era ilegal descargar contenido pirata, como ocurrió durante años en España. Solo un 7 por ciento del tráfico total de Megaupload provenía de Estados Unidos.

Para facilitar aún más las cosas a la industria del entretenimiento, unas ciento veinte empresas del sector tenían acceso directo a Megaupload para eliminar por sí mismas el contenido que infringía sus derechos de autor. Megaupload les proporcionó una herramienta especial que les permitía hacer esto sin necesidad de una revisión por parte de la plataforma.

Legalmente, Megaupload estaba cumpliendo con todas sus obligaciones y no mantenía litigios con ninguna empresa. Era un delicado equilibrio entre ofrecer un servicio demandado por los usuarios y respetar las leyes de propiedad intelectual.

## EL CASO YOUTUBE

Veamos otro caso similar que ocurrió un par de años antes que el de Megaupload: Viacom contra YouTube. Viacom, propietaria de canales como MTV, Nickelodeon, Paramount y Comedy Central, demandó a YouTube por un motivo parecido: los usuarios subían a YouTube vídeos que infringían los derechos de autor de Viacom. Sin embargo, YouTube salió victorioso en este litigio porque cumplía con la DMCA. El sitio web permitía a Viacom eliminar cualquier vídeo infractor para lo que le otorgaba un acceso especial. Mientras YouTube respetara esta norma, no estaba violando ninguna ley, y eso fue clave para su victoria en el juicio.

Este caso planteó una pregunta importante entre muchos expertos legales: ¿cuál era la diferencia entre los casos de Megaupload y YouTube? Ambos involucraban plataformas donde los usuarios subían contenido que podía infringir los derechos de autor, pero sus desenlaces legales fueron claramente diferentes.

## Las sucias artimañas para inculpar a Megaupload

La operación contra Megaupload se complicó bastante, ya que el FBI sabía que no iba a ser tan sencillo como entrar en la casa de Kim, confiscar todo y tomar control de los servidores. Usaron todas las artimañas posibles.

Por ejemplo, en un momento de la investigación, el FBI solicitó la colaboración de Megaupload para acceder y revisar los contenidos subidos a la plataforma. Megaupload accedió sin problemas, ya que siempre se mostraron cooperativos para evitar conflictos. Pero aquí viene la trampa: el FBI les dijo expresamente que no eliminaran ni modificaran nada en los servidores, argumentando que todo lo almacenado era evidencia crucial para el caso. Entonces, el FBI subió un archivo ilegal en Estados Unidos (del cual no se conoce la naturaleza exacta) y, más tarde, acusó a Megaupload de no haberlo eliminado, a pesar de haberles ordenado lo contrario. Estos detalles solo salieron a la luz tras la redada.

Después del asalto, la situación se enredó aún más. El Gobierno de Nueva Zelanda declaró que la orden de extradición era inválida. Primero, porque no especificaba claramente el crimen cometido ni cómo el Gobierno de Estados Unidos estaba implicado. Además, la policía neozelandesa había llevado a cabo la operación sin permiso, simplemente había cedido a la presión del FBI.

Otro punto controvertido fue la incautación de 150 terabytes de datos durante la redada, los cuales fueron entregados por la policía neozelandesa directamente al FBI. Esto era un problema porque la policía de Nueva Zelanda no puede transferir pruebas a otro Gobierno de esa manera. No se puede hacer en plan: «Aquí tienes, Estados Unidos, son tuyas».

Más tarde también se reveló que Nueva Zelanda había espiado a Kim Dotcom, interceptando todas sus comunicaciones durante un mes. Gracias a esto, obtuvieron información sobre los preparativos de su fiesta de cumpleaños, dónde estarían sus socios, sus rutinas diarias, a qué hora se hallaría en casa y cuál sería el mejor momento para asaltar su residencia. Este descubrimiento obligó al primer ministro John Key a ofrecer una disculpa pública.

Como podéis ver el Gobierno de Estados Unidos aparentemente estaba intentando forzar de cualquier manera el cierre de la plataforma. Para que os hagáis una idea de lo delirante de la situación, os contaré un poco sobre el documento acusatorio, el mismo que entregaron a Kim durante la redada. Kim Dotcom y sus socios de Megaupload eran descritos como miembros de la Megaconspiración, una supuesta organización criminal global dedicada a la infracción criminal de derechos de autor y el lavado de dinero a gran escala. Se estimaba un daño a los titulares de derechos de autor de unos 500 millones de dólares, con ganancias reportadas para Megaupload de unos 170 millones de dólares.

Este documento incluye otras muchas afirmaciones sorprendentes. Por ejemplo, se mencionaba que la red había sido utilizada para propaganda terrorista o que Megaupload creaba y distribuía copias de obras protegidas por derechos de autor de manera deliberada.

Todo esto estaba diseñado para presentar a la empresa bajo la peor luz posible, especialmente ante aquellos en el juzgado que no entendían bien de qué trataba todo este asunto. Muchos de ellos no estaban familiarizados con internet ni con Megaupload, pero, al escuchar todas esas acusaciones, la impresión que se llevaban era que los involucrados en Megaupload debían ser realmente muy malos.

## ¿El final de Kim?

¿Qué pasó con Kim Dotcom? ¿Fue extraditado a Estados Unidos? ¿Acabó en la cárcel? Pues bien, desde hace casi una década, el Gobierno de Nueva Zelanda ha invertido más de 40.500 horas y 3,6 millones de dólares neozelandeses en intentos de extraditar a Kim Dotcom a Estados Unidos, sin éxito hasta la fecha. Kim pasó algunos años en arresto domiciliario y, aunque ya no está en esa situación, sigue pendiente del juicio de extradición. Él mismo ha expresado su disposición a viajar a Estados Unidos para afrontar el caso en persona, pero no puede hacerlo hasta que se resuelva la cuestión de la orden de extradición.

Lo cierto es que, aunque Estados Unidos no logró extraditar a Kim para juzgarlo en su territorio, sí consiguieron incautar prácticamente todo lo que tenía: el dominio de la web, el dinero, los datos, con lo que le dejaron en una situación de gran incertidumbre. Este caso demuestra cómo, cuando una figura como Kim se convierte en una molestia para la industria y los gobiernos, se pueden encontrar maneras de neutralizar su influencia, en este caso, quitándole el control de su web y su dominio.

Tras el cierre de Megaupload, Kim Dotcom, que tenía el 68 por ciento de las acciones, decidió no quedarse de brazos cruzados y lanzó un nuevo proyecto: Mega. Esta plataforma se inauguró en 2013, siguiendo una línea similar a la de Megaupload, pero con un enfoque aún más marcado en la seguridad y el anonimato en la compartición de archivos. Kim fue el líder inicial de esta nueva aventura, aunque más adelante dejó el cargo. En 2016, tuvo un desencuentro notable con los responsables de Mega. A través de sus redes sociales, insinuó que la web estaba a punto de cerrar, lo que fue rápidamente desmentido por los directivos de la empresa, que lo calificaron de «absolutamente falso». A día de hoy, Mega sigue activa, aunque su relevancia y dinámica difieren bastante de lo que fue Megaupload en su apogeo.

Desde entonces, Kim Dotcom no ha dejado de estar activo. Ha insinuado varias veces el posible regreso de Megaupload y se ha embarcado en diversos proyectos. Uno de ellos fue el lanzamiento de un álbum musical titulado *Good Times*, que sirvió para promocionar uno de sus servicios. En 2018, incluso se especuló con que lanzaría su propia criptomoneda, con lo que demostraba su interés por el cambiante mundo de la tecnología y las finanzas digitales.

En el ámbito político, Kim también ha hecho sus incursiones, aunque con un éxito limitado. Fundó un partido político centrado en la defensa de los derechos en internet, Megaparty, que reflejaba su constante preocupación por las libertades digitales y la privacidad en la red. «Mi partido político moverá a los no votantes, a la juventud, al electorado de internet. Vamos a convertir la política en algo excitante»", explicó a través de su perfil de Twitter. Sin embargo, esta iniciativa política no logró un impacto significativo.

En definitiva, la situación de Kim Dotcom es un claro mensaje a aquellos en el mundo del almacenamiento online que podrían estar bordeando la legalidad: cuidado, porque los gobiernos poderosos, como el de Estados Unidos, harán lo que sea necesario para ir a por ti. Y si no pueden encarcelarte, pueden quitarte todo lo demás.

Este caso abre muchos debates éticos y es un recordatorio de que, a veces, tenemos menos control del que pensamos y que, aunque respetemos las leyes, podemos terminar atrapados en conflictos con poderosas multinacionales.

# 2

# LA REVOLUCIÓN DE LA INTELIGENCIA ARTIFICIAL

En la actualidad estamos viviendo uno de los cambios más grandes desde la invención de internet. Un cambio de paradigma que posiblemente modifique las reglas de la sociedad tal y como la conocemos. Puede que la mayoría de nosotros no seamos capaces de verlo aún, de hecho, es muy probable que no pase de un día para otro, pero la mecha ya ha prendido. La inteligencia artificial es una realidad.

Tampoco es que hayamos llegado a este punto de la noche a la mañana: hace más de cinco décadas que se trabaja en este campo y muchos de los inventos que hoy en día son la base de la inteligencia artificial moderna existen desde los setenta. Todo invento lleva tiempo y desarrollo.

Pero estos últimos años ha pasado algo. Los astros se han alineado. Un montón de cosas han ocurrido a la vez, y de repente hemos normalizado que una máquina pueda conversar con nosotros como si fuera un amigo, darnos consejos sentimentales o escribir artículos para medios de comunicación, incluso diseñar páginas web o campañas de marketing mejor que muchos humanos y, además, en un tiempo récord. Este tipo de fenómenos se conocen como convergencia tecnológica. Esto ocurre cuando varias tecnologías llegan a un punto de madurez al mismo tiempo y se combinan para crear otra nueva tecnología que hasta ese momento no era posible. Esto se consigue porque tecnologías que al parecer no tenían nada que ver entre ellas de repente empiezan a compartir objetivos, características y se retroalimentan la una a la otra. Esto ha ocurrido a la lo largo de la historia con los dispositivos inteligentes, con la televisión y la radio y ahora mismo es exactamente lo que está ocurriendo con la inteligencia artificial. En este capítulo me voy a centrar en analizar esas tecnologías que han ido evolucionando de forma paralela para converger y dar pie a esta revolución.

Es posible que para muchos esto de la inteligencia artificial (IA) sea una simple curiosidad, que les llamó la atención los primeros días cuando el lanzamiento de ChatGPT era tendencia y ahora es algo anecdótico. Para otros ha transformado totalmente su manera de trabajar y planificar su vida. Pero lo más interesante es que el poder de la IA está llegando más allá de los simples usuarios: está cambiando literalmente las reglas del poder. No solo hablamos de empresas que despiden a departamentos enteros o a gran parte del equipo para reemplazarlos por inteligencia artificial. Hablamos también del mundo de los gigantes tecnológicos y de cómo se reparten el poder. Microsoft y Nvidia de pronto se colocan en el top 3 de empresas estadounidenses más valoradas en bolsa, por encima de Alphabet (la matriz de Google) y de Amazon y Meta. Nvidia no es una empresa demasiado grande, no tanto como el resto del top 5, y que en bolsa tenga más valor que Alphabet te da mucho que pensar. Lo mismo sucede con Microsoft, que le ha quitado el primer puesto a Apple, que ha dominado la era post-PC.

## El impacto de la IA

Quiero empezar hablando de por qué la IA es un avance tan grande desde el punto de vista de un ingeniero de software.

Antes de que existiera la programación, los ingenieros diseñaban circuitos electrónicos que hacían tareas muy concretas, como una radio o un telégrafo. El propio circuito eléctrico era el que decía a la máquina qué tenía que hacer. Por ejemplo, una plancha de ropa tiene un circuito formado por una resistencia que se calienta y un pequeño termostato que corta la alimentación a esa resistencia cuando la temperatura llega a un cierto punto. La plancha realiza una tarea, puede calentarse y mantener una temperatura, y es el circuito lo que le dicta esas reglas.

Esto fue así hasta la revolución de los procesadores programables, que dio lugar a la computación y la programación. Desde entonces las máquinas no se diseñan para una sola tarea, como la radio o la plancha, sino que pueden hacer muchas cosas distintas. Esto es posible porque tienen en su interior una serie de circuitos que les permiten realizar varias operaciones matemáticas y lógicas, y, usando eso y una memoria sobre la que pueden leer y escribir, son capaces de casi cualquier cosa.

Hablaremos un poco más a fondo sobre este tema más adelante. Así, el capítulo 7 de este libro, veremos algunas pinceladas sobre cómo «piensan» los ordenadores y con eso podrás hacerte una imagen mental un poco más clara.

Este tipo de máquinas, las que están en el corazón de nuestros dispositivos digitales modernos, se conocen como procesadores de uso general, y más comúnmente en nuestros PC como la CPU, o Central Processing Unit. Esta es la que le da vida a tu ordenador o teléfono móvil. Es más, hoy en día podemos encontrar estos microchips prácticamente en cualquier cosa, desde los coches, que llevan a veces cientos o miles de ellos, a neveras, routers, termostatos, luces inteligentes o test de embarazo. Si se puede jugar a *Doom* en un test de embarazo (sí, esta noticia es real), es porque el dispositivo lleva un procesador de uso general que se puede reprogramar para hacer cualquier otra cosa.

Los procesadores son muy versátiles pero inútiles por sí solos. Necesitan de un código, en otras palabras, una lista de instrucciones que ejecutar, y aquí es donde entra la figura del programador. El programador es quien se encarga de decirle al procesador exactamente lo que tiene que hacer paso a paso. Esa lista de instrucciones es lo que se conoce como software.

Cuando era niño la informática me parecía magia. ¿Cómo es posible que existan todas estas ventanas de colores en la pantalla de tu ordenador que te permiten hacer tantas cosas distintas? Cuando empiezas a entender lo que hay detrás, ves que no es más que un truco. La inteligencia de la máquina es una ilusión. Todo lo que hace el ordenador está fríamente pensado por personas. Cada caso con el que nuestro ordenador se pueda llegar a encontrar está contemplado y programado para tener un comportamiento muy específico.

Como todo lo que un ordenador hace tiene que ser pensado y escrito por un humano, a las máquinas se les dan mal ciertas tareas que solo las personas pueden hacer. Hay cosas que aprendemos a lo largo de nuestra vida que no sabemos explicar de forma técnica y precisa. Por ejemplo, cómo controlamos nuestros músculos y balanceamos perfectamente el cuerpo para caminar de manera estable y eficiente. Nuestro cerebro lo aprende, pero crear una lista de instrucciones paso a paso de cómo se hace es tan complicado que incluso en los videojuegos se usan actores para capturar el movimiento, en lugar de enseñarle al ordenador a caminar. El ordenador sería capaz de simular una persona andando a la perfección, pero el humano no se lo sabe explicar con códigos, o por lo menos le resultaría muy complejo.

## LA PARADOJA DE MORAVEC

La paradoja de Moravec, formulada por Hans Moravec en la década de 1980, describe una contradicción aparente entre la inteligencia artificial y la robótica. Esta paradoja señala que las tareas que los humanos encuentran complejas son, sorprendentemente, fáciles de implementar en máquinas, mientras que las actividades que son intuitivas para los humanos son extremadamente difíciles de replicar en robots. Esto se debe a que las tareas que consideramos complicadas suelen estar basadas en el razonamiento y la abstracción, habilidades que pueden ser programadas con algoritmos lógicos y matemáticos. Sin embargo, las habilidades que hemos adquirido de forma evolutiva, como la percepción sensorial y la motricidad, implican procesos cerebrales complejos que no son directamente transcribibles a código. Esta diferencia es particularmente importante en las capacidades que han sido esenciales para la supervivencia humana y que hemos desarrollado a lo largo de millones de años, como el movimiento coordinado o el reconocimiento facial.

Otro ejemplo de cuestiones que no sabemos explicar al ordenador es cómo imaginamos y pintamos un cuadro o cómo escribimos un poema. Para estas tareas se necesita un pensamiento abstracto que es muy difícil de detallar en una simple lista de pasos, como ocurre en la programación tradicional. Imagina explicar a un ordenador cómo hablar si ni siquiera nosotros entendemos del todo qué hace nuestro cerebro cuando estamos formulando frases.

## Los orígenes de la IA

La idea detrás de la inteligencia artificial es crear un programa que sea capaz de aprender a hacer cometidos tal y como los hacemos nosotros. En lugar de darle una lista de tareas que debe realizar con un comportamiento exacto y predecible, podríamos mostrar a esta máquina una serie de casos y que, basándose en ellos, la propia máquina aprenda una habilidad. Ha habido muchos intentos en este sentido, algunos muy exitosos, otros menos. La red neuronal resultó ser uno de los mejores.

Imagina un programa de ordenador que intenta imitar cómo funciona el cerebro humano. En lugar de usar células cerebrales reales, emplea algo que llamamos «neuronas», pero en realidad son pequeñas piezas de código que realizan cálculos sobre los datos. Estas neuronas se pasan información entre sí y, paso a paso, llegan a una conclusión o resultado. Lo interesante de estas redes es que no les tenemos que decir exactamente qué hacer, sino que aprenden de ejemplos que les damos, como si estuvieran practicando para mejorar. Con cada ejemplo, ajustan un poco más cómo trabajan para hacerlo mejor la próxima vez. Y aunque las llamamos neuronas, no son más que partes de un programa, así que pueden funcionar en cualquier ordenador. Sin embargo, esto no es lo más óptimo.

Desde el principio se vio que las redes neuronales son complejas y necesitan bastante potencia de cálculo. Los procesadores, la típica CPU, no es lo suficientemente buena como para conseguir resultados satisfactorios con este tipo de programas. Es decir, la CPU es estupenda porque, como decíamos antes, es de uso general y puede ejecutar prácticamente todo tipo de programa, pero no siempre lo va a hacer de la forma más eficiente. Durante mucho tiempo el intentar ejecutar redes neuronales en la CPU ha sido uno de los limitadores que ha detenido el desarrollo de esta tecnología: nos faltaba potencia.

Esto no es la primera vez que pasa, ya lo vimos antes en otro campo: los videojuegos. En los ochenta se inventaron los chips gráficos, procesadores específicamente diseñados para hacer una tarea: rasterizar.

Cuando los gráficos en 3D se empezaron a poner de moda, nos dimos cuenta de que la CPU era muy lenta. Los objetos que vemos y con los que interactuamos dentro de los videojuegos están hechos en tres dimensiones virtuales, y si lo piensas no son directamente compatibles con las pantallas, que son planas. Una pantalla está formada por píxeles: una parrilla de puntos diminutos de color en dos dimensiones. Para poder mostrar una imagen, necesita que el ordenador le diga qué color quiere pintar en cada uno de esos píxeles. Así que tiene que convertir esa escena abstracta en tres dimensiones de nuestro videojuego favorito a algo que se pueda pintar en la pantalla. En otras palabras: convertir ese conjunto de figuras 3D en un mapa de puntos de colores en 2D. A eso lo llamamos rasterizar.

CÓMO SE RENDERIZA UN VIDEOJUEGO

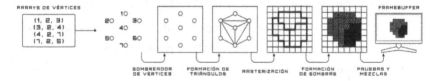

La CPU no es demasiado buena en esta tarea porque, si bien las operaciones necesarias para calcular cada píxel son muy simples, hay muchísimos puntos que pintar. La idea detrás de la tarjeta gráfica es tener un montón de núcleos pequeños, que no son tan potentes como los de la CPU, pero hay miles de ellos. Estamos hablando de que si los procesadores comerciales con más núcleos tienen entre 32 y 64 hoy en día, una gráfica moderna como la RTX 4090 lleva 16.384 «núcleos». La diferencia es considerable.

Para entender el porqué de esta diferencia tan grande en la cantidad de unidades de cálculo, tenemos que entender la filosofía detrás de cada uno de estos procesadores. La CPU, el procesador tradicional de propósito general, está pensada para la ejecución secuencial de tareas. Esto quiere decir que nos permite hacer una tarea, seguida de otra, y otra y así sucesivamente. Es parecido a cuando resolvemos una ecuación en el colegio, que vamos paso a paso modificando nuestra ecuación hasta resolver la incógnita. La mayoría de los programas funcionan así. Es cierto que los procesadores actuales pueden ejecutar varias instrucciones a la vez y llevar a cabo varias cosas en paralelo, incluso correr varios programas al mismo tiempo y dividirse en varias tareas. Esto lo consiguen en gran parte paralelizando las tareas entre los diferentes núcleos, o incluso compartiendo el tiempo del procesador: cada núcleo dedica algunos milisegundos ejecutar distintos programas en una lista, y es capaz de cambiar de tarea tan rápido que parece que todo ocurre a la vez. Pero el nivel de paralelización no está a la altura de lo que puede hacer la tarjeta gráfica, con sus decenas de miles de núcleos.

En los años noventa las tarjetas gráficas fueron tendencia, especialmente en el mundo del PC y más en concreto en el ámbito de los videojuegos. Juegos como Quake, Half Life y Unreal fueron de los primeros en sacarles jugo. Una de las empresas clave en esta revolución que nace justo en esa época es Nvidia.

Nvidia se fundó en 1993 como un fabricante de tarjetas gráficas para PC especialmente pensados para jugar. Competía con otras marcas como ATI, que acabaría siendo comprada por AMD, y 3dfx, que finalmente fue adquirida por Nvidia. Con el tiempo la empresa prácticamente asumió el liderazgo del sector de las tarjetas gráficas.

Unos años más tarde se dieron cuenta de que lo que hace a las gráficas muy buenas para rasterizar y renderizar gráficos de videojuegos en 3D también podría hacerlas muy buenas para otro tipo de cálculos. Por ejemplo, cualquier problema matemático paralelizable, es decir, divisible en varios problemas más pequeños que se puedan ejecutar a la vez, lo que permite que los cálculos en algunos casos se ejecuten incluso cientos de veces más rápido. Esto quiere decir que para ciertas simulaciones financieras, estadísticas o científicas altamente paralelizables como una simulación de Monte Carlo, que, por poner un ejemplo, tarda cien horas en ejecutarse en una CPU normal, con la gráfica podemos conseguirlo en una hora, una diferencia muy significativa. Este tipo de procesamiento es el que hoy en día se conoce como GPGPU, o General-Purpose computing on Graphics Processing Unit, en castellano computación de propósito general en unidades de procesamiento gráfico.

El problema era que las gráficas no estaban preparadas para hacer cálculos y devolver el resultado al ordenador como si fueran una calculadora o un procesador tradicional. El procesador central enviaba una escena a renderizar, la gráfica calculaba los valores de los distintos píxeles que componen la imagen en pantalla, todo esto se envía por el cable al monitor y ahí se termina el proceso. Por eso Nvidia necesitaba un sistema que permitiese a los programadores usar los núcleos de la gráfica para otras tareas, saltándose ese flujo de trabajo y devolviendo los valores a la CPU en lugar de generar imágenes.

## DIFERENTES TIPOS DE PENSAMIENTO

El pensamiento intuitivo, el deductivo y el abductivo representan diferentes modos de razonamiento, cada uno con características distintivas y aplicaciones específicas.

El pensamiento intuitivo se basa en percepciones instantáneas, sin un razonamiento evidente, típicamente asociado a decisiones rápidas y respuestas emocionales o basadas en experiencias previas. Este tipo de pensamiento es profundamente humano, vinculado a nuestra capacidad de reconocer patrones y actuar rápidamente ante situaciones complejas sin análisis detallado.

Por otro lado, el pensamiento deductivo implica un proceso lógico donde se llega a una conclusión específica a partir de premisas generales conocidas y aceptadas como verdaderas. Este método es altamente estructurado y lo utilizan tanto los humanos en contextos de argumentación y ciencia como los sistemas de inteligencia artificial en tareas que requieren lógica formal, como matemáticas o programación.

El pensamiento abductivo, considerado a menudo como el proceso de formar una hipótesis que podría explicar mejor las observaciones disponibles, es esencial para la inferencia y la formulación de teorías. Es un rasgo distintivamente humano que subraya la capacidad de afrontar con la incertidumbre y la falta de información completa, siendo fundamental en campos como la investigación científica y la medicina diagnóstica.

Aunque la inteligencia artificial ha avanzado en la simulación de pensamiento deductivo e incluso en aspectos del intuitivo mediante aprendizaje automático y redes neuronales, la capacidad de realizar abducciones complejas y manejar múltiples hipótesis con una comprensión profunda del contexto sigue siendo principalmente una destreza humana.

Este sistema se llamó CUDA y nació en 2007 con la GeForce 8800 GTX. A partir de ese momento tanto la propia Nvidia como la comunidad empezaron a desarrollar librerías y utilidades para aprovechar este nuevo tipo de procesador. Al final del día no es lo mismo programar para un procesador de uso general que para una gráfica pensada para hacer tareas en paralelo, el paradigma de programación cambia enormemente y los problemas necesitan ser enfrentados y planteados de otra manera, y por eso también el código tiene que ser en muchos casos reescrito. No es una tarea fácil ni que se consiga de un día para otro, pero que vale totalmente la pena si tenemos en cuenta que los tiempos de ejecución se reducen muchísimo.

También existe una versión open source de esta tecnología: OpenCL. Esta es la que usan, por ejemplo, las gráficas de AMD, competencia de Nvidia. Es una tecnología popular y muy válida que también se usa para GPGPU, solo que CUDA es más popular, entre otras cosas por llevar más tiempo en el mercado, lo cual le permitió establecerse mejor, ser más conocida por los desarrolladores, además de contar con más recursos como librerías y herramientas.

Y, por cierto, una de las tecnologías que mejor encaja con las tarjetas gráficas son las redes neuronales, que corren decenas de veces más rápido en un gráfica que en un procesador tradicional. Poder ejecutar estas redes en la GPU en lugar de la CPU es lo que permitió que las redes se empezaran a desarrollar y pudieran dar resultados realmente relevantes. Eso convirtió a Nvidia de forma casi automática en una pieza central dentro del mundo de la inteligencia artificial. Y todo gracias a la industria de los videojuegos.

Trabajar en CUDA fue una decisión visionaria por parte de Nvidia. Si la empresa no hubiese invertido todo ese tiempo y esos recursos, únicamente grandes empresas como Google o Meta podrían acceder a ordenadores capaces de ejecutar redes neuronales, pero no solo eso, sino que no habría tantos recursos gratuitos para programar inteligencia artificial. Y digo Google o Meta, o la «big tech» de turno, porque el precio de un ordenador para ejecutar este tipo de redes sería totalmente prohibitivo, y en parte es la comunidad junto con el acceso popular a esa tecnología lo que ha permitido que prospere tanto. El tener a miles de investigadores alrededor del mundo desarrollando proyectos incluso en el ordenador de su casa.

A Nvidia le está yendo tan bien en el sector de la inteligencia artificial que, de hecho, Jensen Huang, el CEO de la empresa, ha anunciado públicamente que ya no son una compañía de videojuegos, sino una empresa de inteligencia artificial. Seguirán haciendo gráficas para jugar, pero el foco principal es crear hardware para IA, superordenadores para IA y software para IA. Por eso ahora mismo han alcanzado su momento más alto en bolsa, superando a Alphabet en valoración de mercado.

Nvidia no es la única empresa en el mundo con este tipo de procesadores para correr redes neuronales. Google tiene incluso procesadores diseñados a medida para inteligencia artificial: los Tensor Processing Unit. Estos fueron diseñados especialmente por ellos y se usan dentro de los centros de cálculo de Alphabet para todas sus aplicaciones de inteligencia artificial. La gran diferencia con Nvidia es que este no es un producto comercial, no se trata de una gráfica RTX que puedes pedir en Amazon y tener esta tarde instalada en tu PC, sino que forma parte de la arquitectura privada de Google.

Tesla también ha diseñado sus propios procesadores para inteligencia artificial, que son los que usa en sus coches para sus algoritmos basados en redes neuronales. Estos chips están optimizados para hacer un tipo de cálculo en concreto, la multiplicación de matrices, que está a la base de la ejecución de las redes neuronales.

Lo mismo ha hecho AMD, con las gráficas Radeon e Instinct, que está trabajando duro para hacerse un hueco en el mercado, o mismamente Intel, que está impulsando su nueva serie de tarjetas gráficas Arc, que se pueden usar asimismo para IA. Incluso combinando la GPU, la CPU y la TPU, un nuevo concepto que vamos a ver en esta nueva era dentro de los procesadores y no deja de ser una unidad Tensor en miniatura (como la de Tesla y Google). Intel está apostando con esto a través de OpenVINO. Pero hasta el día de hoy Nvidia sigue siendo la número uno.

Otra ventaja que ahora mismo está favoreciendo a Nvidia, y que va a ser muy importante para el futuro del hardware en la inteligencia artificial, es que su cadena de suministro está muy bien establecida. Nvidia no fabrica sus propias gráficas. De hecho, salvo Intel o Samsung, muy pocas empresas en el mundo fabrican sus propios chips. El resto trabaja con compañías externas, que además están extremadamente especializadas. En el caso de Nvidia la mayoría de los chips los fabrica la empresa más importante y con mejor tecnología del mundo: TSMC. Esta colabora con Apple, Sony y AMD, e incluso fabrica los chips que van dentro de los F35, los aviones militares más avanzados del mundo. Tener acceso a TSMC para fabricar tus chips no es sencillo, las listas de espera son infinitas. Tanto es así que la saturación de TSMC fue una de las causas principales de la escasez de chips durante la pandemia, que todavía tiene secuelas a día de hoy.

Nvidia lleva años colaborando con TSMC, y esto le permite disfrutar de cierta ventaja respecto a una empresa nueva que quiera competir con ellos. Por lo que si una nueva empresa diseña un chip mejor que los de Nvidia, es posible que tenga problemas para fabricar una gran cantidad. No obstante, es cuestión de tiempo que aparezcan otros competidores que creen productos a la altura o incluso mejores que los de Nvidia. De modo que esta tendrá que defender su posición si quiere mantenerse en la cima del mercado. En mi opinión, no va a ser fácil porque la tecnología de los chips avanza cada vez más lento. Y esto podría ser un problema (para la IA).

## La ley de Moore se detiene

En la década de 1990 cada dos años, aproximadamente, los chips duplicaban la densidad de transistores, es decir, eran el doble de potentes al mismo precio. Este ritmo lo podían mantener empresas como Intel, que están muy especializadas y que tienen mucha inversión en I+D, además de muchos años de experiencia.

Ahora mismo, en 2024, nos encontramos en un momento en el que estamos muy cerca de los límites físicos de los chips y esto hace que mejorar los microprocesadores de forma drástica en tan pocos años sea algo muy difícil. Como la tecnología está bastante estancada, ahora es mucho más fácil que antes que cualquier competidor tenga acceso a esa tecnología. Como la tecnología no avanza demasiado rápido, esto da tiempo a los competidores a ponerse a la altura.

Te pongo un ejemplo para que lo entiendas. Vamos a imaginar que las tarjetas gráficas son motores de coches. Antes, cada dos años, las empresas hacían motores que, por el mismo precio y el mismo tamaño, tenían prácticamente el doble de caballos sin consumir más gasolina. Ahora, como no están consiguiendo esta mejora, se centran en fabricar motores más grandes, que consiguen correr a mayor velocidad, por lo que mantienen esa mejora año tras año, pero consumen más, se calientan más y son evidentemente más caros. Como estos motores no avanzan mucho en cuestión de tecnología, esto les da la oportunidad a los competidores a ponerse al día y sacar motores parecidos. Esto significa que ya no hay una distancia tan grande entre el producto de una empresa y otro.

De hecho el último producto presentado por Nvidia durante la GTC, la DGX Blackwell, está formada por probablemente el chip más grande jamás fabricado, con 208 miles de millones de transistores. También trabajaron en mejorar la comunicación entre varios chips. Ahora estos procesadores pueden hablar entre ellos con una conexión de 10 terabytes por segundo de ancho de banda. Esto permite conectar varios chips entre ellos de forma superrápida para que todo sea lo más eficiente posible, y nos dice que la evolución es a lo ancho.

Este podría ser uno de los mayores obstáculos para la IA. Si el desarrollo de procesadores gráficos o especiales para inteligencia artificial empezase a ir demasiado lento, empezaría a ser difícil obtener resultados cada vez mejores, ya que la mejora de esta tecnología depende en una parte importante de la potencia de cálculo que tenemos a disposición. Trabajar con modelos de redes neuronales más grandes y más pesados, con más «parámetros», consigue mejores resultados a nivel de lo que esa inteligencia artificial puede hacer, así que para seguir avanzando vamos a necesitar mejores procesadores. ¿Cómo acabará esto? Solo el futuro lo dirá.

## La IA y el Big Data

Pero no todo es gracias a las tarjetas gráficas.

A mediados de los 2000 surge otro problema para la informática. Un problema y a la vez una bendición: las redes sociales. Nace la web 2.0, la web colaborativa en la que no solo las empresas y los webmasters publican datos en la web, sino que los usuarios también crean contenido. Páginas web como Facebook, Myspace y Twitter empiezan a recoger datos de usuarios cada día sin pausa.

De repente tenemos a empresas que se encuentran con una situación con la que no saben cómo lidiar. Tienen demasiados datos. Las conexiones son tantas y los volúmenes de tráfico tan altos que la tecnología que existía hasta entonces empieza a quedarse corta. Nacen nuevos tipos de bases de datos, nuevas arquitecturas de software y, sobre todo, nuevas técnicas de análisis de datos.

El término que se usa para referirse a estos conjuntos de datos tan grandes es Big Data, y fue un gran reto para la industria. Los datos son clave para la toma de decisiones en cualquier empresa u organización: para entender qué es lo que está funcionando y qué es lo que no, para saber cómo piensan los usuarios, qué tipos de perfiles consumen sus productos o simplemente para mejorar sus sistemas de recomendaciones. Pero ¿qué pasa cuando los datos son demasiados? Tantos que los programas tradicionales se colapsan al intentar cargarlos o analizarlos, tantos que las medias o las estadísticas son irrelevantes, tantos que no parecen conducir a ninguna parte.

Fue una época muy emocionante dentro del mundo de la informática porque obligó a las empresas a reclutar a todo tipo de perfiles, sobre todo del mundo de la ciencia y la informática teórica, para inventar nuevos programas que pudiesen lidiar con un problema con el que nunca se habían encontrado hasta ese momento.

Entre los usos que hacen las empresas con estos datos está el de entrenar redes neuronales. Si tenemos muchísimos casos de interacciones de usuarios con publicaciones, ¿por qué no entrenamos una red neuronal para que aprenda a detectar si a un usuario le va a atraer un contenido o no, antes siquiera de que él lo pueda ver? De esa manera podemos mostrarle solo los contenidos que pensamos que le van a interesar, especialmente seleccionados para él, y así conseguir que pase más tiempo dentro de la red social.

Para ver cuánto dependen las redes sociales de estas redes neuronales basta con echar un vistazo al algoritmo de X que fue publicado por la empresa de Elon Musk hace no mucho. La capacidad de decidir qué tuits vemos y cuáles no se basa en una serie de redes neuronales interconectadas entre ellas que van determinando el interés que te despertará una publicación.

La magia de estas redes, y por lo que son tan buenas para estas situaciones, es que no hay un programador decidiendo por qué un post es interesante o no, sino que un programa es capaz de aprender de lo que hacen los usuarios para determinar de la forma más precisa posible a quién le va a interesar. Así funcionan todos los algoritmos de las redes sociales hoy en día. Es un conjunto de inteligencias artificiales las que deciden qué es lo que ves cada vez que abres Instagram, X, YouTube o TikTok.

Google, a pesar de no estar metido en el mundo de las redes sociales, también dispone de una gran cantidad de datos y también emplea muchísima inteligencia artificial. Se usa en las búsquedas de Google, en Google Translate, en los algoritmos de la publicidad y muchas cosas más. Y es por eso por lo que todas estas empresas han empezado a contratar, apoyar y financiar a investigadores. Google, en concreto, se halla detrás de muchísimos de los avances de los últimos años, por ejemplo, las redes convolucionales, que son redes neuronales que trabajan con imágenes. Pero sin duda el invento más importante de nuestro tiempo han sido los transformers.

## ChatGPT: la IA aprende a comunicarse con los humanos

El transformer es una tecnología basada en redes neuronales. Imagínatelo como un traductor muy bueno, porque es capaz de prestar atención a las palabras o partes más importantes de una frase y entender el contexto. Es la base asimismo de la mayoría de los modelos similares a ChatGPT, como Llama3, Gemini o Claude.

El transformer fue inventado por cuatro investigadores asociados con Google. Su lanzamiento fue totalmente revolucionario porque consiguió que las redes neuronales aprendan a hacer algo que es extremadamente útil: comunicarse con los humanos en lenguaje natural. Esto es algo gordo. Párate a pensar. Llevamos toda la vida comunicándonos con otros seres humanos, pero cuando vamos a usar un ordenador tenemos que lidiar con interfaces gráficas, manejar técnicas complejas para hacer búsquedas, entender cómo funcionan programas, acceder a páginas web y muchas otras complicaciones que son necesarias porque las máquinas no nos entenderían de otra manera. El transformer y su uso en los modelos de lenguaje abre la puerta a un mundo bastante inquietante. Imagínate hablar con tu ordenador y que te conteste como si fuera una persona. O mejor, que escriba por ti, te haga los deberes o cualquier otra tarea en la que hace falta generar lenguaje.

Esta misma tecnología fue la que adoptó una pequeña startup para empezar a experimentar con inteligencias artificiales capaces de generar lenguaje humano. Esa startup es la que en la actualidad conocemos como OpenAI. Después de varias versiones de su modelo GPT sacaron ChatGPT, la que le ha demostrado al mundo lo viva que está la inteligencia artificial y todo el potencial que tiene.

Si no hubiese sido porque las grandes empresas tecnológicas invirtieron en desarrollar técnicas de análisis de datos —entre los cuales las redes neuronales y la inteligencia artificial— para sacar provecho a ese Big Data, probablemente nada de lo que está pasando hubiese ocurrido.

Pero tampoco hubiesen existido jamás modelos como GPT si internet no fuese lo que es.

GPT, la tecnología detrás de ChatGPT, se fue entrenado usando datos extraídos de internet. Millones de entradas de foros,

70

reddit, github, stackoverflow, artículos de blogs, libros y otras miles de fuentes. Estas fuentes están disponibles de forma gratuita en internet, y sin esos datos la inteligencia artificial no podría haber aprendido todo lo que sabe. Todo ese conocimiento, esa capacidad de comprender, viene directamente de lo que la humanidad ha construido en la red, y hoy en día es más fácil que nunca acceder a todo eso. Incluso otras IA, como Sora, Midjourney o Dall-e, fueron entrenadas también usando imágenes y vídeos sacados directamente de internet.

En mi opinión estos son los tres puntos más importantes para que la IA esté en el momento en el que está:

- El hardware es cada vez más potente y más asequible, con todas sus librerías y recursos para programar.
- La inversión cada vez mayor en investigación de inteligencia artificial motivada por las grandes empresas tecnológicas.
- La gran disponibilidad de datos gratis para poder entrenar cualquier modelo de casi cualquier cosa en internet.

Pero ¿por qué todo esto es tan revolucionario? La gran revolución, a mi parecer, está justamente en las IA generativas. Las que pueden generar información que antes solo podía hacer un humano: textos, imágenes, diseños, música, voces y mucho más. Todo esto es muy útil y ahorra cientos de horas de trabajo. En concreto, las dos tecnologías más importantes de esta revolución son los transformers y los modelos de difusión. Los modelos de difusión son los que se usan en la generación de imágenes, de lo que también vamos a hablar un poco. Y estas tecnologías todavía no se han aplicado ni en la mitad de las cosas en las que se podrían llegar a aplicar. Es cuestión de tiempo, aunque es verdad que aún tenemos algunos problemas.

## La IA hoy y las mejoras pendientes

Seguro que al igual que yo has probado inteligencias artificiales y te has dado cuenta de que la cosa todavía no está a tope, que todavía hay muchos fallos por resolver. Y es cierto: aún no puedes dejar a la IA sola a hacer tu trabajo por ti al cien por cien, porque comete muchos errores. Aunque las soluciones, poco a poco, vienen en camino.

Uno de los grandes problemas son las «alucinaciones». Se le llama alucinación cuando una inteligencia artificial nos da un resultado inesperado. Por ejemplo, le preguntamos la fecha de nacimiento de algún personaje histórico y se la inventa. Las alucinaciones existen porque las redes neuronales son imperfectas y se basan en aproximaciones y estadísticas, pero con el tiempo están surgiendo muchas soluciones a este problema.

Un ejemplo son los RAG. Los RAG (Retrieval Augmented Generation) son sistemas que permiten dar información exacta de una fuente de datos fiable al modelo de lenguaje, por lo que la máquina no inventa, sino que busca y usa esos datos para enriquecer su respuesta. Esto lo estuvimos probando cuando construimos el PC de los ESLAND, el PC con inteligencia artificial en el que aumenté el modelo de lenguaje de Llama2 añadiendo varios guiones de mis vídeos usando un RAG, por lo que sabía decirme cosas como cuál es el mejor ratón del mercado según mi propia opinión.

Este tipo de sistemas tienen muchísimo potencial. Imagina tener en una compañía de un tamaño muy grande, como Gas Natural, una inteligencia artificial que conozca todos los procedimientos de la empresa, todas las normas, las reglas, la información clave sobre personal, operaciones y oficinas, y que ayude a los empleados a solucionar dudas o hacer su trabajo en el día a día. Esto es algo que no veo tan lejano.

Otro uso bastante claro que se me ocurre para los modelos generativos de texto son los agentes. Teniendo en cuenta que la gran ventaja del modelo de lenguaje es que entiende el lenguaje natural, podríamos combinarlo con herramientas de software que puedan leer páginas web (por ejemplo, para acceder a la web de tu banco, a Skyscanner para buscar y comprar vuelos, a tu mail o a tu calendario). Es decir, si conectamos esta IA que habla nuestro idioma y entiende el contexto, y le damos ojos y manos para hablar con el software, tendríamos literalmente un asistente personal dentro del PC. Podríamos hacer que nos avise si hay algún mail importante relacionado con algo que nos preocupa, o pedirle que nos compre unos vuelos a Tenerife, o que reserve mesa en un restaurante. Y todo esto sin tener que visitar cada una de las páginas web.

Otra cosa muy útil es buscar información. Ahora mismo tienes que ir a Google o a tu buscador de confianza, hacer una búsqueda, filtrar entre un montón de publicidad, navegar en páginas web llenas de spam, cada una con su formato, artículos de SEO espantosos con introducciones larguísimas, y después de todo este trabajo encontrar la información que buscas. Con una IA bien preparada podríamos simplemente preguntarle algo y ella se encargaría de analizar distintas webs y extraer la información exacta de las más relevantes. Ahora mismo ChatGPT puede buscar en internet, pero no lo hace demasiado bien, aunque estoy seguro de que con el tiempo mejorará muchísimo. Esto podría ser terrible para productos como Google. Alphabet es una empresa que en gran medida vive del motor de búsqueda, o sea, de Google, y de que los anunciantes paguen para situarse bien arriba en los resultados. Sinceramente creo que la IA generativa tiene el potencial de dejar obsoletos los motores de búsqueda. Por eso Microsoft integró en su buscador Bing un chat basado en ChatGPT, Bing Chat, capaz de buscar en internet. Ahora se llama

Copilot y seguramente se integre en las próximas versiones de Windows.

También hemos visto las primeras implementaciones de inteligencia artificial generativa en Office y Google Workspace para poder generar mails y otras tareas. Imagina que en el futuro ni siquiera nosotros leamos nuestro mail, sino que tenemos una IA que lo hace por nosotros. Esta IA entendería todos nuestros correos y nos contaría sin rodeos las partes más importantes para luego responder por nosotros. Si esto se popularizara, lo que recibe este mail sería otra IA, que al mismo tiempo le haría un resumen al destinatario, y estaríamos enviando mails escritos en lenguaje natural, o sea, para humanos, pero que un humano nunca llega a leer. Es de locos, ¿verdad?

## Consecuencias inesperadas y cuestiones éticas

Esta tecnología está avanzando muy rápido, cada semana hay un montón de nuevos inventos y experimentos. Con todo, las cosas no están yendo todo lo rápido que podrían ir. Las empresas se lo están tomando con mucha calma.

OpenAI, la empresa detrás de ChatGPT, es quizá la más rápida. No solo sacan mejoras constantes a ChatGPT, que solo en un año ha cambiado radicalmente lo que se puede hacer, sino que anuncian nuevos modelos como Sora, una inteligencia artificial capaz de generar vídeos realistas que lanzarán a finales de 2024.

En Google, Apple y las tecnológicas más clásicas, la cosa está yendo muchísimo más lento. Y además accidentada. De Apple aún no se sabe nada, solo hay rumores. En cuanto a Google, lanzaron Gemini, un modelo similar a ChatGPT, con capacidades muy parecidas, como la de generar imágenes. El problema es que intentaron hacerlo demasiado inclusivo, tanto que creaba solda-dos alemanes nazis de piel negra. Ni las series de Netflix son tan inclusivas.

El problema aquí no es que Google intente ser inclusiva, o la ideología política que pueda tener detrás. El problema es que este tipo de comportamientos al final son alucinaciones, aluci-naciones que demuestran al público que los modelos de Google no son fiables y que se sigue tratando de un producto experi-mental.

Sobre ChatGPT y OpenAI también han circulado varias noti-cias de este estilo, sobre todo al principio. La gran diferencia que tiene Google es que noticias de este tipo suponen un impacto muy alto. La empresa bajó un 4 por ciento en bolsa y perdió 90.000 millones de dólares en valoración.

Y exactamente por ese motivo las tecnológicas se lo están tomando con calma. De momento es algo muy nuevo, no cono-cemos todos sus límites, no sabemos con certeza qué es lo que puede hacer y lo que no. Hay alucinaciones, datos inexactos y a veces hasta comportamientos que nadie se espera.

Este invierno, varios usuarios notaron que las respuestas de ChatGPT parecían más simples y breves que de costumbre. Según un artículo reciente de *ArsTechnica*, ChatGPT empezó a rechazar algunas tareas o a responder de manera más «vaga». OpenAI afir-mó que no habían hecho cambios a propósito que causaran este comportamiento. Esto llevó a algunos a lanzar una teoría bastan-te loca: la del «descanso invernal». La idea es que, como ChatGPT sabe qué fecha es, podría haber «aprendido» de todos los datos que maneja que la gente se toma las cosas con más calma en diciembre. Aunque suena a ciencia ficción, algunos expertos se están tomando esta teoría en serio y están investigando si real-mente podría ser verdad, dada la naturaleza impredecible y casi humana de estas tecnologías avanzadas.

Si a veces pasan cosas raras con la inteligencia artificial y nadie sabe por qué, imagina lo nuevo que sigue siendo todo esto. Piensa en lo arriesgado que sería si una empresa enorme como Google o Apple de repente te diera acceso total a una inteligencia artificial para manejar tu correo, calendario, fotos o ubicación, por ejemplo. Al más mínimo error, estos gigantes podrían perder una fortuna en bolsa. Y es que para las grandes empresas, su valor en bolsa es vital.

Te preguntarás: ¿por qué es tan importante? Bueno, aunque nos desviemos un poco del tema principal, aquí va la explicación. En las empresas que cotizan en bolsa, los accionistas mayoritarios suelen formar parte de la junta directiva, que es la que toma las decisiones clave. El objetivo de estos individuos es que el valor de la empresa aumente, es decir, que las acciones suban, ya que el negocio del accionista es literalmente que las acciones aumenten de valor. También esperan que la empresa genere beneficios para, quizá, recibir un trozo del pastel en forma de dividendos al final del año. Por eso siempre les preocupa que el valor de la empresa caiga en picado, especialmente si surgen noticias negativas, como ocurre cuando hay algún escándalo.

## ¿ALCANZAREMOS LA AGI?

La probabilidad de alcanzar una inteligencia artificial general (AGI) en los próximos años es un tema altamente especulativo y sujeto a un amplio rango de opiniones entre expertos e investigadores. La AGI, que se refiere a una inteligencia artificial capaz de comprender, aprender y aplicar conocimiento en una gama tan amplia y flexible como la humana, sigue siendo un objetivo lejano según la mayoría de las estimaciones actuales.

Un estudio realizado en 2020 por la Future of Humanity Institute de la Universidad de Oxford recogió las opiniones de 352 investigadores que publi caron en las conferencias de IA más importantes del mundo (NeurIPS y ICML). Según este estudio, los investigadores estiman medianamente que existe una probabilidad del 10 por ciento de alcanzar la AGI en los próximos diez años, y un 50 por ciento de probabilidades de que ocurra dentro de los próximos cuarenta años. Sin embargo, es importante destacar que hay una gran variabilidad en estas estimaciones, lo que refleja no solo las diferencias en el optimismo tecnológico de los encuestados, sino también la incertidumbre inherente a la naturaleza y el desarrollo de la tecnología de la IA.

Cuando oímos algún escándalo o incidente negativo nos da la impresión de que las cosas van mal, y hace que muchos inversores empiecen a vender sus acciones o dejen de comprar nuevas. Esto puede provocar una caída drástica en el precio de estas, lo que afecta a la fortuna de los mayores accionistas. Por eso, tomar grandes riesgos no suele estar en la agenda de quienes dirigen estas empresas. Esto puede ser un problema en épocas de mucha innovación y cambios de paradigma.

El miedo a los escándalos no es el único reto; en realidad hay muchos más. Cuando se diseña software tradicional, como te decía antes, todos los casos están programados por un ser humano. Una máquina no puede decir o hacer algo que un programador no le haya ordenado. Con la IA las cosas son mucho más impredecibles. No podemos saber todas las respuestas que la IA nos va a dar, por lo que no estamos seguros de si existen fallos de seguridad o posibles filtraciones de datos, o incluso sesgos, como por ejemplo la ideología política. Quizá la IA es más de izquierdas o más de derechas, o tiene preferencia por una raza u otra, o como en el caso de Gemini le da prioridad máxima a ser inclusivo y que haya un poco de cada raza con independencia del contexto. Todo ello sin contar los debates éticos alrededor de con qué datos aprenden las inteligencias artificiales. ¿Es ético o correcto que un producto de software estudie todos los libros de Stephen King y sepa escribir como él? ¿O que millones de personas se queden sin trabajo porque una IA ha estudiado lo que hacen, ha aprendido a hacerlo y ahora les puede reemplazar? Estos son debates abiertos que han movilizado a los gobiernos a crear regulaciones. Por eso muchas empresas tecnológicas guardan algunos proyectos en la nevera. Aparecen prototipos e investigaciones muy interesantes cada semana, pero la mayoría se quedan solo en eso.

En mi opinión, estas regulaciones por parte de los gobiernos son lo único que podría parar la revolución de la inteligencia artificial, o por lo menos ralentizarla.

## La IA ya sabe programar

Otro ámbito donde las IA generativas están revolucionando el mundo es en la programación. Jensen Huang, ya sabes, el CEO de Nvidia, hace poco dijo que ya no hace falta que aprendas a programar, que con la IA la mayoría de las personas podrán hablar con las máquinas sin necesidad de aprender el código. Y esto tiene sentido. El código es el lenguaje de las máquinas y, hasta ahora, para que un procesador hiciera lo que tú quieres tenías que escribir una serie de órdenes. Ahora la IA programa las máquinas, tú no. Puedes explicarle qué es lo que quieres que haga y ella te lo hace. Y funciona.

Este último año he programado muchísimo con inteligencia artificial. La verdad es que no estoy del todo de acuerdo con Jensen: para saber programar con IA a día de hoy, por lo menos, tienes que entender de código y ser más o menos capaz de hacer lo que le vas a pedir a la IA. A veces vas a tener que detallar cómo funcionaría tu algoritmo, cuáles son los pasos que debería seguir y luego corregir y ajustar el resultado. Es como tener un becario. Le dices: «Hazme esto y esto de tal manera, que funcione así y asá», y si le das instrucciones claras, el resultado es muy bueno. Tan bueno que te ahorra horas y horas de trabajo.

Otro caso en el que la IA es increíblemente buena es como experto. Imagínate que vas a hacer un proyecto en una nueva tecnología que no conoces, como por ejemplo el lenguaje Rust. Yo no tengo ni idea de Rust, pero en uno de los directos del canal Nate Live creamos un tamagotchi completamente programado en Rust usando ChatGPT. Para hacerlo le pregunté a ChatGPT qué programas tenía que instalar, cómo funcionaba el stack tecnológico, cómo funciona el lenguaje, si tiene tipos, clases y otros detalles, o sea, lo normal que le preguntaría a un experto en Rust si lo tuviese a mi lado. Esto me ayudó a hacer mi programa sin tener que buscar información en Google ni leer documentación, lo cual me permitió terminarlo en tiempo récord. Es cierto que, de momento, está lejos de ser perfecto y hay días en los que no da con la solución y te hace perder muchísimo tiempo, pero, en líneas generales, es una herramienta que cambia completamente las reglas del juego.

Así que sí, ChatGPT habla con nosotros, pero también sabe programar, por lo que conoce el lenguaje de las máquinas. Y como el lenguaje de las máquinas está bien documentado y es mucho más sencillo que el nuestro, es solo cuestión de tiempo que la inteligencia artificial sea capaz de comunicarse con el software de forma casi autónoma o de dar funcionalidades nuevas a un aparato que nunca las ha tenido. Imagina una pequeña placa de electrónica, un Arduino, por ejemplo, con un micrófono; le conectas unos motores, unas ruedas, luces y algunos sensores, y le pides en voz alta: «Quiero que seas un coche teledirigido». De forma automática sería capaz de generar el código para esa tarea que un momento antes no podía hacer. Y como esa se me ocurren miles de aplicaciones más.

## Generación de imágenes con IA

La otra pata de la IA generativa que ha resultado totalmente alu-cinante ha sido la generación de imágenes. La generación de imágenes se basa también en redes neuronales, pero usa otro tipo de modelo basado en redes neuronales, aunque la base es muy similar: aprende de millones de imágenes. Es capaz de abs-traer las formas, los conceptos y un montón de detalles. Es casi mágico: si no lo ves no lo crees.

¿Quitará esto el trabajo a los artistas? Bueno, en parte ya lo está haciendo. Donde antes necesitabas cinco diseñadores, aho-ra con uno solo puedes desempeñar gran parte de las tareas. No es cuestión de pedirle a la inteligencia artificial que haga todo el proceso, sino que le pedimos que genere imágenes que luego adaptamos a lo que necesitamos. Esto funciona muy bien para imágenes de productos, las típicas imágenes artísticas con fondos de fantasía. Podemos generar con Midjourney una imagen con las características que queremos y luego retocarla para corregir sombras y brillos, e incluir la fotografía del producto real. Es muy difícil saber si estamos viendo algo real. Lo mismo con el diseño gráfico. Quizá las imágenes generadas están aún lejos de poder usarse tal y como salen de la red neuronal, pero sirven de inspira-ción tanto en cuanto a composición como a paleta de colores y muchos detalles más. Si eres un artista y aún no has probado tecnologías como Midjourney, Dall-e o Stablediffusion, deberías dedicarles algo de tiempo porque estoy seguro de que le vas a encontrar más de un uso y te va a ahorrar unas cuantas horas de trabajo, sobre todo para inspirarte. Lo mismo digo para ingenie-ros y diseñadores industriales: pueden servirte de inspiración para crear productos, o diseño de interiores.

Casos un poco más controvertidos son los que constituyen las influencers virtuales. Hay varias cuentas en Instagram de influencers generados por inteligencia artificial que en realidad no existen. O peor, hay cuentas de OnlyFans donde las modelos están hechas en su totalidad por inteligencia artificial, y las fotos son realistas y con todo lujo de detalles. Lo mismo ocurre con los vídeos. Sora es la nueva IA de OpenAI y genera unos vídeos que son algo totalmente fuera de este mundo. Es alucinante. Pero todo esto desde luego está rodeado de mucha polémica. Una vez más la tecnología está yendo muchísimo más rápido de lo que la sociedad puede ir. Artistas de todo tipo están extremadamente preocupados por el futuro de su trabajo, por el hecho de que la inteligencia artificial (Sora, Stable Diffusion, Midjourney, Dall-e) se entrenó y aprendió todo lo que sabe basándose en el trabajo de otros artistas, usando miles de millones de obras de autores humanos. En realidad están utilizando el trabajo de estos artistas de forma ilícita. Por otra parte, también podemos argumentar que los humanos hacemos lo mismo. Un artista, cuando aprende, se inspira en el trabajo de todos los artistas anteriores a él. Practica copiando y estudiando los estilos.

Está empezando a pasar lo mismo con la música. Las IA generativas crean música, con letra y todo. O voces. El clonado de voces también es objeto de polémica y preocupa sobre todo a los actores de voz, porque de repente una IA puede hablar exactamente como uno que vive de ello, y literalmente grabar frases usando su voz. En un futuro esto irá más allá: actores clonados, youtubers clonados, noticias falsas, vídeos falsos y todo tipo de cosas.

Ante este panorama, en parte, me alegro de que las cosas no estén yendo tan rápido como podrían... Como te decía antes, los gobiernos se están poniendo al día y trabajando en regulaciones para que esto no se nos vaya de las manos.

Lo que está claro es que estamos en una época de transición. Hay mucho hecho, pero también mucho por hacer; vemos el potencial, pero también problemas y retos. Mi opinión es que todas estas tecnologías representan un antes y un después para la humanidad. Las máquinas ahora pueden aprender como nosotros y ejecutar tareas que antes nunca hubiésemos imaginado, y eso va a cambiar nuestra manera de interactuar con el mundo y de trabajar, y puede que, en un futuro, hasta el número de horas que trabajamos durante la jornada.

# 3

# ¿CÓMO FUNCIONA CHATGPT?

Las IA generativas están siendo una de las revoluciones más grandes de nuestra generación; todavía no sabemos cuáles serán sus límites ni qué rol acabarán teniendo en nuestra sociedad, pero sin duda han abierto un nuevo mundo de posibilidades: ahora los ordenadores pueden desempeñar tareas que antes pensábamos que solo un humano era capaz de realizar. Tareas, además, que nos hacen replantearnos qué significa el arte, si en el futuro será necesario un abogado para redactar un texto legal o si harán falta programadores para desarrollar software.

Y para ser del todo sincero, estas nuevas tecnologías me hacen sentir algo incómodo, porque como programador informático estoy acostumbrado a entender de forma bastante intuitiva cómo funciona el software. Sin embargo, las nuevas IA generativas, y especialmente los modelos de lenguaje como los que se usan en ChatGPT, son mucho menos claros. Como vimos en el capítulo anterior, su funcionamiento no se basa en la programación tradicional: si bien no dejan de estar programados usando lenguajes de programación tradicionales y con las técnicas de programación de toda la vida, el comportamiento del programa en sí emerge de una red neuronal virtual. Estas redes usan técnicas que vienen del campo del análisis de datos y la estadística, y entender la relación entre cómo funcionan de manera interna y el resultado que vemos en pantalla no es tan simple. La verdad es que la primera vez que lo vi me pareció magia, y en parte me lo sigue pareciendo. Y no soy solo yo, muchos de los aspectos y comportamientos que estamos observando en estos modelos son inesperados incluso para sus propios creadores, como veremos luego.

Son muchos los modelos de inteligencia artificial que están surgiendo en esta época, desde voces sintéticas que parecen reales a clonado de voces de famosos, generadores de imágenes superrealistas y otras locuras. Pero creo que estaremos de acuerdo en que probablemente el producto más impactante de nuestros tiempos es ChatGPT, así que en este capítulo nos vamos a centrar especialmente en él. Para ello, me he propuesto adentrarme en el funcionamiento del embedding y los transformers, que son las tecnologías que hay detrás de los modelos de lenguaje modernos. He dedicado algo más de unas doscientas horas a investigar y hacer experimentos, y aunque estoy lejos aún de ser un experto en la materia, voy a hacer todo lo posible para que entiendas de una forma relativamente sencilla qué hay detrás de ChatGPT.

## ¿Qué es ChatGPT?

ChatGPT es una web de uso gratuito, aunque también tiene una versión de pago, y funciona como un chat al que le puedes preguntar de todo, como una especie de oráculo tecnológico. Te sabe responder a, por ejemplo, cómo atarte los zapatos, cómo dejarlo con tu novia de la mejor manera posible, resolver problemas lógicos complejos, escribir software, hacer cambios en ese software que acaba de escribir, jugar a juegos contigo, inventar una historia, escribir poemas, crear una rutina de gimnasio con instrucciones muy específicas, componer una canción con sus respectivos acordes, redactar un texto legal (como un acuerdo de confidencialidad), y todo esto recordando todo lo que habéis hablado a lo largo de la conversación. Además, genera textos totalmente originales: nada de lo que te dice lo vas a encontrar duplicado en ninguna parte de internet.

La aplicación es superpopular: todo el mundo la está usando. Para que te hagas una idea, en su lanzamiento, consiguió la escalofriante cifra de diez millones de usuarios activos diarios en el primer mes. O sea, sale y en los primeros treinta días ya hay diez millones de personas haciéndole preguntas a diario. Como consecuencia, batió el récord de la tecnología más rápidamente adoptada de la historia. Obtuvo un crecimiento diez veces más rápido que el de Instagram, una locura.

¿Cómo es posible que una mañana nos despertemos y esto simplemente exista?

Bueno, esto no ha ocurrido realmente de un día para otro. Han sido necesarias décadas y décadas de innovación y transformación tanto en el mundo de la informática así como en el de la programación, la inteligencia artificial, las redes y la sociedad en sí para que esto pueda pasar. Se trata de una tecnología que nace de la convergencia de muchas tecnologías y se basa en decenas de publicaciones y en el trabajo de muchísima gente a lo largo de los últimos años, como vimos en el capítulo anterior. En este, sin embargo, vamos a mancharnos un poco más las manos para intentar entender la tecnología de forma menos abstracta. Pero vamos parte por parte.

## ELIZA

Eliza fue uno de los primeros chatbots de la historia. Lo creó en la década de 1960 el científico de la computación Joseph Weizenbaum en el Instituto Tecnológico de Massachusetts (MIT). Se diseñó para simular una conversación y demostrar la superficialidad de la comunicación entre humanos y máquinas. Eliza utilizaba un script llamado DOCTOR, que imitaba el comportamiento de un terapeuta rogeriano, un tipo de terapia que se basa en devolver preguntas al paciente para fomentar que la persona hable más de sí misma y explore sus propios sentimientos. El propósito de Eliza no era resolver problemas terapéuticos reales, sino demostrar cómo las personas pueden atribuir intenciones y emociones humanas a las interacciones con máquinas cuando en realidad solo están siguiendo patrones de programación muy básicos.

El funcionamiento de Eliza se basaba en el reconocimiento de palabras clave en la entrada del usuario, a las cuales respondía con preguntas preprogramadas que hacían que la conversación pareciera natural. Por ejemplo, si un usuario mencionaba la palabra «madre», el chatbot podría responder: «Cuéntame más sobre tu familia». Este proceso se realizaba sin ningún entendimiento real o contexto; Eliza simplemente transformaba la entrada del usuario en una pregunta o comentario nuevos dirigidos a mantener la conversación. A pesar de su simplicidad, Eliza fue capaz de pasar el test de Turing para algunos usuarios que inicialmente creían que estaban interactuando con un humano.

Para empezar, la primera versión de ChatGPT se basaba en el modelo GPT-3, o Generative Pretrained Transformer 3. La versión que tenemos actualmente se basa en GPT-4 e incluso hace muy poco se publicó una nueva versión optimizada llamada GPT-4o. Esta última versión puede interpretar imágenes, buscar en internet y hacer cálculos matemáticos. Fíjate en que cuando hablo de una aplicación de inteligencia artificial suelo usar el término «modelo». Veamos qué significa esto exactamente.

Un modelo es un programa que intenta replicar el comportamiento de un sistema; por ejemplo, un modelo climático es un programa que podría predecir el clima de los próximos días. Para que nuestro modelo funcione, le proporcionamos información sobre el estado inicial de nuestro sistema y, según eso, realiza una serie de cálculos que le permiten hacer predicciones. Por ejemplo, en el caso del modelo climático, los datos iniciales pueden ser datos meteorológicos, vectores de corrientes de viento, cobertura de nubes y temperaturas de las últimas semanas. Basándose en esos datos, el modelo puede, por ejemplo, dar una predicción de lluvia para la próxima semana. Lo que hace internamente este modelo son muchos cálculos que simulan el comportamiento de las nubes, los vientos y las mareas para predecir las condiciones del futuro.

Hay varias formas en las que el modelo puede funcionar. Por ejemplo, para el caso del clima, podríamos estar hablando de un modelo estadístico que se basa en datos históricos: «normalmente, cuando la cobertura de nubes, la humedad y los vientos corresponden con este escenario, lo que suele ocurrir es que llueve toda la semana». También podríamos estar hablando de una simulación física, un software que simula cómo se mueven literalmente esas nubes a lo largo del territorio, calcula dónde acabarían y, basándose en la evolución de la temperatura y la humedad, determina si lloverá o no en los próximos días. Sin embargo, normalmente en el caso del clima estaríamos hablando de un modelo que combina tanto la física como la estadística, ya que se trata de un sistema dinámico no lineal. Un ejemplo de esto es el modelo de Lorenz, que se basa en la teoría del caos. Si quieres investigar más sobre esto, te recomiendo el libro *Caos. La creación de una ciencia*, de James Gleick.

En cualquier caso, puedes imaginar un modelo como una caja negra a la cual le damos unos datos de entrada y recibimos unos datos de salida, que son el resultado de nuestra simulación o predicción. Existen modelos de todo tipo con diversas utilidades. En inteligencia artificial, a las aplicaciones basadas en redes neuronales que son capaces de predecir, clasificar y deducir información basándose en datos de entrada también se les llama modelos. En programación tradicional, si creamos un programa capaz de conseguir un resultado similar, normalmente de forma coloquial usaríamos el término «algoritmo», ya que es más común en la jerga del desarrollo de software. En el campo de la inteligencia artificial se habla más bien de modelos. GPT es un modelo de lenguaje. El modelo de lenguaje es capaz de conocer e identificar partes de nuestro lenguaje, y en este caso es un modelo generativo, es decir, dado un texto genera palabras nuevas. Sería como ese modelo que predice el clima, solo que GPT predice palabras.

Si lo piensas, no es muy distinto de la función de autocompletar del móvil. No sé si lo has probado alguna vez, pero que sepas que el móvil tiene un sistema que te sugiere palabras intentando predecir lo que vas a decir, solo que GPT es infinitamente mejor. Lo hace tan tan bien que parece que entiende perfectamente lo que estás hablando y puede responder prácticamente a cualquier cosa de forma coherente...

Por ejemplo, tú le dices: «Voy a ir a trabajar en mi...», y él te lo completa: «... proyecto».

Y si le pides más, continúa: «... proyecto de investigación en el laboratorio. Estoy emocionado de continuar con mi trabajo y espero obtener resultados significativos. Voy a trabajar duro y concentrarme en las tareas que tengo por hacer para avanzar en mi proyecto».

Wow. Es un buen autocompletado, ¿verdad?

Este ejemplo que acabamos de ver es el resultado del modelo GPT-3. En el caso de ChatGPT en concreto se usa una versión especial de GPT. Mientras que GPT simplemente predice texto, ChatGPT está preconfigurado para simular una conversación entre dos usuarios. Nosotros hacemos el rol de uno de los usuarios, y GPT autocompleta la respuesta.

Si estuviésemos usando GPT a secas, el modelo simplemente buscaría continuar nuestra frase como si se tratase de un relato o un texto. Al condicionarlo para que cumpla con estos roles, OpenAI consiguió crear un producto comercial en el que tenemos la sensación de estar hablando con algún tipo de asistente inteligente.

Mira qué pasa si le pregunto quién fue el emperador romano más malvado de la historia y por qué:

Hay varios candidatos a ser considerados como el emperador romano más malvado de la historia, y es difícil determinar con precisión quién merece ese título. Algunos de los emperadores que han sido considerados particularmente crueles incluyen a Calígula, Nerón, Domiciano, Caracalla y Cómodo, entre otros.

Entre ellos, uno de los más conocidos por su crueldad y excesos fue Calígula, quien reinó desde el año 37 hasta el 41 d.C. durante la dinastía Julio-Claudiana. Se le atribuyen actos de violencia, extravagancia y abuso de poder, como ordenar ejecuciones arbitrarias, cometer incesto con sus hermanas y abusar sexualmente de sus súbditos. También se le atribuyen otras excentricidades, como nombrar a su caballo como cónsul y construir un puente para que pudiera cruzar el Golfo de Nápoles.

Sin embargo, es importante destacar que gran parte de la información que se tiene sobre Calígula proviene de fuentes escritas mucho después de su reinado y puede estar influida por la propaganda y los prejuicios de la época. Por lo tanto, puede ser difícil separar los hechos históricos de las leyendas y mitos que se han construido alrededor de su figura.

¡Guau! Parece que este autocompletado ha cobrado consciencia, ¿verdad?

Sobre todo, lo más impresionante es que la primera vez que ves una IA generando párrafos de ese tamaño y con esa gran cantidad de información, piensas: «Esto lo ha copiado de alguna página web, mismamente de Wikipedia», pero buscas el texto en Google y no lo encuentras porque todo este texto ha sido generado, es un texto único.

Sin embargo, aunque parezca que ChatGPT sabe de lo que habla, que nos entiende y nos contesta algo totalmente relacionado con lo que estamos diciendo, que es capaz de desarrollar sus propias ideas, analizar datos y sacar conclusiones, esto es totalmente falso. No está haciendo nada de esto. En realidad, está prediciendo palabras y poco más. Aquí la magia reside en qué se basa para predecir estas palabras. Y esto es muy complejo, es un problema con el que los humanos llevamos rompiéndonos la cabeza desde hace décadas. Vamos a analizarlo juntos para intentar entender la magnitud del asunto.

## ChatGPT y el lenguaje natural

Para una persona no iniciada en el mundo de la programación, que es la forma más clásica de hablar con los ordenadores para pedirles cosas, el ejemplo más claro de cómo hablar con una máquina es probablemente la calculadora.

Si quiero sumar tres números, tengo que seguir en la calculadora un orden de acciones muy preciso; si cometo un error, por ejemplo, pongo un número mal, me toca borrar o volver a empezar, y esto es importante porque la máquina es muy estricta a la hora de recibir los datos de entrada y entender las operaciones que tiene que hacer. Esto es muy distinto de cuando hablamos

90

con un humano al que le podemos decir sin más: «Oye, si tienes un momento, quiero que sumes tres más dos... Ay, no, perdona, cuatro, y que luego lo multipliques por ocho, y me dices cuánto te da».

Una calculadora no puede entender esto porque se lo estoy diciendo en lenguaje natural, un lenguaje humano que es relativamente impreciso y que nosotros somos capaces de entender, pero que choca con la rigidez y exactitud de la máquina. Con toda esta frase, como humano entiendo que lo quieres hacer es: $(3 + 4) \times 8$. La calculadora, sin embargo, necesita un input muy concreto, expresado mediante unas reglas matemáticas precisas para extraer esa información...

Bueno, pues ChatGPT resuelve este problema:

> NATE: Quiero que sumes $3 + 2$... Ay, no, perdona 4, o sea, $3 + 4$, y luego lo multipliques por 8.
>
> CHATGPT: Claro, sin problema. $3 + 4$ es igual a 7, y al multiplicar ese resultado por 8, obtenemos: $7 \times 8 = 56$. Por lo tanto, la respuesta a tu operación matemática es 56. ¡Espero que te haya sido útil!

Como te decía hace un momento, esto se llama lenguaje natural. Es un lenguaje confuso y necesita de un análisis para extraer la información. Los humanos somos increíblemente buenos en esto, entendemos los conceptos clave que se nos quieren transmitir y planteamos una estrategia para responder a esa pregunta. Somos conscientes de que nos han preguntado, incluso podemos imaginar el porqué y la solución.

¿Será ChatGPT consciente de esto?

> NATE: OK, qué es lo que te acabo de preguntar y qué has tenido que hacer para responderlo?

CHATGPT: Me acabas de pedir que sume 3 y 4, y que luego multiplique el resultado por 8. Para responder a tu pregunta, he utilizado mis capacidades de procesamiento de lenguaje natural y matemáticas. He interpretado tu solicitud y he realizado las operaciones matemáticas necesarias para llegar a la respuesta que me has solicitado. Luego, he escrito la respuesta en lenguaje natural para comunicártela de una manera que sea fácil de entender. En resumen, para responder a tu pregunta, he utilizado mi conocimiento de matemáticas y lenguaje natural para llevar a cabo la operación matemática que me has pedido y comunicar el resultado.

Guau. Esto es cada vez más surrealista. Parece que ChatGPT no solo sea capaz de generar la palabra más probable que va a aparecer a continuación de un texto, sino que da la impresión de que sabe perfectamente de lo que le hablo.

Pero esto no son más que trucos. El truco de la red neuronal.

## La tecnología detrás de ChatGPT

GPT, el modelo de lenguaje que usa ChatGPT, está basado en redes neuronales. En el capítulo interior ya te hice una introducción a ellas. Una red neuronal es un programa que está diseñado para aprender a realizar tareas. Como te decía hace un momento, cuando los humanos queremos hablar con un ordenador y pedirle que haga algo usamos la programación para decirle exactamente qué queremos de él, tal y como hacíamos con la calculadora.

Sin embargo, hay ciertas tareas humanas que son difíciles de explicar en este lenguaje tan técnico y que resulta muy difícil expresarlas con código de programación. Un ejemplo de esto sería reconocer un número escrito a mano. Si ves un «8» escrito a mano sabes que es el número ocho, aunque los círculos no sean perfectos e incluso esté algo inclinado o inacabado. Pero ¿cómo le explicas a un ordenador en lenguaje de las máquinas cuáles son las reglas que has usado para reconocer ese garabato e identificarlo como un número? Es muy difícil escribir un programa que pueda ejecutar esta tarea paso a paso para la mayoría de los casos. Para simplemente reconocer un ocho, tendríamos que programar nuestro software para contemplar cientos de casos distintos, porque hay muchas formas distintas de escribir el número: círculos más grandes, más pequeños, inacabados, más ovalados, ligeramente cuadrados... Teóricamente es posible, pero muy complejo, y todo esto para algo tan sencillo como reconocer números.

Para todo aquello que no sabemos cómo programar directamente, hemos inventado el aprendizaje automático, o *machine learning*, y las redes neuronales son una de las tecnologías que se utilizan para el aprendizaje automático.

La idea es muy simple: quiero que la máquina haga algo que no sé muy bien cómo se hace, así que le voy a mostrar ejemplos. Voy a preparar mi red neuronal para que sepa dónde tiene que mirar, qué tipo de operaciones tiene que hacer, o sea, le voy a dar una estrategia, pero va a ser ella la que va a estudiar casos, muchos datos, para intentar entender la relación entre esos casos y el resultado que se espera de ella. Basándose en esos datos la red neuronal va sacando conclusiones, detecta patrones. Incluso hay veces que estas inteligencias artificiales encuentran detalles de los que nosotros no somos capaces de darnos cuenta, pero que están ahí.

Entender exactamente cómo funciona una red neuronal a nivel interno con cierto nivel de comprensión es algo que llevaría muchísimas páginas y una buena base en matemáticas y estadística, así que vamos a dejarlo fuera de este libro. Pero voy a intentar darte una breve introducción para que te puedas hacer una ligera imagen mental.

El funcionamiento de la red neuronal está inspirado en el cerebro humano: nuestro cerebro está basado en una red de células llamadas neuronas que reciben estímulos electroquímicos. Estas neuronas están interconectadas entre ellas formando una red. Cuando una neurona se activa, envía mensajes a otras neuronas. Dependiendo de los mensajes recibidos, las neuronas deciden si deben seguir propagando la señal a las neuronas conectadas a ellas. Este proceso de comunicación y transmisión de señales permite al cerebro procesar información y tomar decisiones.

Las redes neuronales son un tipo de software donde tenemos también neuronas. Puedes imaginar la neurona como una pequeña calculadora, es una pequeña pieza de código. Esa neurona realiza una operación sobre los datos que recibe. Normalmente la función de la neurona consiste en una suma ponderada de todos los datos que recibe seguida de una función de activación. Si la función de activación es positiva, entonces la neurona se activa y propaga su resultado a las siguientes neuronas.

En una red neuronal multicapa, como las que usa GPT, tenemos muchas neuronas interconectadas entre ellas que trabajan en capas. La primera capa es donde la red recibe la entrada. Podemos proporcionar tantos datos de golpe como neuronas de entrada soporte nuestra red. A partir de ahí cada neurona va a procesar los datos y determinar unos datos de salida. Las neuronas de la capa I están conectadas con la capa 2, por lo que los datos de salida se van a propagar hacia la siguiente capa. En la siguiente capa cada neurona recibe todas las salidas de las neuronas anteriores, y así sucesivamente, capa por capa, hasta llegar a la salida.

Estas funciones en cada una de las capas de la red están especialmente confeccionadas para trabajar los datos de una manera que sea coherente con el resultado que queremos recibir. Y la magia en todo esto es que las podemos entrenar, para que modifiquen su configuración y aprendan a comportarse según una serie de ejemplos que nosotros le queramos mostrar.

La red neuronal siempre trabaja en dos fases: una de entrenamiento y una de inferencia. El entrenamiento es cuando aprende a hacer lo que se espera de ella, la inferencia es cuando la ponemos a funcionar. Es como un piloto de cazas, primero recibe cientos de horas de entrenamiento para aprender a controlar el avión y conocer todos los casos y situaciones posibles que se va a encontrar en el campo de batalla. Una vez entrenado, entonces va a realizar misiones. Aquí ocurre algo parecido: primero necesitamos entrenar el modelo, una vez entrenado lo vamos a poder usar. A veces erróneamente se tiende a pensar que la red neuronal aprende en todo momento, y que constantemente está generando nuevos conocimientos, pero esto no es así: cuando GPT está «hablando» está en modo «inferencia», aplicando sus conocimientos, por lo que no aprende nada nuevo.

Dentro de cada neurona hay una serie de pesos, esos pesos son números que se usan en las funciones para hacer los cálculos de activación. Los pesos son los valores que la red va a ajustar a lo largo de su entrenamiento.

Podemos entrenar una inteligencia artificial prácticamente para hacer cualquier tarea, aunque no cualquier red o arquitectura de redes es buena para todo. Por ejemplo, para el caso de antes, reconocer números escritos a mano, podemos entrenar una red neuronal convolucional (Convolutional Neural Network o CNN), que simplemente es un tipo de red muy buena para trabajar con imágenes. La eficacia de esta red neuronal depende de varias cosas:

- Cómo está programada: esto se refiere a las instrucciones y estrategias que le damos, indicando en qué debe fijarse.
- La calidad y cantidad de los datos de entrenamiento: es esencial que los datos sean suficientes para que las conclusiones sean válidas, y la cantidad debe ser adecuada para que se puedan sacar buenas conclusiones. Por ejemplo, si queremos que una inteligencia artificial aprenda a jugar al ajedrez y las partidas de las que aprende se parecen mucho entre ellas, puede que haya situaciones en las que no sepa qué hacer porque no las ha visto nunca. O si le doy pocas partidas, posiblemente no le dé tiempo a sacar conclusiones útiles. Vamos, como nos pasa a los humanos.
- La cantidad de parámetros: los parámetros no son nada más ni nada menos que los números que se van a ajustar durante el entrenamiento para que la red aprenda a hacer lo que se supone que tiene que hacer. Hablamos de pesos (*weight*) y sesgos (*bias*), pero puede haber más. Cuantos más parámetros tiene un modelo más compleja es su ejecución y ocupa más almacenamiento en la memoria del ordenador. La cantidad de parámetros que la red neuronal considera en cada ejecución influye en su capacidad de aprendizaje y ejecución

Un ejemplo clásico es la red neuronal que reconoce números escritos a mano, del que hablamos antes. Hay muchas formas distintas de escribir números, cada persona tiene su caligrafía personal, y hasta nosotros a veces podemos llegar a confundir un número con otro. No quieras imaginar la de fallos que puede cometer un programa tradicional haciendo esta tarea. Existen demasiadas variantes. Usando una red neuronal con la estrategia correcta, en este caso una CNN, con una buena cantidad de datos para entrenar, pongamos cientos de miles de imágenes de números escritos a mano donde previamente se ha especificado a qué imagen corresponde cada número, y con la cantidad de parámetros adecuada para asegurar el aprendizaje, conseguiríamos un resultado muy bueno.

Un caso más avanzado es el deepfake, que nos permite entrenar una inteligencia artificial para que sepa cómo están formadas las caras y sea capaz de reemplazar el rostro de una persona por el de otra en un vídeo. Estas están basadas en una estrategia de entrenamiento especial que se llama GAN (Generative Adversarial Network). Si quieres ver un ejemplo de esto, te recomiendo que busques la cuenta de TikTok @deeptomcruise. Te aviso desde ya de que quien aparece en los vídeos no es Tom Cruise de verdad.

La estrategia detrás de GPT es una arquitectura de red neuronal muy concreta llamada Transformer, pero no nos apresuremos, antes de llegar al transformer vamos a tener que solucionar otros problemas como por ejemplo: ¿cómo hacemos que el ordenador entienda palabras?

## Tokenización y embedding

El lenguaje natural es complejo y hay varios problemas bastante graves a la hora de que un ordenador lo pueda llegar a entender.

El primero es que los ordenadores no entienden los conceptos que representan las palabras. Si yo te digo: «coche», te imaginas el vehículo de cuatro ruedas hecho de metal, o si te digo: «árbol», posiblemente pienses en el ser vivo compuesto de celulosa y de color marrón y verde. Puede que hasta recuerdes algún árbol en concreto, como el que había enfrente de casa de tus padres cuando eras niño. Un ordenador no tiene ni idea de qué es nada de esto; para ser más concretos, los ordenadores solo entienden dos valores: 0 y 1. Esto lo veremos en el capítulo 7, en el que hablaremos de cómo procesan la información los ordenadores. De todos modos, te adelanto que cualquier texto, audio o vídeo que un ordenador pueda procesar no son más que ceros y unos, presencia o ausencia de señal eléctrica.

Toda la información que pasa por nuestro ordenador está basada en esos dos valores y se usa un sistema de codificación para representar cada letra con un valor concreto en binario. Por simplicidad hablaremos de esos valores binarios como si fueran números decimales.

En el caso concreto del texto, uno de los sistemas de codificación que más te va a sonar es el ASCII, aunque hoy en día se utiliza más UTF-8. En cualquier caso, las letras que ves en Word, en Wikipedia o en cualquier página web o texto mostrado por un móvil o PC en realidad están basadas en secuencias numéricas. Son números que identifican cada uno de los caracteres que ves en pantalla; incluso los espacios, los signos, los interrogantes y hasta los emojis para el ordenador no son más que números. De modo que si quisiéramos entrenar una inteligencia artificial para que nos entienda y hable con nosotros, el primer factor a tener en cuenta es que nuestra red neuronal no vería conceptos, frases, palabras, poemas, sino... números. Una larguísima lista de números aparentemente sin conexión.

Y ese problema no tiene solución, por lo que en nuestro camino de entrenar una red neuronal para entender el lenguaje humano trabajaremos con números. Si el ordenador analiza cientos y cientos de estas secuencias numéricas, acabará dándose cuenta de que hay patrones que se repiten. Estas secuencias de números repetidos corresponderían con nuestras palabras.

El primer paso para entender estas secuencias sería catalogarlas, tenerlas en alguna lista, para que cuando el programa se los encuentra los pueda identificar. La idea es que el software

EN [MEDIO] DE ESA RAMA, SIEMPRE HAY DOS PAJARILLOS

69 110 32 [109 101 100 105 111] 32 100 101 32
101 115 97 32 114 97 109 97 44 32 115 105
101 109 112 114 101 32 104 97 121 32 100 111
115 32 112 97 106 97 114 105 108 108 111 115

EL PARQUE ESTABA A [MEDIO] CAMINO ENTRE MI CASA Y LA OFICINA

69 108 32 112 97 114 113 117 101 32 101 115 116 97 98
97 32 97 32 [109 101 100 105 111] 32 99 97 109 105
110 111 32 101 110 116 114 101 32 109 105 32 99 97 115
97 32 121 32 108 97 32 111 102 105 99 105 110 97

pueda darse cuenta de que está delante de un término conocido que ya ha visto antes.

A estos patrones los vamos a llamar «tokens». Un token no es necesariamente una palabra; a veces, hay palabras compuestas o palabras que tienen variaciones, pero tienen una raíz común, y el ordenador decide separarlas en varios tokens. Y como nuestra máquina ahora conoce los tokens, vamos a asignar un identificador a cada uno, un número de serie que nos identifica esa secuencia conocida.

Este proceso es uno de los primeros pasos que hacen las redes como GPT a la hora de aprender pero también a la hora de inferir: la tokenización.

En resumen: la tokenización consiste en transformar un mar de números aleatorios sin sentido (nuestro texto) en una secuencia de tokens conocidos. Cada token es una palabra, o parte de una palabra.

Ahora la máquina conoce las palabras, pero no sabe qué significan, y nunca no lo sabrá, porque el ordenador nunca sabrá qué es una «reina» ni qué es un «coche». No obstante, aunque no pueda relacionar esos términos con objetos del mundo real, lo que puede hacer, si presta mucha atención, es saber qué términos se relacionan entre sí.

A alguien se le ocurrió que podríamos de alguna forma poner marcadores en los tokens, catalogarlos según la cercanía o la similitud que tienen unos con otros; un poco como jugar al Cluedo, donde vas marcando pistas. Aquí podríamos decir que el token «reina» suele ir acompañado del token «la», por lo que deben de tener algo en común. Igual que «chica» o «princesa» también suelen estar cerca del token «la», por lo que estos términos tienen algo en común. El ordenador no va a saber en qué consiste esa similitud, ya que no conoce el concepto de género, pero sí sabe que hay una conexión. Nuestro software entonces empezaría a marcar varias palabras como relacionadas entre ellas. Sin saberlo, lo que está haciendo es aprender a distinguir que ciertas palabras son femeninas y otras masculinas, y las está catalogando.

Pero hay otros patrones. Por ejemplo «chica», «princesa» y «reina» también suelen estar relacionadas con «vestido», porque en muchos textos se habla de vestidos de princesas o reinas, o de mujeres en general. Para este patrón de conexión también va a crear un marcador.

Por otro lado «oso» y «vestido» no están relacionados, muy pocos textos hablan de osos usando vestidos, pero sí que existen conexiones entre «oso» y los términos de personas femeninas que usamos antes. «Chica», «princesa» y «reina» se relacionan con el token «comer», igual que «perro» y «gato», y en este caso también los osos. Esto se detecta porque durante el entrenamiento de la red se encuentra varios textos donde se habla de comida o de comer cerca de estos términos, por lo que también crea esta relación entre los seres vivos usando otro marcador.

Con los animales encontramos otros patrones interesantes, tokens como «pasear», al igual que «caniche», «veterinario» o «pelota», aunque la pelota nunca come, pero suele aparecer cerca de otros tokens como «amarillo», «rojo», que se usan en situaciones parecidas a los términos «azul», «naranja».

Con un cuerpo de texto lo suficientemente grande (por ejemplo, cientos de libros) podríamos entrenar un modelo para crear una gran clasificación de términos y sus patrones de similitud, haciendo que los tokens estén clasificados y relacionados entre ellos. Por ejemplo, el marcador que tienen en común «princesa», «reina» y «mujer» representaría lo femenino. Repito, ten en cuenta que estos marcadores realmente no tienen sentido para el ordenador, simplemente son situaciones similares en las que ha visto que estos términos coinciden. De esta forma, cada token tendría un gran número de marcadores, aunque el término marcadores es incorrecto. Realmente se les llama dimensiones, y esas dimensiones están dentro de un vector. Cada token es representado con un vector de un cierto número de dimensiones. Estas dimensiones pueden ser 300, o 2.048 como en el caso de GPT-3.

En otras palabras, lo que hace el software es catalogar los tokens por relaciones aparentes que encuentra entre ellos. Cada vez que detecta un patrón de conexión, crea una nueva dimensión y le asigna un número, un valor, que dice qué tanto corresponden esos términos con este patrón. Si GPT-3 tiene 2.048 dimensiones, esto significa que para cada token hay 2.048 valores distintos. Cada uno de estos valores dice qué tanto encaja o no ese token dentro de alguno de los 2.048 patrones detectados por GPT. Para la máquina estos patrones no significan nada, son conexiones aleatorias, pero si los estudiamos podemos ver que algunos dicen cosas como cuál es el grado de formalidad de un token («profesión» tendría un valor alto *vs.* «curro», que tendría un valor bajo), o cómo de grande es («cacahuete» tendría un valor bajo, «planeta» uno muy alto), o cómo de físico es («llave» tendría un valor alto mientras que «orgullo» tendría un valor bajo). Imagina tener 2.048 valores distintos que clasifican los términos en distintas categorías como estas, y eso para todas las palabras (tokens) que están dentro del vocabulario de la red neuronal.

Te voy a poner un ejemplo muy simple. Imagínate un embedding con tres dimensiones. En este embedding la palabra «gato» estaría representada por un vector de tres dimensiones, como este:

[I.2, -0.5, 0.3]

Básicamente son tres números, cada número representa uno de esos patrones de cercanía de los que te hablaba antes, y el valor numérico representa cómo de cerca o de lejos está de ese parámetro. En este miniembedding imaginario podríamos determinar que la primera dimensión representa si es un ser vivo, la segunda, el tamaño y la tercera, la domesticidad (o sea, cómo de probable es que lo encontremos en una casa).

Aquí está mi «gato» explicado:

| Dimensión | Descripción | Valor | Interpretación |
| --- | --- | --- | --- |
| Dimensión I | Ser vivo | I.2 | Es un ser vivo |
| Dimensión 2 | Tamaño | -0.5 | Es relativamente pequeño |
| Dimensión 3 | Domesticidad | 0.3 | Es un animal doméstico |

Si vamos a buscar el caso de un elefante, su token podría ser el siguiente vector:

[I.8, 2.0, -0.8]

Y podemos interpretarlo de la siguiente manera:

| Dimensión | Descripción | Valor | Interpretación |
|---|---|---|---|
| Dimensión 1 | Ser vivo | 1.8 | Es un ser vivo |
| Dimensión 2 | Tamaño | 2.0 | Es muy grande |
| Dimensión 3 | Domesticidad | -0.8 | No es un animal doméstico |

Una forma muy común de imaginar el embedding es con un mapa espacial, en el que veríamos una nube de términos que están más cerca o más lejos en el espacio el uno del otro. Cada vector de cada token son en realidad las coordenadas en un mapa espacial n-dimensional.

Algo muy interesante que permite hacer el embedding, gracias a este mapa n-dimensional de palabras, es saber cuánto se parecen dos tokens a nivel de significado. Al estar hablando de un mapa espacial, podemos calcular la distancia entre dos términos para ver qué tan relacionados están el uno con el otro. También podemos usarlo para obtener sinónimos o antónimos. Podemos obtener la variante formal de una palabra, o la variante más vulgar. Todo esto haciendo operaciones con los vectores de nuestro embedding. Además, lo podemos hacer con simples operaciones matemáticas. Una operación que podríamos hacer es la siguiente:

Reina - femenino = rey
Reina: [0.4, 0.3, 0.5]
Femenino: [0.2, 0.1, 0.3]
Rey: [0.6, 0.4, 0.2]

Lo que estamos haciendo al restar el vector «femenino» a «reina» es ubicarnos en el espacio de «reina», pero alejándonos de la dirección de «femenino» para ir a su opuesto. ¿Qué hay en el espacio de «reina» al otro extremo de «femenino»? Pues «rey».

[0.4, 0.3, 0.5] - [0.2, 0.1, 0.3] = [0.2, 0.2, 0.2]

Este vector resultante no es exactamente el de «rey», pero se acerca mucho a [0.6, 0.4, 0.2], que es «rey». Todo esto son meros ejemplos, repito, ningún embedding es tan sencillo ni tan obvio. Puedes hacer pruebas y experimentos para entender e imaginarte mejor cómo funciona todo esto en la siguiente página web:

En esta web puedes buscar cualquier término y ver otros relacionados. Este embedding tiene unas trescientas dimensiones. El siguiente gráfico muestra el valor de esas trescientas dimensiones para el token «leopard»:

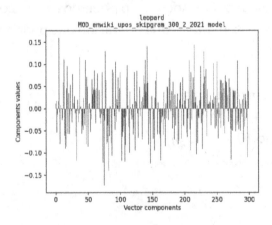

Sin embargo, a mí me gusta imaginarlo de otra manera. Me gusta pensar en el vector como un código especial, el ADN del token: cada término tiene su ADN y presenta rasgos comunes con otras palabras, y así podemos saber que están relacionadas.

Si lo vemos con el ejemplo del ADN, en la operación anterior en la que restábamos «femenino» a «reina», estaríamos quitando a la reina esas trazas que hacen que se identifique con el femenino, por lo que tendríamos un ADN más parecido al de rey.

A modo de resumen, el embedding es un mapa supercomplejo de relaciones entre palabras (tokens); estas relaciones son patrones que encuentra el software durante la fase de entrenamiento. Basándose en estos parámetros consigue relacionar términos entre ellos. Esta es la forma en la que la máquina le da significado a los términos. No conoce el mundo real ni la relación de estos tokens con él, pero sí sabe cómo están relacionados.

Esto tiene muchas aplicaciones. Por ejemplo, cuando buscas un término en un buscador como Google, este podría hallar variantes similares a tu término de búsqueda. Por ejemplo si buscas «sacar el carnet de conducir», verás que en muchos resultados aparece el término «permiso de conducir», o «permisos de conducción», o «carnet B», o «carnet de coche». Google sabría que esos términos están relacionados con tu búsqueda, y lo sabe probablemente gracias a un sistema de embedding.

En el caso de GPT el embedding tiene varios niveles. Por un lado, almacena cada token con un vector de valores para cada dimensión como acabamos de ver, pero además clasifica conjuntos de tokens, o sea, frases. Por ejemplo: «El gato está durmiendo en el sofá», que es una secuencia de varios tokens, también tiene su propia clasificación dentro de los embeddings. De esa manera tenemos un embedding que clasifica y relaciona conceptos, frases y, literalmente, conocimiento.

Y aquí hay un matiz muy importante. Atención, porque esto es clave, y es el motivo por el que ChatGPT parece que genere nuevo contenido en lugar de copiarlo de aquellos textos de los que ha aprendido. Para simplificar el trabajo de la red neuronal, conseguir mejor precisión y evitar crear un montón de términos innecesarios, un paso que se realiza antes de procesar las frases es el de limpiar y simplificar el texto. Este proceso se conoce como «normalización», y es algo muy típico a la hora de trabajar con lenguaje natural.

Aquí existen varias técnicas que se pueden aplicar, luego veremos ejemplos:

- Lematización: esto consiste en llevar los verbos y otras palabras a su forma base. Por ejemplo «correré» o «correría» se convertiría en «correr».
- Eliminación de «stopwords»: se quitan palabras comunes que no aportan mucho significado (como «un», «el», «y»).
- Conversión a minúsculas: convertir todo el texto a minúsculas para evitar que «Hola» y «hola» se consideren diferentes.
- Eliminación de puntuación y caracteres especiales: se limpia el texto de puntuación y otros tipos de caracteres especiales, para que «HOLA!!!!!» y «¡Hola!» tengan el mismo significado.
- Reducción de la variabilidad del texto: podemos intercambiar términos que son equivalentes, como por ejemplo «US», «USA» y «United States». Podríamos decir que son intercambiables entre ellos y tienen el mismo significado. Así que también se tiende a sustituir este tipo de términos por una forma general común.

Esto es como cuando en la pescadería te limpian el pescado: le quitan las espinas, las escamas y te lo dejan listo para cocinar.

En la siguiente frase hay varias palabras que aportan poco, por ejemplo «el» y «en»:

*El gato está durmiendo en el sofá.*

Una simplificación sería:

*gato está durmiendo sofá*

Podríamos simplificarla más aún aplicando la lematización, o sea, convirtiendo las palabras a sus formas más sencillas, por ejemplo, los verbos conjugados al infinitivo. Quedaría de esta forma:

*gato estar dormir sofá*

Y podemos simplificarlo todavía más:

*gato dormir sofá*

«Gato dormir sofá» es una secuencia de tres tokens que, más o menos, contiene todo el significado de «El gato está durmiendo en el sofá», pero está comprimida y condensada. Esto es muy útil cuando entrenamos el modelo, porque GPT guardaría esta secuencia dentro del sistema de embeddings y la relacionaría con otras frases parecidas usando su sistema de dimensiones.

Y aquí viene la gran revelación: todas las frases que dice GPT las saca de su sistema de embeddings.

Sí, todo lo que dice GPT sale de una búsqueda dentro de sus embeddings. Busca términos, palabras o incluso frases y consigue otras frases que son parecidas y están relacionadas. Este es el truco del gran conocimiento y la gran capacidad de ChatGPT para poder decir cosas relacionadas con lo que nosotros decimos.

Antes, cuando le pregunté por los emperadores romanos, todo lo que me dijo salió de una mezcla de varias secuencias de tokens que están almacenadas y relacionadas entre ellas dentro de su sistema de embeddings. Pero esto es solo el principio.

Cuando GPT genera texto, hace consultas a su embedding y saca estas secuencias de tokens que tiene que convertir en algo comprensible y aceptable como lenguaje humano. Por eso, lo primero que hace después de obtener las secuencias es transformar los tokens en palabras, a veces palabras ligeramente distintas de las que estaban en la frase original, y sobre todo usa nuestras reglas de sintaxis y gramática para añadir aquellas palabras que se habían quitado al principio. Con todo este proceso de simplificación a la hora de clasificar conocimiento en el embedding (una especie de «compresión» de datos, si lo piensas) y reconstrucción o descompresión cuando tenemos que mostrarle la frase al usuario al final, hace que las frases no sean prácticamente nunca iguales, sino que tengan variaciones respecto a la fuente original.

Esto es muy similar, por cierto, a cómo recordamos los seres humanos. Cuando alguien nos explica algo y se lo queremos explicar más tarde a otra persona, no lo repetimos palabra por palabra exactamente como nos lo dijeron. Recordamos los conceptos y las ideas detrás de lo que se nos ha dicho, pero a la hora de expresarlo lo vamos a comunicar usando nuestras propias palabras. Esto es muy eficiente: imagina tener que recordar cada una de las palabras que te han dicho para tener que repetirlas; nuestro cerebro simplemente no funciona de esa manera. Además, entender los conceptos es lo que nos ayuda a comprender el significado de las cosas y relacionarlo con otros conceptos que ya conocemos.

## Sampling: el factor aleatorio

Aparte de esto, para mantener sus respuestas originales e interesantes, GPT usa otra técnica: el sampling. Esto le permite tener una cierta «creatividad». Cuando GPT tiene que generar respuestas genera números aleatorios, y tiene en cuenta este número al azar para elegir su respuesta. Si te cuesta imaginarlo, es como si GPT estuviese jugando una partida de rol y tuviese que tirar un dado para decidir lo que tiene que hacer, y según ese número aleatorio se mueve ligeramente dentro del espacio del embedding hacia otra frase, otra frase que no está demasiado lejos de la original, lo suficientemente cerca como para que forme parte de la misma conversación y sea coherente. Y así es como GPT va inventando historias que parecen coherentes, pero que en realidad son combinaciones de varias historias que ha oído antes.

Normalmente en los modelos de lenguaje como GPT, el sampling se puede configurar con un parámetro que se llama «temperatura». La temperatura controla cuánto nos podemos alejar del punto original dentro del embedding; cuanta más temperatura, más afecta esta semilla aleatoria y más originales son las respuestas, pero también tenemos una probabilidad más alta de que el modelo alucine y dé respuestas incoherentes y falsas. Si bajamos demasiado la temperatura, entonces las respuestas se vuelven rígidas y predecibles, incluso a veces pierden un poco el sentido. En otras palabras, si GPT trabaja con una temperatura alta, las respuestas serán más creativas y aleatorias; si se puede alejar menos, será más conservador.

Pero este proceso es el que permite que cada vez que le preguntas algo a ChatGPT responda cosas distintas o añada información extra, o use formatos distintos. Estos dos procesos, tanto el de generar una frase gramaticalmente correcta de acuerdo con los embeddings como el sampling, son los que hacen que cada respuesta que nos da el modelo de lenguaje parezca única y escrita exclusivamente para nosotros, y es que en parte esto es así.

Vamos a hacer un resumen de lo que tenemos claro hasta aquí: tenemos una red neuronal, que es un programa de ordenador que aprende buscando patrones en datos. Esta red neuronal la vamos a entrenar con grandes cantidades de texto, que para el ordenador son grandes documentos llenos de números que representan las letras de nuestros textos.

Para que el entrenamiento sea efectivo, le vamos a proporcionar millones de textos: libros, foros, artículos, documentos técnicos, etcétera. La red estudiará estos datos y buscará patrones. Estos patrones dentro de nuestro sistema se llaman tokens, y corresponden con palabras o partes de palabras.

A partir de ahí la red usa los tokens para crear un mapa virtual con miles de parámetros (o dimensiones) donde clasifica cada token por cercanía de significado; este espacio virtual se llama «embedding».

Luego, gracias a su conocimiento de los tokens en el embedding, analiza las combinaciones de varios tokens que parece que tienen algún tipo de sentido para clasificarlos también bajo forma de embedding, solo que este embedding está hecho de secuencias de varios tokens y tiene más de mil parámetros. Esto le permite memorizar conceptos y relacionarlos entre ellos.

Antes de introducir cualquier tipo de secuencia en el embedding, recordemos que el sistema simplifica el formato a través de la normalización, quitando palabras redundantes y formas gramaticales que complican el proceso de aprendizaje, por lo que las secuencias se guardan de una forma primitiva.

Terminado el entrenamiento, ponemos a funcionar nuestra red.

Cuando nosotros le damos un término como, por ejemplo, «gato», GPT puede buscar dentro de su embedding la posición de este término y soltarnos unas cuantas frases sobre los gatos. Estas frases, como han sido normalizadas antes de ser guardadas en el embedding, el sistema las tiene que reconstruir previamente a que puedan ser mostradas al usuario. En ese proceso genera frases originales eligiendo términos relacionados basándose en una semilla aleatoria. Este proceso se llama «sampling», y también lo usa nuestro sistema para hilar la información que extrae sobre un concepto concreto.

Un buen truco, ¿verdad? Pero nos estamos dejando una parte muy importante de los modelos de lenguaje modernos: la solución al gran problema que ha existido durante mucho tiempo y para el que hasta hace poco no se ha encontrado solución.

Clasificar tokens y secuencias de tokens no es suficiente para poder comprender el lenguaje humano. Cada palabra tiene un rol dentro de una frase, e incluso cada frase tiene un rol y una jerarquía dentro de un texto o discurso.

Para que todo este rollo de la generación de texto tenga éxito, es muy importante que, tanto cuando entrena como cuando interactúa con nosotros, la inteligencia artificial pueda recordar el contexto, de qué tema estamos hablando, que no se olvide entre mensaje y mensaje qué tema estamos tratando, sino que tenga algún tipo de memoria.

Lo mismo pasa cuando está aprendiendo. Si la red neuronal está leyendo un artículo de Wikipedia, es superimportante que, para poder clasificar las frases y conceptos, sepa cuál es el contexto o el concepto clave que se intenta expresar. Por ejemplo, si en la generación de la respuesta sobre el emperador romano más cruel que ha existido, la inteligencia artificial es capaz de valorar que «hay una posibilidad de que estos textos sean propaganda», es porque en algún momento durante su entrenamiento leyó esa frase, y sabía que se hablaba de las cosas que aparecen en los textos antiguos sobre el emperador romano Calígula. Sin ese contexto sería casi imposible poder hilar una conversación con sentido.

Entonces, si mi red tiene un tamaño de entrada limitado, necesito algún sistema para poder tener en cuenta el contexto, saber de qué estamos hablando, recordar esos detalles que hacen que la frase que voy a generar tenga sentido con toda la conversación en la que estoy...

Hasta hace poco, para resolver este problema se usaban las redes neuronales recurrentes.

Las redes recurrentes lo que hacen es que, cada vez que procesan un token, se guardan parte del resultado, y ese resultado se usa como un dato de entrada para procesar el siguiente token, y el siguiente, y el siguiente, y el siguiente. De esa forma, se va guardando un poco del significado de cada token a lo largo del tiempo, y esto funciona relativamente bien. Conseguimos que se mantenga el tema que estamos tratando a lo largo de una frase. Pero hay dos problemas importantes.

Primero, se trata de un proceso secuencial, o sea, cuando entrenamos el modelo de lenguaje lo hacemos en secuencia, un término detrás de otro, y esto no se puede paralelizar. ¿Esto qué quiere decir? Que si yo quiero meter más ordenadores, más procesadores o incluso una gráfica para que ayude en este proceso, no podría, porque solo se puede procesar un término a la vez, ya que para ese término necesito procesar antes todos los anteriores. Imagínate que yo soy la red neuronal y estoy procesando cada palabra, y le pido a un amigo que me ayude, pero no podrá ayudarme demasiado, como mucho podríamos hacer una palabra cada uno porque, mientras uno procesa una palabra, el otro no puede hacer nada, pues se necesitan todas las palabras anteriores.

Segundo, con el tiempo el significado se va perdiendo. A medida que vamos progresando y sumando nuevas palabras al contexto, las antiguas poco a poco van perdiendo su significado, por lo que no sería posible recordar conceptos de los que hablamos al principio de la conversación. A esta red se le daría muy mal, por ejemplo, resumir o recordar cosas que le pedimos hace diez mensajes.

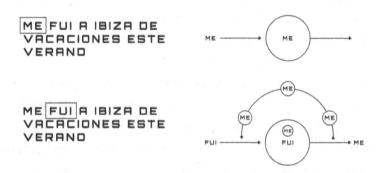

Después vinieron las redes *long short term memory*, que son un poco mejores porque hacen lo mismo, pero deciden en cada momento qué es lo más importante y solo olvidan lo menos relevante. Con todo, presentan el mismo problema: a medida que nos alejamos del texto antiguo se pierde el contexto, pero por lo menos se va quedando con lo más importante, incluso en textos de hasta mil palabras.

## Los transformers

La solución al problema vino en 2017, cuando se publicó «Attention is All You Need», artículo que firmaron investigadores de Google, donde plantean una solución distinta al problema: los transformers, una nueva forma de organizar estas redes neuronales.

En los transformers se añade una nueva capa, una capa dedicada a lo que los investigadores llamaron «atención».

La atención es una alegoría a la vista del ser humano. Hace referencia a cuando las personas prestamos atención a ciertos objetos, mientras que ignoramos el resto de lo que aparezca en la imagen, a pesar de que hay muchísimas otras cosas en nuestro campo visual. La idea es que nuestra red neuronal haga lo mismo: analizar una gran cantidad de texto, todo de golpe, usarlo para extraer el contexto de lo que se está hablando y prestar atención a los detalles más importantes.

Para ello vamos a coger una parte de nuestro texto, la normalizamos y codificamos con nuestros tokens. De estos tokens sacamos cada uno de los vectores de embeddings, que son esos números que nos indican dónde está ese término dentro del embedding, tal y como vimos antes. A continuación, cogemos cada uno de estos vectores y comprobamos cómo se relacionan con los otros de la frase. Por ejemplo:

*La vida es bella, así que vívela cada día.*

Si la normalizamos sería algo así:

*vida ser bella tú vivir cada día.*

Aquí haríamos operaciones para saber cuál es la relación entre cada uno de los términos, y de esa forma sabríamos qué conceptos son más relevantes que otros.

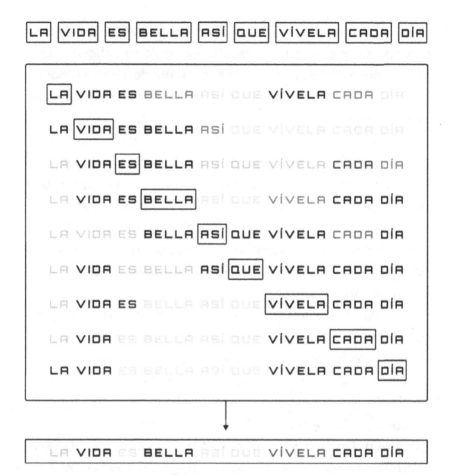

La idea que subyace es que la información sobre estos términos relevantes se va no solo enriqueciendo, sino también manteniendo a lo largo de todo el proceso, y este vector de atención se usa en el procesamiento de cada una de las palabras. Eso ayuda muchísimo al ordenador no solo a saber el contexto de la frase (cuando lee el token «propaganda», sabe que hace referencia a escrituras sobre Calígula, el emperador romano), sino que conoce el significado de palabras como «gato», que para un mecánico es una herramienta, pero generalmente es un animal.

La atención también es la que permite a ChatGPT extraer los conceptos clave de un texto escrito por nosotros, saber qué términos tienen más peso, qué es lo importante de nuestra pregunta, incluso hacer un resumen de un texto o responder cuestión por cuestión.

Pero hay un poder muy grande en la capa de atención, y es que permite paralelizar. La atención no necesita que las palabras se procesen de forma secuencial, podemos coger todas las palabras, calcular su vector de atención y procesarlas, y hacer lo mismo con todas las otras, por lo que podríamos tener decenas de tarjetas gráficas trabajando en paralelo para entrenar nuestro modelo de lenguaje. Eso hace que el entrenamiento sea muchísimo más rápido y eficaz.

Además, existe un sistema de codificación de posicionamiento muy inteligente que permite que, a pesar de que procesemos todas las palabras por separado, GPT sepa cuál es el orden dentro de una frase. Este sistema lo inventaron justamente para poder paralelizar sin problemas.

Los transformers han sido la última gran revolución y pieza faltante en el mundo de los generadores de texto. La capa de atención ha hecho que avancemos en dos o tres años muchos más de lo que se avanzó en toda la década pasada. Google fue el primero en publicar acerca de ellos y también en usarlos. Uno de los primeros productos que hicieron con esta tecnología fue BERT. En este artículo puedes ver que BERT es una gran ayuda a la hora de mejorar la precisión de los resultados en Google:

La mejora es impresionante porque pasamos de que Google busque términos relacionados con lo que estamos buscando a que entienda perfectamente lo que queremos decir y nos ofrezca un resultado inmediato. El artículo incluye este ejemplo: se pregunta si en 2019 un viajero brasileño necesita visado para ir a Estados Unidos. Mientras que antes daba como resultado un artículo del *Washington Post* relacionado con este tema, ahora nos lleva directamente a la página de la embajada donde nos explican los requisitos que deben cumplir los viajeros con nacionalidad brasileña que desean visitar Estados Unidos, con un resumen de la línea exacta donde se responde a nuestra pregunta.

OpenAI fueron los que decidieron llevar este sistema a otro nivel.

## La historia de GPT

En 2015 se juntaron varios titanes del sector tecnológico: Sam Altman, el director de una aceleradora de startups muy importante; Greg Brockman, uno de los primeros empleados de Stripe; Reid Hoffman, el cofundador de LinkedIn; Jessica Livingston, también cofundadora de la aceleradora de startups; Peter Thiel, cofundador de PayPal, y Elon Musk, que, bueno, no necesita presentaciones. Todos ellos decidieron montar una organización, al principio sin ánimo de lucro, para llevar la inteligencia artificial al siguiente nivel.

Uno de los productos estrella de OpenAI es GPT, y la idea es muy sencilla: ¿qué pasaría si cogemos la arquitectura de transformers propuesta por Google y hacemos que la red neuronal sea enorme, gigantesca?

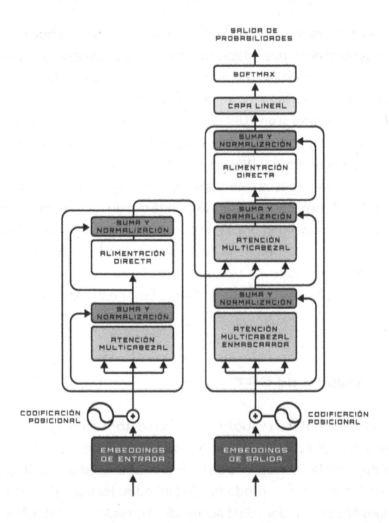

Este es el esquema de cómo funciona una red neuronal basada en transformers. En el caso de GPT solo han usado una de estas dos partes, la de la izquierda. Aquí podemos ver representados todos los procesos de los que hemos hablado hasta ahora, desde que convertimos las palabras a sus vectores de embeddings hasta la codificación de posición, que es cuando se marca cada palabra para saber qué posición tiene en la frase, y la capa de atención, que es cuando se extrae la importancia y el contexto de las palabras. Después de esta capa de atención tenemos una red neuronal de tipo Feed-Forward, la red que aprende la relación entre las distintas frases.

Recordarás que al principio del capítulo hablamos de parámetros, que son como una serie de perillas, mandos, tiradores y pesos que configuran una máquina para que funcione de una cierta manera. Las redes neuronales, a medida que aprenden, van poco a poco ajustando todos estos parámetros para que los resultados de salida sean los que esperamos de la máquina. Cuantos más parámetros tiene una máquina, en teoría más ajustable es, también más compleja y más flexible, pero eso no tiene por qué ser siempre bueno. En el caso de las redes neuronales no es un usuario el que ajusta todos esos parámetros, sino que la máquina se va ajustando automáticamente según aprende.

Por lo general, este tipo de grandes modelos de lenguaje se entrenan con varios millones de parámetros. Para entrenar a GPT-2 ya usaron 1.500 millones de parámetros, y para GPT-3, que es en la que se basa ChatGPT, 175.000 millones de parámetros. Una locura total.

¿Y qué datos usaron para entrenar a esta bestia de transformer con esos 175.000 millones? Pues primero que nada Common Crawl, una base de datos que tiene muchísimo contenido de internet extraído en forma de texto, como blogs y todo tipo de páginas web, entre el año 2016 y 2019. Luego WebText2, que contiene todos los posts de Reddit con un mínimo de karma y todo el contenido de los enlaces que aparecen en esos posts, una gran biblioteca de libros y, por último, toda la Wikipedia. Entre este contenido hay cientos de consejos, conocimiento general, tablaturas de guitarra, código de todo tipo y muchas cosas más.

ChatGPT no es el primer producto basado en GPT-3. A mediados de 2021 OpenAI creó una variante de GPT-3 entrenada con todos los repositorios de GitHub, una plataforma comprada por Microsoft donde la mayoría de los desarrolladores del mundo guardan su código, y la inteligencia artificial aprendió a programar. Esto lo convirtieron en GitHub Copilot, una inteligencia artificial capaz de ayudarte a programar generando código de todo lo que le pidas directamente desde tu editor de código y que funciona con ajustes mínimos, a veces incluso a la primera. Una revolución en el mundo de la programación.

Para crear ChatGPT han tenido que trabajar un poco más. ChatGPT es una versión refinada, o *fine-tuned* como se dice en inglés, de GPT-3. Lo primero que hicieron fue, empezando ya desde GPT-3, añadir más entrenamiento, pero esta vez, en lugar de usar textos de internet que quedan libres a la interpretación de GPT, contrataron un grupo de personas para que generaran respuestas de chat de alta calidad y además etiquetara qué es cada cosa. Esto se conoce como aprendizaje supervisado, porque la IA ya sabe cuáles son las conclusiones que tiene que sacar o parte de ellas, y cuando entrena se centra más en entender por qué las cosas son como son. Este set de datos especialmente hecho para ChatGPT resulta bastante caro, puesto que tienes que pagar a gente para que se dedique a escribir y etiquetar, pero es muy valioso y ofrece datos de altísima calidad al modelo.

El segundo paso fue crear un proceso que se llama Reinforcement Learning from Human Feedback (RLHF). Con esto consiguieron que GPT generara cuatro posibles respuestas para cada pregunta y una persona las puntuaba de mejor a peor. De esa forma el modelo va aprendiendo qué respuestas y caminos son mejores o, por lo menos, más satisfactorios para el ser humano. Gracias a este trabajo crearon una página web donde los usuarios podemos preguntar y la respuesta está directamente generada por este GPT mejorado. Así nació ChatGPT. Por todo esto ChatGPT es tan bueno haciendo lo que hace.

En pocas palabras, unos empresarios locos cogieron los transformers y pensaron: «Oye, ¿qué pasaría si multiplicamos por mil los parámetros respecto a lo que está haciendo todo el mundo, y luego lo entrenamos con todo el texto de conocimiento humano que pueda caernos entre manos, y al final lo tuneamos para terminar de corregir esas cosas que hace mal, lo metemos en una web y lo vendemos?». Pues ChatGPT. ¿Y cuánto más puede mejorar GPT si le metemos, por ejemplo, mil millones de parámetros? ¿O cien billones de parámetros? No está claro. Esto es como cuando juegas a un videojuego a *full HD* y lo pasas a 4k, y, *wow*, los gráficos mejoran mucho, pero luego lo pasas a 8k, y ya no se nota tanto la diferencia, porque los gráficos son los que son y la imagen mejora cuantos más píxeles tengamos, pero hasta un cierto punto. Esto es algo parecido. La tecnología de los transformers es buena y mejorable cuando hacemos ajustes manuales guiados por una persona, pero posiblemente para que pueda competir con un ser humano vamos a tener que mejorar la forma en la que aprendemos y analizamos los textos, ya sea con otro algoritmo u otra arquitectura, pero al ritmo que va esto es cuestión de pocos años antes de que descubramos algo mejor. O quizá no, a lo mejor podríamos estar delante de un estancamiento. Todo esto el tiempo lo dirá.

Lo que sí te puedo decir es que entrenar una inteligencia artificial usando 175.000 millones de parámetros no es algo que puedas hacer una tarde en tu casa; da igual la tarjeta gráfica que tenga tu ordenador, ni aunque tengas 3 RTX 4090 podrías hacer algo así. Para entrenar a GPT con tantos datos y tantos parámetros necesitas incontables ordenadores y muchísima potencia. GPT fue entrenado sobre las gráficas A100 de Nvidia, eso es algo que sabemos, que son la gama más alta y más potente pensada para cálculo e inteligencia artificial, y no en una o dos, sino en centros de datos gigantes de Microsoft.

Microsoft ha puesto su Cloud Azure a disposición de OpenAI para hacer todo este entrenamiento. Es más, Microsoft lleva años apostando por OpenAI y hace poco mas de un año invirtió diez mil millones en ChatGPT. ¿Recuerdas que hace un momento te hablé de GitHub Copilot y de cómo GPT se entrenó con GitHub para aprender sobre programación? Bueno, pues GitHub es de Microsoft, y ahora mismo posee más del 49 por ciento de OpenAI.

Sin embargo, con el tiempo el interés de Microsoft en OpenAI ha ido disminuyendo, y ahora mismo están trabajando en sus propios sistemas. El modelo de lenguaje de la casa Microsoft se llama Phi, y es especialmente bueno en su versión pequeña, que es capaz de correr usando pocos recursos del ordenador, aunque evidentemente también sus capacidades son más limitadas.

## El estado actual

Ha pasado ya más de un año de la creación de ChatGPT. La tecnología ha mejorado mucho y ahora tiene capacidades que antes no tenía, como la posibilidad de buscar datos en internet o interpretar imágenes. Esto es algo que, como veremos enseguida, se ha conseguido usando sistemas especiales que combinan varias redes neuronales.

También ha aparecido competencia. Además de ChatGPT ahora tenemos Claude, que ha sido creada por algunos empleados descontentos que dejaron OpenAI para montar su propia empresa, y también Gemini de Google, que es una alternativa bastante buena pero un poco más creativa (en el mal sentido de la palabra) a la hora de dar respuestas.

También hay modelos open source o que podemos descargar y ejecutar de forma gratuita en nuestro ordenador. Uno de los más populares es Llama 3.1, que es un LLM (Large Language Model) de Meta (antes conocida como Facebook). De todos modos ChatGPT sigue siendo una de las más populares. Mantiene una versión gratuita que es bastante buena y una cuenta de pago que ronda los diez dólares al mes para los que quieren usarla sin limitaciones. El problema que más me preocupa de todo esto son los datos que estamos regalando a OpenAI.

Para las cuentas gratis y personales, OpenAI se reserva el derecho de usar tus datos y conversaciones para futuros entrenamientos del modelo. Por lo menos sabemos que los datos son anónimos, o sea, a la hora de almacenarlos no están relacionados con la identidad del usuario final, pero de todos modos me parece poco sensato compartir cierto tipo de información con OpenAI. La cuenta de empresa sí que incluye un pequeño aviso de que ninguna de tus conversaciones serán usadas para entrenar el modelo, lo que no sabemos es si están almacenando esos datos y qué podría pasar si se produce una filtración de las bases de datos de OpenAI. ¿Acaso se filtrarían todas nuestras conversaciones? Es algo que deberíamos tener en cuenta.

De todas formas, algo que está claro es hacia dónde va el modelo de negocio de este tipo de empresas: a proporcionar su modelo de lenguaje como servicio.

ChatGPT, aparte de la típica interfaz web que conocemos, tiene una interfaz programática, una API, para que puedas conectar tu software y que hable directamente con ChatGPT. Existen ya actualmente un montón de empresas que ofrecen servicios de IA y que detrás del telón lo que hacen es comunicarse con ChatGPT para obtener esa capa de procesamiento y generación de lenguaje natural. Este va a ser el modelo de negocio principal para OpenAI en el largo plazo, de hecho, Apple ya ha anunciado que Siri estará integrado con el modelo de IA de OpenAI para poder dar respuestas más inteligentes. Podéis imaginarlo como el motor de lenguaje, como pasa con el motor gráfico de los videojuegos, Unrel Engine, si es que estás familiarizado con los videojuegos.

Existen varias aplicaciones, desde aplicaciones de salud hasta aplicaciones financieras, que usan ChatGPT para generar respuestas y resúmenes sobre datos que capturan las aplicaciones y poder conversar contigo sobre tu situación en lenguaje natural. Pero ¿cómo hacen estas aplicaciones para que ChatGPT tenga acceso a tus datos? En realidad es muy sencillo, pero para que lo entiendas necesito introducirte un último concepto técnico de los modelos de lenguaje: el contexto.

## El contexto de los LLM

Cuando usamos un modelo de un LLM como ChatGPT, cada petición es única. O sea, la máquina arranca de cero, recibe datos nuevos, genera lenguaje y ahí termina la operación. La máquina no tiene estados, es decir, no recuerda lo que ha ocurrido entre la primera y la última ejecución, sino que siempre empieza desde cero.

Entonces ¿cómo puede ser que a lo largo de una conversación ChatGPT recuerde exactamente de qué estamos hablando? Aunque llevemos un rato comunicándonos, parece que de alguna manera tiene recuerdos de gran parte de la conversación. Antes te hablé del vector de atención que usa para extraer las partes más relevantes de la conversación y cómo están relacionadas, pero eso sirve dentro de una sola ejecución, no le permite recordar cosas entre distintas ejecuciones. Cada nueva pregunta que le hacemos se consideraría una nueva ejecución.

Esto lo consigue gracias al contexto.

Cuando mandamos una petición a ChatGPT, lo que hace nuestra queridísima página web por dentro es proporcionar varios datos:

- El «prompt» de sistema, que tiene una pinta parecida a esto: «You are a helpful, friendly, and knowledgeable assistant. Your goal is to assist the user to the best of your ability by

124

providing accurate, relevant, and thoughtful responses. Always be polite, respectful, and understanding. Use concise and clear language to convey your answers, and when appropriate, provide step-by-step explanations, examples, or ask clarifying questions to ensure you understand the user's needs correctly».

- El historial del chat, toda la conversación que llevamos hablada hasta ese momento incluyendo las respuestas que ha dado ChatGPT.
- La pregunta que le estamos haciendo ahora.

Usando toda esa información el modelo sabe tanto cómo se tiene que comportar como todo lo que lleva hablado contigo hasta el momento. Y los contextos a día de hoy, con las últimas versiones de GPT, son bastante grandes.

GPT lee todo ese input y genera la respuesta a tu pregunta teniendo en cuenta todo lo que le estamos diciendo. Esto también explica por qué cuanto más rato hablamos y más largo es el chat, más le cuesta dar buenas respuestas, porque el contexto se vuelve demasiado grande y al final el sistema tiene sus límites, tiene que priorizar.

Para poder usar ChatGPT para cualquier cosa los desarrolladores pueden manipular este contexto: pasar información clave a ChatGPT para que pueda responder. Por ejemplo, en una aplicación de fitness que nos da consejos y nos explica cómo vamos en nuestra evolución del cambio físico, podríamos tener un chat al que le preguntamos: «¿Crees que lo estoy haciendo bien?». Esta aplicación estaría conectada con ChatGPT y le pasaría en el contexto todo tu historial de peso de los últimos tres años junto con tus medidas biométricas y tus datos de entrenamiento, además de tu pregunta. De esa manera, GPT leería todo y podría decirte que has entrenado poco el último año y por eso también tu bajada de peso ha sido menos significativa.

La idea aquí es usar GPT o cualquier modelo de lenguaje con un rol específico: el de entender, analizar datos y generar lenguaje, y serían las aplicaciones externas las que buscan y proporcionan el contenido a GPT para que pueda generar esa respuesta. Un buen modelo, ¿verdad?

Esto se puede combinar con el fine-tuning específico para tu aplicación y distintos prompts para cambiar la personalidad y el estilo de respuestas que obtenemos de GPT. Pero todo esto aún está en desarrollo, y de hecho la habilidad de crear este tipo de sistemas será cada vez más demandada en las empresas. Este tipo de sistemas que aumentan las capacidades de los modelos de lenguajes se conocen como RAG (Retrieval Augmented Generation).

Existen varios sistemas para crear RAG, normalmente consisten en un programa que analiza nuestra petición antes de pasarla a GPT o al LLM de turno, y busca datos relacionados en documentos corporativos, manuales, documentos de texto o cualquier tipo de archivo que queramos que el modelo de lenguaje pueda leer. Este sistema es el que proporciona los datos para «chivarle» la respuesta al modelo de lenguaje dentro del contexto.

Aquí tienes un esquema de cómo funcionaría todo esto:

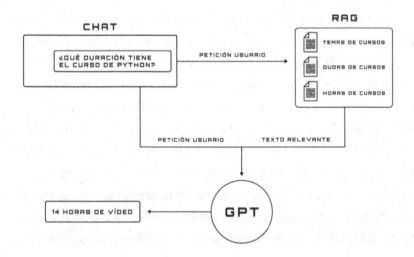

Teniendo en cuenta esto, como podrás imaginar la búsqueda en internet de información actualizada que ahora mismo es capaz de hacer ChatGPT no deja de ser una capa extra que descarga la página web en cuestión y se la chiva a GPT en el contexto, un RAG en toda regla.

## Problemas a la vista

Pero hay algo que también me gustaría resaltar: la evolución no está siendo tan rápida como esperábamos. Y en realidad, si lo piensas, tiene sentido. OpenAI, como vimos antes, empezó como una organización con el objetivo de investigar y, como el «Open» del nombre sugiere, con la idea de proporcionar herramientas de forma libre a la humanidad. En algún momento a lo largo de esta historia, pivotaron hacia un modelo con fines de lucro limitado, es decir, que busca generar ingresos para sostener su investigación avanzada. Lo que muchos no ven bien es que, para poder entrenar este tipo de modelos, han utilizado grandes cantidades de texto sin pedir permiso a los autores, incluyendo artículos de blogs, publicaciones online y contenido protegido por derechos de autor.

Por esta razón, OpenAI se ha enfrentado a múltiples desafíos legales y demandas a lo largo del tiempo por parte de diferentes medios de comunicación y autores. Un ejemplo reciente de estas acciones legales es la demanda interpuesta por una coalición de periódicos que acusa a OpenAI y Microsoft de violar los derechos de autor al usar contenido periodístico sin autorización para entrenar modelos como ChatGPT. Según estos medios, OpenAI ha hecho uso indebido de miles de artículos de noticias sin compensar adecuadamente a los autores, lo cual representa una violación flagrante de las leyes de copyright. Esta demanda se suma a una serie de pleitos legales en los que la empresa se ha visto involucrada y que han resultado en consecuencias serias, como la obligación de pagar grandes sumas de dinero en concepto de licencias y acuerdos legales.

Además, la situación se complica aún más con otros litigios de alto perfil y críticas públicas, como las de Elon Musk. Musk, quien fue uno de los fundadores iniciales de OpenAI, ha acusado públicamente a la organización de haber traicionado su misión fundacional. Argumenta que OpenAI, que se creó con la intención de ser una plataforma abierta y sin ánimo de lucro, ha cambiado drásticamente su rumbo para convertirse en una empresa lucrativa, buscando beneficios económicos a expensas de la transparencia y los principios éticos que originalmente la guiaron. Esta crítica pone de manifiesto una tensión interna sobre los valores y el propósito de la organización, reflejando una brecha creciente entre las expectativas originales y la realidad actual.

Por otro lado, la batalla legal no se limita a demandas por derechos de autor o cuestiones de misión fundacional. OpenAI también ha tenido que lidiar con acusaciones en su contra por parte de otros grandes medios, quienes han considerado acciones legales por el uso de contenido protegido para entrenar sus modelos de IA. Este conflicto ilustra las complejidades legales y éticas que enfrentan las compañías tecnológicas que trabajan con inteligencia artificial, donde no solo se cuestiona la propiedad del contenido utilizado para entrenar modelos, sino también la integridad del propio modelo y sus datos.

En el ámbito europeo, OpenAI también ha afrontado desafíos significativos en relación con el Reglamento General de Protección de Datos (RGPD). Varios organismos de control de privacidad han señalado que OpenAI incumple las normas del RGPD, especialmente en lo que respecta a la recopilación y uso de datos personales sin el consentimiento adecuado de los usuarios. Aunque hasta ahora estas acusaciones no han resultado en sanciones significativas, existe la posibilidad de que esto cambie en el futuro cercano. Las autoridades europeas podrían tomar medidas más estrictas contra OpenAI, obligándola a modificar sus prácticas de manejo de datos o incluso enfrentarse a multas considerables si no cumple con la normativa.

De hecho, los gobiernos están debatiendo cómo regular el uso de propiedad intelectual en el campo de la inteligencia artificial. ¿Es ético usar propiedad intelectual sin permiso? Todo apunta a que en el futuro no va a ser algo permitido. Es probable que las empresas que quieran desarrollar y comercializar un modelo de inteligencia artificial se vean obligadas a crear algún sistema de trazabilidad de datos (para saber dentro del embedding cuál es el origen de esa información) y, al mismo tiempo, que estén obligadas a pagar a los dueños de esos datos para poder incluirlos en el entrenamiento. Es probable que OpenAI tenga que reentrenar su modelo usando fuentes libres y pagando por aquellas que no lo son, lo cual me parece francamente algo justo. De esa manera, todos se beneficiarían de esto: tanto los usuarios finales, porque disponen de un chat conversacional que lo sabe todo, como las empresas que integran LLM, porque pueden acceder a esta IA que es capaz de hablar, las empresas detrás de los LLM, porque cobran por ese servicio de procesamiento y generación de lenguaje natural, y los propios creadores de contenido escrito, que son quienes han generado el conocimiento que usa el LLM para responder.

En cualquier caso, este tipo de debates está ralentizando el avance, y es uno de los motivos por los cuales la evolución se ha estancado un poco, aparte de los otros motivos relacionados con los límites tecnológicos del propio hardware que vimos en el capítulo anterior. De todos modos, es una tecnología con un gran potencial y estoy seguro de que en unos años veremos aplicaciones impresionantes, cada vez más útiles y «mágicas».

Antes de cerrar del todo el tema de la inteligencia artificial y GPT, te quiero dejar con una reflexión.

## ¿Cobrará consciencia la inteligencia artificial?

A medida que escribo este capítulo del libro no puedo evitar pensar en un experimento mental llamado «la habitación china». Este escenario fue propuesto en los años ochenta por John Searle, un filósofo y profesor de la Universidad de Berkeley, en California.

Por aquella época se estaba poniendo de moda un nuevo tipo de ciencia llamada «ciencia cognitiva», que ponía en común múltiples disciplinas para resolver temas filosóficos complejos. Por ejemplo, ¿cuándo podríamos considerar que una inteligencia artificial tiene consciencia propia? ¿Qué es la consciencia en sí? Quiero decir, nosotros somos conscientes de nosotros mismos, sabemos que estamos en este mundo y vivimos nuestra realidad en primera persona. Pero ¿en qué consiste ese proceso?, ¿qué parte del cerebro lo lleva a cabo? ¿Realmente es algún tipo de fenómeno extracorporal, algo que a la ciencia a día de hoy se le escapa? Sobre todo, una de las preguntas más interesantes es: ¿podría una máquina muy potente correr la mente humana con todas sus habilidades (consciencia incluida) como si fuera un software? ¿Podría un software tener la capacidad de ser consciente de sí mismo? Aquí siempre ha habido dos corrientes distintas muy marcadas: la teoría de la inteligencia artificial débil y la fuerte. En ciencias cognitivas, la postura de la IA fuerte sostiene que la consciencia emerge del propio comportamiento de la máquina, o sea, que una máquina lo suficientemente compleja podría ser consciente de sí misma, mientras que la postura de la IA débil sostiene que el cerebro humano va más allá de simples cálculos y que nuestra consciencia es algo que surge en un plano que también va más allá de esos simples cálculos, por lo que una máquina nunca podría ser consciente de sí misma.

En cualquier caso, volvamos a la habitación china. En este experimento, Searle nos pide imaginar una habitación cerrada donde dentro hay una persona que no sabe chino. La habitación es hermética, salvo por una ranura por la que se pueden pasar tarjetas. Esta persona recibe mensajes en tarjetas que están en chino y tiene un manual de instrucciones en su idioma que le explica un conjunto de reglas. Esas reglas le dicen qué responder a cada tarjeta. De esa manera, esta persona devuelve respuestas en chino que parecen coherentes.

Desde el exterior, parece que en la habitación hay una persona que entiende chino, pero, en realidad, solo está manipulando símbolos sin comprender su significado. Por buenas que sean las respuestas, precisas y elaboradas, el operador dentro de la habitación no sabe nada de lo que está ocurriendo. Searle utiliza este experimento para argumentar que, aunque un sistema computacional pueda manipular símbolos de manera correcta (como responder preguntas en chino), no implica que entienda o sea consciente del contenido de esos símbolos.

ChatGPT, al igual que la persona en la habitación china, manipula símbolos (palabras) basándose en reglas aprendidas (modelos estadísticos y embeddings) para generar respuestas que parecen significativas. Pero ¿entiende realmente ChatGPT lo que es una «reina», un «gato» o un «emperador romano»? La respuesta, según la reflexión de Searle, sería no. ChatGPT no tiene consciencia ni comprensión; simplemente opera dentro de un marco de reglas matemáticas y estadísticas para producir un texto que, para nosotros, parece tener sentido.

A medida que la IA sigue evolucionando, será esencial reflexionar sobre estos límites y considerar cuidadosamente cómo y dónde empleamos estas herramientas. La «magia» de ChatGPT y tecnologías similares no reside en una comprensión genuina, sino en una sofisticada simulación que desafía nuestras expectativas. Al final, mientras las máquinas pueden seguir sorprendiéndonos con sus capacidades, debemos recordar que la verdadera comprensión y conciencia siguen siendo, hasta ahora, dominios exclusivamente humanos.

# 4

# ¿CÓMO FUNCIONA EL BITCOIN?

The Cryptography Mailing List es una de las listas de correo más importantes sobre criptografía, donde una gran comunidad comparte sus ideas y dudas acerca de este tema. En 2008, un misterioso usuario de Japón, que se hacía llamar Satoshi Nakamoto, difundió una idea que rápidamente conquistó a todos los usuarios. Satoshi propuso un sistema para crear dinero digital: una moneda que no existía en forma de papel o metal, sino que estaba basada en bits.

## La solución a los problemas del dinero digital

Si lo pensamos, lo que proponía Satoshi no era algo tan innovador: todos hoy en día utilizamos dinero digital para hacer compras. En realidad no es tan distinto del dinero que tienes en el banco, y tampoco es que cuando ingresas efectivo haya alguien que vaya corriendo a una caja fuerte con tu nombre y lo ponga dentro. Ese dinero simplemente es un número, se podría decir que también es virtual. Sin embargo, hay algunas cosas de ese modelo bancario que a muchos no les acaban de gustar. Por ejemplo, para poder pagar con dinero virtual tiene que haber una entidad detrás que verifique que esa transacción es válida. El banco comprueba que en tu cuenta existe ese dinero y lo transfiere a la cuenta bancaria de otra persona. Así que dependemos al cien por cien de una entidad externa. Incluso para usar tarjetas como Visa o Mastercard, dependemos de estas empresas.

Otra cuestión muy importante es la privacidad. Cuando pagas por internet, estás obligado a dar tus datos personales. En tu tarjeta ya aparece tu nombre completo. Sin embargo, cuando pagas una compra en efectivo, nadie te pregunta tu nombre; a nadie le importa quién eres, simplemente es dinero. Esos billetes son impersonales y cualquier persona que los posea puede hacer compras con ellos.

Existen otros problemas, como por ejemplo la inflación, que hace que tu dinero pierda valor. Esto depende de muchos factores socioeconómicos, como que tu Gobierno decida imprimir nuevos billetes.

Estos son algunos de los inconvenientes que solucionaría la moneda de Satoshi. Lo que busca es desvincularse de cualquier entidad bancaria o gubernamental. Las transacciones de dinero serían totalmente anónimas y no habría ninguna entidad detrás de todos estos movimientos.

Entonces ¿cómo funciona?

## LA PRIMERA DIVISA DIGITAL

La aparición de E-gold en 1996 marcó un hito importante en la historia de las monedas digitales y abrió el camino para la evolución del dinero en el mundo digital. E-gold fue una de las primeras monedas digitales que permitió a los usuarios abrir cuentas y realizar transacciones en una unidad de valor respaldada por oro físico.

Por otra parte, el concepto de criptomonedas, tal como lo conocemos hoy, tiene sus raíces en las ideas y discusiones que tuvieron lugar en la lista de correo electrónico Cypherpunk en la década de 1990. Wei Dai, un científico de la computación y criptógrafo, propuso la idea de «b-money», un sistema de dinero electrónico anónimo y descentralizado. Aunque b-money nunca se implementó, su propuesta incluía varios conceptos que serían cruciales en el desarrollo de las criptomonedas posteriores, especialmente bitcoin.

## El funcionamiento de la moneda de Satoshi

Satoshi publicó un artículo académico en el que explicaba en detalle cómo funcionaba su sistema. Meses más tarde, proporcionó el software para poder realizar estas transacciones. Después de eso, desapareció sin dejar rastro. No se sabe quién es Satoshi Nakamoto ni si ese es su verdadero nombre. De hecho, hay gente que cree que realmente hay varias personas detrás de este seudónimo, un grupo que ideó este sistema y lo publicó bajo el nombre de Satoshi Nakamoto. A día de hoy, sigue siendo un misterio.

La moneda de la que estamos hablando es el bitcoin, y trajo consigo varias de las innovaciones tecnológicas y sociales más importantes de nuestra era.

### EL MISTERIOSO SATOSHI

Satoshi Nakamoto es un seudónimo, y la verdadera identidad de la persona o grupo de personas detrás de este nombre sigue siendo desconocida. En 2010 dejó de participar activamente en el desarrollo de bitcoin y de comunicarse con la comunidad. Su último mensaje conocido fue un correo electrónico a otro desarrollador de bitcoin en abril de 2011, en el que decía que había «pasado a otras cosas».

Se estima que Satoshi Nakamoto posee alrededor de un millón de bitcoins, que nunca han sido movidos o gastados.

El 17 de septiembre de 2021, se inauguró una estatua de bronce en honor a Satoshi en Budapest. Esta escultura presenta un busto con una capucha, y en su pecho destaca el emblemático símbolo de bitcoin. Lo llamativo de la estatua es que su rostro está diseñado para reflejar a quien la observe, simbolizando la idea, también grabada en la estatua, de que «todos somos Satoshi».

El sistema de bitcoin funciona con un modelo peer-to-peer, al igual que Ares, Kazaa o los torrents, como vimos en el capítulo acerca de la caída de Megaupload. Cuando quieres bajarte una película por torrent, esta película no está en un servidor central, sino que la tienen miles de usuarios alrededor de la red. Cualquier persona que tenga un cliente de torrent abierto en su ordenador y la película descargada actúa como servidor de origen del cual te la puedes descargar. Lo que ocurre es que el programa de torrent recopila por la red todos los usuarios que tienen esa película y se descarga a través de ellos el archivo dividido en varias partes, para conseguir mayor ancho de banda. Los datos van de una persona a otra, de par a par, entre dos usuarios domésticos, por ese motivo se conoce como peer-to-peer.

Satoshi pensó que este sistema podía ser ideal para gestionar la moneda digital. Parece confuso ahora, ¿verdad? Pero en un momento lo entenderás, no te preocupes.

Para saber cuánto dinero tiene cada persona, necesitamos un registro global, un libro de transacciones, como la cartilla del banco. Este libro maestro incluiría absolutamente todas las transacciones que han ocurrido en la historia de la moneda, no solo las tuyas, sino las de todo el mundo, y sería público. Cualquiera puede consultarlo en cualquier momento. De esta manera, se puede trazar con detalle todo el recorrido que ha hecho cada una de las monedas de bitcoin entre las varias cuentas desde que fue creada.

En este momento, me podrías decir: «Vale, si queda un rastro de absolutamente todas las transacciones que se han hecho de esta moneda, entonces no hay ninguna privacidad, ¿no?». Bueno, no exactamente. Resulta que las cuentas de cada persona son anónimas. Aunque se puede saber por todas las cuentas o monederos por los cuales ha pasado esta moneda, no se sabe a quién pertenecen realmente. Y de ahí viene el gran anonimato que ofrece el bitcoin.

Este registro global o base de datos se conoce como «blockchain» o «cadena de bloques». El blockchain es una secuencia de datos encadenados, donde cada bloque hace referencia al anterior. La gran ventaja es que se encuentra distribuido a nivel global, es seguro y público. Al estar formado de bloques encadenados entre ellos, en los cuales el valor numérico del bloque se calcula en función del valor de todos los anteriores, es prácticamente imposible modificar los registros del pasado, porque las cuentas no saldrían. Sería muy fácil detectar si la cadena ha sido manipulada. Y mientras haya usuarios en la red, es imposible que desaparezcan los datos. Estos bloques contienen los datos de las transacciones y cada uno de ellos está creado por la comunidad. Cualquier persona puede, desde su casa con un PC, crear un bloque para añadir al registro de transacciones.

En otras palabras, es la gente la que se encarga de añadir registros a este libro global. Las personas que hacen esto se conocen como «mineros». Pongamos un ejemplo. Alicia quiere transferir dinero a Bernardo. El minero diría: «Vale, voy a coger los datos de vuestra transacción y voy a crear un bloque para añadirlo al gran registro». Desde ese momento, la transferencia sería oficial y el dinero pasaría a estar en la cuenta de Bernardo. ¿Y dónde se guarda ese registro? En el PC de cada uno de los usuarios que está en la red.

No hace falta que todos tengan absolutamente todos los datos en su PC, porque el gran registro global, la base de datos de blockchain, está distribuida por todo el mundo, como una película de torrent que te vas bajando fragmento a fragmento a través de todos los usuarios que la tienen guardada en su ordenador. Si todos los ordenadores borrasen los datos que tienen almacenados sobre el blockchain de bitcoins, este dejaría de existir. Pero la idea es que, como está repartido entre muchísimos PC alrededor del mundo, esto nunca pasará. Por eso mismo, el minero, cuando termina de crear el bloque que verifica la transacción, se lo manda al resto de los mineros de la red para que lo añadan al blockchain.

En realidad, cada bloque no contiene solo una transacción, sino muchas. El bitcoin se rige por una serie de reglas: primero, los bloques están hechos de texto. Ese texto contiene los datos de las transacciones, como en la cartilla del banco, pero aquí son datos dentro de un PC, datos de texto como los de un bloc de notas.

Segunda regla: cada bloque tiene aproximadamente un megabyte de tamaño y en ese bloque se meterán todas las transacciones en cola que quepan, que son entre 2.000 y 2.200. Aproximadamente cada diez minutos se genera un bloque y solo uno, con lo cual el registro de bitcoins, el blockchain, crece un bloque cada diez minutos. Luego veremos por qué, pero básicamente esto quiere decir que con el bitcoin tendremos unas 2.200 transacciones cada diez minutos como máximo, o sea, unas tres o cuatro transacciones por segundo. Esto no es mucho; de hecho, es bastante poco. El minero que genere este bloque recibirá una recompensa. La recompensa sería de 50 bitcoins en el primer bloque de la historia y, cada 210.000 bloques, este número se dividiría entre dos. A día de hoy, en 2024, la recompensa es de 6,25 bitcoins. Los mineros compiten entre ellos por generar estos bloques.

No cabe duda de que este sistema lo ideó un japonés. Parece sacado de *Liar Game*, ¿verdad?

## El hash

Antes de seguir, repasemos: bloques de texto de un máximo de un megabyte, lo que permite incluir unas dos mil transacciones. Un bloque se genera cada diez minutos. Tras generarlos, el minero que completa el bloque lo añade al registro y recibe una recompensa.

El registro está replicado en el PC de cada minero. Para añadir un nuevo registro, el minero que lo genere tiene que mandarlo al resto, y estos tienen que aprobar por mayoría que es correcto. Además, de cada bloque se genera un nuevo registro, y del resto de cada bloque, se genera un hash.

Vale, aquí vamos a hacer una pequeña pausa porque es importante explicar qué es esto del hash. En cocina, se conoce como *hash* a un plato cocinado, como por ejemplo carne o patatas, que se corta en trocitos pequeños y se vuelve a cocinar. Esto realmente no tiene nada que ver con nuestro tema, aunque el nombre proviene de ahí. Crear un hash en informática consiste en tomar unos datos, sin importar su tamaño, y generar basándose en ellos un identificador único y de tamaño fijo. Normalmente es una combinación de números y letras, y el tamaño fijo significa que siempre contiene un número determinado de letras y números, por ejemplo, veinte. Es una especie de identificador de ese contenido.

Los hashes tienen la curiosa propiedad de que, si conoces la fórmula para generarlos, es muy fácil a partir de cualquier dato volver a generar ese hash. Sin embargo, teniendo el hash, es muy difícil saber cuáles son los datos iniciales. Vamos, muy parecido al plato. Si sabes prepararlo, consigues el resultado, pero a lo mejor es difícil saber todos los ingredientes viendo el resultado final.

¿Cómo funciona esto de los hashes? Un ejemplo muy sencillo sería el siguiente: «Esta es mi información. Ahora quiero generar un hash que identifique este texto. Aquí tienes las instrucciones: coge el número del abecedario de la primera letra y multiplícalo por el de la última. Esto, multiplicado por el número total de letras. Para generar el siguiente dígito, divide este número por el número del abecedario de la letra del medio. Ahora coge la penúltima letra y la última, multiplica su número del abecedario, pero empezando desde la Z en lugar de la A. Junta todos estos números en un mismo código y tenemos un hash».

Un hash muy básico y sencillo, pero es simplemente para que te hagas una idea de cómo funciona.

Este hash identifica esta cadena de texto porque, al estar calculado según los datos iniciales y al depender completamente de ellos, podríamos decir que es bastante único para cada secuencia de datos.

Esta es una gran forma de comparar datos, de hecho, se suele usar muy a menudo para comprobar si un archivo está corrupto. Cuando tu navegador se descarga un archivo de internet, muchas veces también se descarga el hash, que está disponible en el propio servidor. Entonces lo que hace es calcular el hash del archivo que ha descargado y lo compara con el hash descargado de internet. Si los dos hashes son iguales, es muy probable que el archivo no esté corrupto.

La ventaja del hash es que normalmente es muy pequeño comparado con el archivo original, pero suele estar basado en suficiente información como para variar si una parte del archivo cambia. Es la huella digital del archivo. Pero sobre todo facilita mucho la tarea de comparar y almacenar: da igual cómo de grande sea un archivo o de qué tipo sea, el hash siempre va a tener el mismo número de letras y números.

Por otro lado, como te decía, si bien el hash identifica la información, no es reversible. Si yo te pido que generes el hash de la frase: «Hola, me llamo Nate y te pido que generes el hash», no te costaría nada, siempre que sepas cómo, claro; aquí tienes su hash: AB3178BCDEE39102. Sin embargo, si te paso el hash y te pido que me digas la frase de la que viene, sería difícil, ¿verdad? Por eso se dice que es muy fácil obtener el hash, pero es muy difícil saber de dónde sale.

Imaginemos el proceso de generación de un hash utilizando un texto y cuál sería el resultado. Cada pequeña modificación en el contenido original altera drásticamente el hash resultante, evidenciando la sensibilidad del sistema a cualquier cambio.

Pasando de la teoría a ejemplos concretos, pensemos en el blockchain como un archivo de texto que contiene una secuencia de registros. Visualicemos mentalmente una tabla donde cada línea representa un bloque de esta cadena. En esta tabla imaginaria, cada bloque contiene los siguientes elementos:

- El hash del bloque anterior.
- La fecha y hora de su creación.
- La transacción de recompensa para el minero.
- Todas las transacciones posibles hasta completar un megabyte (por ejemplo, unas 2.159).
- Un dato misterioso que exploraremos más adelante.

Los bloques son secuenciales, pero lo que hace que realmente estén encadenados entre ellos es que cada bloque incluye entre sus datos el hash del anterior, es lo que da origen al término «cadena de bloques» o blockchain.

Como cada bloque contiene el hash del anterior, si alterásemos un solo bloque para, por ejemplo, manipular una transacción, entonces su hash ya no sería el mismo. En un intento de hacer una buena manipulación, lo que haríamos entonces sería cambiar también el hash que está incluido en el bloque siguiente, pero eso haría que ese bloque también cambiara, por lo que ese tampoco tendría el mismo hash. En otras palabras, si en la cadena de bloques modificamos un eslabón, todos los eslabones siguientes cambian. La integridad del sistema se asegura porque alterar un solo dato modificaría toda la cadena, haciendo imposible falsificar una transferencia.

Ahora, pensemos en el proceso de una transacción: dos personas, una transferencia y un intermediario de la comunidad, no un banco, sino un usuario común con un PC en casa (aunque esto a día de hoy es muy distinto). Este usuario valida el bloque y lo añade a la cadena de bloques para verificar la transacción.

Sin embargo, si lo piensas, este sistema podría ser vulnerable a prácticas poco éticas. Por ejemplo, alguien podría intentar validar transacciones fraudulentas: crear un bloque donde añade transacciones falsas donde se pasa bitcoins de cuentas de varias personas a la suya. Para prevenir esto, la mayoría de los participantes de la red de bitcoins deben estar de acuerdo en que el bloque es válido antes de aceptarlo. Los mineros tienen un incentivo para verificar cuidadosamente cada bloque, ya que una validación incorrecta podría hacerles perder la recompensa.

La recompensa, por cierto, como vimos antes, está incluida dentro del bloque, y es una transferencia de bitcoins que no existen; el origen de esa transferencia es la nada. Los bitcoins cobrados por el minero nunca antes han existido, se generan de la nada y aparecen en su monedero. Esta es la forma en la que los bitcoins se crean: se le asignan al minero cuando consigue minar un nuevo bloque. Luego volveremos a este tema porque puede resultar un poco confuso.

A pesar de todo esto, aún existe el riesgo de que un individuo actúe de mala fe, conectando múltiples PC, quizá mediante un virus, para obtener una mayoría de votos y aceptar bloques fraudulentos. En teoría, esto es posible en un sistema basado en la democracia. Y este es uno de los problemas más grandes a los que se enfrenta este tipo de sistema. Esto se conocería como el ataque del 51 por ciento. Si alguien controla el 51 por ciento de la red de bitcoin, entonces tendría el control sobre qué es verdad y qué es mentira. Sin embargo, Satoshi también pensó en ello. Y esto está estrictamente relacionado con los diez minutos de los que hablamos antes.

## Diez minutos

Hace muchos años, a finales de 1990, unos científicos informáticos propusieron un sistema conocido como Prueba de Trabajo o Proof of Work. La idea inicial de este sistema era reducir el número de correos no deseados o spam.

¿En qué consiste? El sistema de envío de correos electrónicos es muy sencillo: solo se requieren unas pocas instrucciones y datos para realizar el envío, transmitiendo algo de texto, el origen, el destinatario y unos pocos datos más. Debido a esta simplicidad, es fácil caer en la tentación de enviar miles de correos a diferentes destinatarios con fines comerciales, por ejemplo. El coste de hacerlo es prácticamente inexistente. Este bombardeo masivo de correos es lo que conocemos como spam. La propuesta de estos científicos consistía en añadir una prueba de trabajo: cada vez que se enviara un correo, el servidor receptor solicitaría al PC que resolviera una serie de cálculos que llevan cierto tiempo, no demasiado largo, y luego enviara el resultado al servidor.

Este paso extra de cálculo, aunque resulta inútil en sí mismo, dificulta la tarea de enviar correos masivamente. Podemos pensar en ello como un captcha: mientras que un captcha es una barrera para demostrar que es un humano quien accede a una web, la prueba de trabajo complica el envío rápido y fácil de correos.

Este sistema es interesante, pero presenta muchos problemas para su implementación en los correos electrónicos, por lo que nunca se utilizó en ese contexto. Sin embargo, Satoshi Nakamoto conocía el concepto de prueba de trabajo y decidió implementarlo para añadir una capa extra de seguridad a los bitcoins.

Como te contaba hace un momento, en el sistema de bitcoin, los bloques de transacciones son legítimos porque la mayoría de los mineros los aprueba. La única forma de ganar importancia en este sistema es controlando la comunidad con cientos de PC para aprobar bloques fraudulentos, lo cual, gracias a una regla propuesta por Satoshi, es prácticamente imposible.

Esta regla establece que los hashes generados para cada bloque válido deben comenzar con un cierto número de ceros. Recordemos que el valor del hash depende completamente del contenido de los datos que estamos usando para generarlo, por lo que para cambiar el valor de hash solo podemos modificar el bloque. La idea sería modificar el bloque hasta que su hash empiece por un determinado número de ceros.

Pero ¿cómo podemos modificar el bloque, si todo lo que contiene son datos útiles de vital importancia para firmar transacciones? Antes, cuando hablamos de los bloques, vimos que dentro de su contenido había un dato secreto. Ese dato secreto es una cadena de caracteres completamente aleatoria, y es la que el minero tiene que modificar hasta conseguir que el hash del bloque empiece por esa cantidad específica de ceros. ¿Y cómo lo hacen? Ensayo y error. Se van generando secuencias aleatorias hasta que alguien da con la solución.

Este número de ceros, predefinido y modificado cada 2.016 bloques, cambia las reglas del juego. Conseguir un hash que cumpla con estos requisitos implica realizar miles o millones de pruebas, dificultando enormemente la generación de un hash válido y, por lo tanto, la creación de bloques fraudulentos.

La creación de bloques válidos requiere un esfuerzo considerable. Para proponer un bloque, es necesario generar miles de hashes hasta encontrar uno que cumpla los requisitos, y nada te asegura que seas tú el afortunado. La minería es literalmente una carrera en la que todos los mineros del mundo compiten para encontrar una secuencia misteriosa: ese dato secreto que altera el bloque y consigue que el hash empiece por el número correcto de ceros.

Además, antes te conté que los mineros votan a la hora de aprobar una transacción como válida, pero no todos los mineros tienen la misma capacidad de voto: el número de votos depende de la capacidad de cada uno para generar hashes, lo que se conoce como el «hash rate». Esto significa que se necesitaría superar en potencia informática a más de la mitad de los mineros del planeta para controlar la red, una tarea casi imposible.

Este sistema de generación de hashes con un cierto número de ceros no solo dificulta la tarea de crear bloques válidos, sino que también hace poco atractivas las transacciones falsas. Generar bloques implica un gran desgaste de hardware, inversión en dispositivos y gasto de electricidad. Por lo tanto, es más conveniente crear bloques válidos y legales para que la comunidad los apruebe y recibir una recompensa. Este enfoque disuade de falsificar transacciones. Además, Satoshi pensó que este sistema otorgaría a todos aproximadamente las mismas posibilidades de conseguir la recompensa, convirtiéndolo en una especie de lotería donde todos prueban combinaciones aleatorias hasta que alguien consigue la correcta. Aunque pueda parecer que todo este poder computacional se desperdicia generando miles de hashes inútiles, solo uno válido cada diez minutos, esta regla es lo que garantiza la seguridad de los bitcoins.

Pero ¿por qué (y cómo) se establece un intervalo cada diez minutos? El número de ceros que debe tener el hash para considerarse válido se conoce como la dificultad. Este número se ajusta de manera que, estadísticamente, se tarde en torno a diez minutos en encontrar un resultado válido para añadir el bloque a la cadena. Cada 2.016 bloques, se revisa la dificultad actual: si se observa que muchos mineros con gran capacidad están resolviendo los bloques demasiado rápido, se aumenta la dificultad; si es excesivamente complicado, se reduce. A este proceso de resolver el acertijo y conseguir un hash válido se le llama «minar». Los mineros solo generan dinero si encuentran el hash correcto y su bloque es aceptado en la cadena de bloques.

Vale, hemos cubierto mucha información de golpe. Hagamos un pequeño repaso: bitcoin es una moneda virtual que no está respaldada por ninguna empresa, banco o Gobierno. Funciona mediante un sistema peer-to-peer y se gestiona con un libro contable público, distribuido entre todos los usuarios de la red. Estos usuarios son los encargados de crear la información para añadir al registro. Esta información se incorpora en un bloque, que puede contener un máximo de unas dos mil transacciones, y por ello los creadores reciben una recompensa.

Para evitar las trampas o el control indebido de la red, la generación de bloques incluye una dificultad añadida: encontrar un número que, sumado a la información del bloque, resulte en un hash que comience por una serie de ceros. El número de ceros se ajusta para que, en promedio, se tarde unos diez minutos en encontrar un número que encaje. Si aumenta la potencia informática en la red, se ajusta la dificultad para hacer el proceso más complicado.

## OTRAS CRIPTOMONEDAS

El auge del bitcoin como la primera criptomoneda descentralizada abrió la puerta a una ola de innovaciones en el campo de la tecnología blockchain y las finanzas digitales. Esta ola ha dado lugar a la creación de numerosas criptomonedas alternativas, conocidas como «altcoins», que buscan mejorar o diversificar las capacidades y los usos del bitcoin. Estas son algunas de las altcoins más conocidas:

1. Litecoin (LTC): creada por Charlie Lee en 2011, Litecoin se basa en el mismo código fuente que bitcoin, pero con algunas modificaciones destinadas a mejorar aspectos como la velocidad de transacción y la eficiencia en el uso de recursos. A menudo se la considera como la «plata» frente al «oro» de bitcoin, apuntando a un uso más cotidiano y transaccional.

2. Ripple (XRP): lanzado en 2012, se centra en la solución de problemas relacionados con pagos internacionales y transferencias bancarias. A diferencia de muchas criptomonedas que buscan operar fuera del sistema bancario tradicional, Ripple trabaja directamente con bancos y otras instituciones financieras, ofreciendo transacciones rápidas y eficientes a través de su tecnología de libro mayor distribuido.

3. Cardano (ADA): desarrollada por uno de los cofundadores de Ethereum, Charles Hoskinson, y lanzada en 2017, Cardano es una plataforma que también permite la ejecución de contratos inteligentes y DApps. Se distingue por su enfoque en la investigación académica y la formalización matemática para asegurar la robustez y la escalabilidad de la red.

4. Polkadot (DOT): lanzado en 2020 por otro cofundador de Ethereum, Gavin Wood, Polkadot busca permitir una mayor interoperabilidad entre diferentes blockchains. Su diseño facilita que diversas blockchains se conecten y se comuniquen entre sí, creando una red de blockchains que pueden trabajar juntas de manera eficiente.

Estas altcoins y muchas otras han contribuido significativamente a la diversificación y evolución del ecosistema de las criptomonedas. Cada una de ellas aporta su propia visión y sus propias soluciones a los desafíos planteados por el bitcoin, desde mejorar la eficiencia y la velocidad de las transacciones hasta explorar nuevas aplicaciones de la tecnología blockchain.

## ¿De dónde salen los bitcoins?

Si realmente has comprendido todo hasta ahora, deberías ser capaz de responder a dos de las tres preguntas más importantes sobre los bitcoins. La primera es: si no existe ningún tipo de entidad o Gobierno detrás, ¿cómo sabemos realmente que las transacciones son válidas y quién lleva el control? La segunda pregunta es: ¿en qué consiste el minado y por qué es tan difícil? A la tercera pregunta aún no hemos llegado, y es la siguiente: ¿de dónde salen los bitcoins?

Los bitcoins se generan cada vez que se crea un bloque. La recompensa que se otorga al minero son bitcoins nuevos, recién creados. Al poner en marcha el bitcoin por primera vez, en el primer bloque de la historia de la blockchain de bitcoin no existía ningún bitcoin, así que no había ninguna transacción que firmar. Por lo tanto, se creó un bloque con el texto de un periódico y se recompensó al primer minero con 50 bitcoins. A los mineros sucesivos se les otorgó la misma cantidad.

Estos primeros mineros, que poseían cierta cantidad de bitcoins, convencieron a los primeros clientes para comprar su moneda, con el argumento de que, aunque en ese momento era inútil, sería el futuro de las finanzas por su seguridad y descentralización. Los primeros compradores probablemente fueron especuladores, que esperaban que la moneda aumentase su valor en el futuro. Con el tiempo, entidades financieras comenzaron a adquirir bitcoins, y más adelante los negocios empezaron a aceptarlas como método de pago.

Los primeros en adoptar el bitcoin fueron industrias que necesitaban una divisa segura y que no dejara rastros sobre quién paga y quién recibe el dinero. Se dedicaban básicamente a la venta ilegal de todo tipo de artículos, como armas, drogas y medicamentos. El bitcoin permitía realizar estas transacciones de manera anónima en internet, lo que generó una de las controversias más grandes en torno a esta moneda.

## BITCOIN Y SU RELACIÓN CON EL DELITO

Los bitcoins están vinculados con muchos delitos porque permiten realizar compras online sin necesidad de una cuenta bancaria ni documentos de identificación, facilitando así transacciones con un alto grado de anonimato.

A pesar de que los bitcoins, al igual que cualquier forma de dinero, pueden ser utilizados tanto para propósitos legítimos como ilegales, sus características de encriptación y el anonimato que ofrecen son especialmente atractivos para actividades delictivas. Dado que los fondos en bitcoin no se almacenan en un lugar central, resulta complicado congelar cuentas o realizar investigaciones sobre ellas. Seguir el rastro de las transacciones en la blockchain es mucho más difícil que solicitar información a una sucursal bancaria que opera en los sistemas financieros regulados de manera convencional.

Como resultado, gran parte del comercio ilegal en la Dark Web se realiza a través de monedas alternativas como bitcoin. Así, transacciones ilícitas, como la compra de metanfetaminas o material de abuso infantil, rara mente se realizan con cheques o tarjetas de crédito, sino más bien mediante formas digitales y virtuales de dinero que proporcionan anonimato, como los bitcoins.

A día de hoy, los mineros aún reciben bitcoins por su labor, lo que hace rentable el minado, aunque cada vez menos debido al aumento de la potencia y el número de mineros en la red. Los mineros suelen agruparse en pools o piscinas, que no dejan de ser comunidades de mineros. Estos mineros trabajan juntos para generar hashes válidos entre todos. Cada vez que un usuario de un pool genera un hash válido de un bloque, la recompensa se reparte entre todos los usuarios de la pool.

Al recibir una recompensa de bitcoin cada vez que se descubre un bloque, y al ser relativamente aleatoria la repartición de la recompensa, minar bitcoin es un negocio muy rentable. Por eso, en los últimos años, ha habido algunos episodios de «fiebre del oro» con la minería de criptomonedas que han provocado que muchos usuarios empezasen a invertir en comprar ordenadores y hardware para obtener rentabilidad.

En el momento en el que escribí el guion para un vídeo de YouTube sobre este tema, los mayores centros de minería se encontraban en China, donde el hardware y la electricidad son extremadamente baratos. Pero en 2021 China prohibió completamente la minería en territorio nacional, por lo que en este país ya no se minan bitcoins. Ahora mismo la mayoría de los mineros están en Estados Unidos, seguido por Kazajistán, Rusia, Canadá, Irlanda y Malasia.

A nivel informático, la minería de bitcoin, al igual que pasa con las redes neuronales en inteligencia artificial, demostró ser mucho más efectiva cuando se hace usando la tarjeta gráfica en lugar del procesador. Esto provocó una fiebre del oro entre los años 2016 y 2018 en la que muchos usuarios domésticos compraron grandes cantidades de tarjetas gráficas para minar en sus casas. Esto pasaría también años más adelante con el Ethereum.

Hoy en día minar bitcoin con la tarjeta gráfica del ordenador gaming de tu casa tiene muy poco sentido. El tipo de hardware que se usa actualmente para minería se conoce como ASIC, que significa Application-Specific Integrated Circuit, o circuito integrado para aplicaciones específicas. Se trata de un chip especialmente diseñado para hacer una sola tarea de forma muy eficiente, y en este caso esa tarea es generar hashes. Al estar diseñados de forma específica para esa tarea, no solo son más rápidos que los procesadores de propósito general y las tarjetas gráficas, sino que consumen menos corriente, son más eficientes. Esto hace que no solo sean inigualables en cuanto a potencia, sino que también produzcan un gasto energético inferior.

Al existir este tipo de equipos y grandes granjas de minado con cientos o incluso miles de estos, la dificultad a día de hoy es tan alta que no tiene sentido invertir en equipos de minería basados en tarjetas gráficas ni en tecnología de consumo general. Por lo que ya no es una opción para el usuario de a pie. Además, hay que tener en cuenta que, al tener una rentabilidad más baja a causa de la competencia, muchas veces el coste de la propia electricidad usada por el equipo es más alto que el dinero que podremos ganar. Esto hace que ahora mismo el poder esté en manos de unos pocos, aunque todavía estamos lejos de que pueda ser un problema.

## LA PRIMERA COMPRA CON BITCOIN

La primera compra conocida con bitcoin fue la adquisición de dos pizzas. Esta transacción histórica ocurrió el 22 de mayo de 2010, cuando un programador llamado Laszlo Hanyecz acordó pagar 10.000 bitcoins a cambio de dos pizzas. En aquel entonces, el valor de 10.000 bitcoins era de aproximadamente 41 dólares.

Laszlo publicó en un foro de bitcoin que buscaba a alguien que le comprara las pizzas y aceptara bitcoins como pago. Un individuo en el Reino Unido tomó la oferta, pidió las pizzas para Laszlo a través de una pizzería local en Jacksonville, Florida, y recibió los 10.000 bitcoins en pago.

Esta transacción es famosa no solo por ser la primera compra de un producto tangible con bitcoin, sino también porque ilustra cuánto ha crecido el valor de bitcoin desde sus inicios. Los 10.000 bitcoins gastados en las pizzas valdrían millones de dólares hoy, lo que hace que esta transacción sea un evento icónico en la historia de las criptomonedas. De hecho, el 22 de mayo se celebra en la comunidad de criptomonedas como el Bitcoin Pizza Day en conmemoración de este evento.

# 5

# TODO SOBRE LINUX Y EL SOFTWARE LIBRE

En este capítulo quiero hablar de Linux, pero no como una alternativa a Windows o sobre cómo de bueno pueda ser como sistema operativo. Tampoco pretendo convencerte para que lo uses. Más bien te quiero contar una historia o, mejor dicho, mostrarte cuál es la verdadera filosofía que hay detrás de este software. Vamos a hablar de por qué es tan distinto de sistemas como Windows y macOS, pero, tranquilo, será para todos los públicos.

Linux es un fenómeno en nuestra sociedad: un proyecto nacido de una comunidad idealista con una visión única de cómo debería funcionar el mundo. Un modelo de cómo hacer las cosas que parece poco probable que pueda llevarse a cabo, incluso un poco ingenuo en la sociedad en la que vivimos. Sin embargo, el tiempo ha demostrado que este modelo es viable y que trae grandes beneficios. Aun así, es posible que nunca hayas oído hablar de Linux o que solo te suene de oídas. Por eso, empecemos con las presentaciones.

# ¿Qué es exactamente un sistema operativo?

Imagina por un momento que tu ordenador es como una orquesta. En esta orquesta hay muchos músicos (componentes de hardware) tocando diferentes instrumentos: desde el piano (procesador) hasta el violín (memoria RAM) y el contrabajo (disco duro). Cada músico tiene su propio papel, pero para que la orquesta toque algo que suene bien y sin errores, se necesita un director de orquesta que coordine a todos los músicos y asegure que toquen juntos en perfecta sincronía. En el mundo de los ordenadores, este director de orquesta es el sistema operativo.

Un sistema operativo se encarga de coordinar todos los «músicos» (hardware y software) para que el «concierto» (funcionamiento del ordenador) se ejecute sin problemas. Este software esencial gestiona y controla los recursos de hardware (como la memoria, el almacenamiento y el procesador) y los servicios de software (como las aplicaciones que utilizas a diario).

Por ejemplo, cuando abres una aplicación, el sistema operativo le indica al procesador que se ponga a trabajar, asigna memoria RAM para que la aplicación funcione correctamente, y también se asegura de que la pantalla muestre de forma adecuada lo que estás haciendo.

Principalmente el sistema operativo actúa como una capa intermediaria entre el software y el hardware, facilitando la comunicación entre los dos. Antes de que existieran los sistemas operativos como los conocemos hoy, el software tenía que estar diseñado específicamente para las características de cada máquina, el sistema operativo le quita esa preocupación al desarrollador y le permite hacer software que puede ejecutarse sin necesidad de saber el modelo exacto de los componentes.

Gracias a esto, programas como Google Chrome o Spotify no necesitan saber qué cantidad, frecuencia, marca y modelo de

RAM tienes, si usas un SSD o un disco duro tradicional, o si tu procesador es AMD o Intel.

## El sistema operativo ya no es eso

Con el tiempo, el concepto de sistema operativo ha ido cambiando. En sus primeras etapas se limitaban a lo que vimos antes: gestionar recursos de hardware y software, pero con los años han comenzado a incluir más cosas. Al final un sistema operativo en su definición tradicional no es suficiente para usar un ordenador, así que tampoco tiene sentido venderlo por sí solo, y necesitábamos otros programas como terminales de comandos, editores de texto y otras utilidades que usamos para gestionar nuestros archivos y trabajar con el ordenador.

A finales de los ochenta y principios de los noventa, MSDOS era uno de los sistemas operativos más populares. Era un pequeño sistema con el que interactuabas a través de comandos en tu pantalla, distribuido con la mayoría de los ordenadores basados en PC y traía unas cuantas utilidades para que pudieras usar tu ordenador e instalar programas. Pero con los noventa llegó Windows y la interfaz gráfica.

Microsoft popularizó la idea de que el sistema operativo viniera con más software incluido, como una interfaz gráfica de ventanas y varias herramientas, como Paint o la calculadora. Luego con Windows 98, ME y XP empezaron a incluir aún más programas, como reproductores de música y navegadores web, que antes se consideraban software adicional.

Incluir todo este software en el sistema operativo resultó algo bastante polémico en su momento, y fue lo que llevó a la famosa demanda antimonopolio que enfrentó a Microsoft con el Gobierno de los Estados Unidos. Tengo una serie de vídeos sobre esto en mi canal de YouTube, pero en cualquier caso la idea era que Microsoft estaba forzando a los fabricantes de PC a incluir toda la suite de software de Windows porque, según ellos, formaba parte de todo ese paquete que es el «sistema operativo», llevando a la quiebra a otras empresas como Netscape que vendían, por ejemplo, solo el navegador web.

Antes de que el sistema operativo se convirtiera en una suite de programas capaces de realizar casi cualquier tarea en nuestros ordenadores, su concepto se limitaba a esa capa que gestionaba el hardware y el software. A esta capa hoy en día se la conoce como «núcleo» (*kernel* en inglés).

Entonces, la respuesta a la pregunta «¿qué es Linux?» es que se trata de un sistema operativo en el sentido más clásico de la palabra: es un kernel. Es uno de los núcleos que existen para el ecosistema de software de un ordenador. De hecho, es muy probable que, si conoces algo sobre el mundo Linux, hayas oído hablar de Ubuntu, Debian o Kali Linux. Estas son distribuciones de GNU/Linux, comúnmente conocidas simplemente como Linux. Pero, en realidad, Linux es solo el motor: el motor del coche más versátil del mundo.

## Eligiendo tu nuevo coche

Ahora, utilicemos otra metáfora que me gusta mucho: imagina que tu sistema operativo es un coche. Windows, por ejemplo, es un coche.

Tenemos tres grandes competidores en el mundo de los sistemas operativos: Windows, macOS y Linux. Existen otros más pequeños y menos conocidos, como FreeBSD, que omitiremos por ahora. Cada uno de estos «fabricantes de coches» tiene una filosofía distinta, reflejada en el diseño de su vehículo.

El coche de Windows es potente y está preparado para casi cualquier situación. Todas sus piezas vienen incluidas y encajan perfectamente. Es ideal para distintas tareas, ya sea correr en pistas o realizar trabajos de oficina. Funciona sin complicaciones: lo sacas de la caja, lo enciendes y listo. Es el estándar de oro, el coche más utilizado y compatible con la mayoría de los accesorios del mercado, y todos los fabricantes de accesorios y extras tienen que trabajar con Microsoft para asegurar que su software es compatible. Eso sí, la ingeniería y el motor son secretos de Microsoft.

Luego tenemos macOS, un coche estéticamente muy atractivo y también listo para funcionar nada más salir del concesionario. Tiene mejor integración con ciertos dispositivos, pero sus accesorios —en este caso, los programas— son diferentes a los de Windows, lo que crea un ecosistema de compatibilidad más cerrado y exclusivo, y con mucho marketing detrás.

Ambos, Windows y macOS, son coches terminados que funcionan al comprarlos, diseñados por empresas de gran reputación, con muchos ingenieros y un excelente servicio técnico. Y luego está Linux, el coche «personalizable».

De hecho, como te conté anteriormente, Linux no es un coche completo, Linux es un motor. En concreto, es un motor creado y distribuido por The Linux Foundation, una organización sin ánimo de lucro en la que colaboran tanto voluntarios como empresas, como IBM, que contribuyen al desarrollo del kernel de forma gratuita.

Estos desarrolladores solo hacen el motor. La caja de cambios, el volante, el parabrisas y todo el resto de las piezas las hacen otras asociaciones y comunidades también sin ánimo de lucro que las liberan de manera totalmente gratuita.

Al final de esta cadena, hay empresas y organizaciones que recopilan todas estas piezas y montan coches basados en el motor Linux y otros cuantos proyectos de estas comunidades, creando vehículos completos.

Estas empresas no son dueñas de la propiedad intelectual del coche, sino que simplemente lo ensamblan y lo distribuyen. Estas son las famosas «distribuciones». Pero volveremos a ello más tarde.

El coche basado en Linux es un coche que puedes construir a tu manera, armándolo como quieras, usando las piezas que prefieras y ajustándolo a tus necesidades específicas. Esto significa que puedes construir un coche de carreras superrápido o un robusto vehículo todoterreno, según tus requerimientos.

Las distribuciones de GNU/Linux son sistemas operativos completos en el sentido moderno de la palabra, como Windows o macOS, pero son profundamente distintos en cuanto a quién y cómo los desarrolla. Que productos como Ubuntu existan es casi un milagro.

Para entender mejor este caos organizado, hablemos de cómo hemos llegado hasta aquí.

## El origen de GNU/Linux

En los años setenta, el acceso a los ordenadores estaba reservado a unos pocos afortunados. Eran tiempos en los que estas máquinas eran gigantescas, ocupaban salas enteras y costaban millones de dólares. Solo unos pocos programadores privilegiados, generalmente trabajando en centros de investigación o universidades de élite, tenían el lujo de interactuar con ellas. Richard Stallman, un estudiante del MIT, era uno de ellos.

Stallman no solo era un programador talentoso, sino que también compartía el espíritu rebelde de la contracultura de la época; un verdadero hippie que veía en la tecnología no solo un campo de estudio, sino una herramienta para cambiar el mundo.

Stallman y otros genios de la informática de la época eran los pocos que realmente comprendían la magia de estas máquinas. Eran verdaderos fanáticos que dedicaban sus vidas al estudio y perfeccionamiento de los ordenadores. Se definían a sí mismos como «hackers», de hecho, es de ahí de donde viene el término, con su significado original.

No les interesaba el dinero ni el reconocimiento de empresas; más bien sentían una profunda aversión hacia él. En sus ojos, los programadores eran mejores que esos ejecutivos de traje y corbata que solo buscaban aprovecharse del desconocimiento de los demás. Creían que podían crear un sistema operativo mejor y más accesible.

Total, que Stallman comenzó a diseñar su propio sistema desde cero, hecho por él, y algunos amigos se fueron sumando al proyecto. A Richard Stallman le gustó tanto esta idea que decidió crear un manifiesto, una corriente y una licencia muy especial de publicación. Esta corriente se llamó «software libre», en inglés *free software*. Más adelante cambió el término por *open source*, o «código abierto», porque *free* daba a entender que el software era gratis, cuando él lo que quería decir es que es libre, libre como el viento.

## EL AMANTE DE LA LIBERTAD

Nacido en 1953, Richard Stallman demostró desde niño un marcado interés por las matemáticas, aprendiendo cálculo por su cuenta a una edad temprana. Se caracterizaba por su aversión a la competencia, distinguiéndose de sus compañeros. Durante sus estudios en la Universidad de Harvard, se ganó la reputación de leyenda incluso entre los genios matemáticos. En su etapa en el MIT, adoptó su característica apariencia de antiguo profeta bíblico. Se le conocía por su rechazo a las restricciones físicas y digitales, que consideraba un obstáculo inmoral para el avance de la informática. Junto con sus compañeros, ideó tácticas creativas para acceder a oficinas con terminales restringidos. Su método favorito consistía en atravesar los falsos techos: desplazaba una baldosa y hacía descender una larga tira de cinta magnética con trozos de cinta adhesiva en el extremo para abrir las puertas desde el interior.

## GNU y la GPL

Volviendo a la metáfora de los coches, pensemos en lo que hace que un vehículo funcione. Un automóvil está compuesto de muchas piezas: el volante, los asientos, el chasis, la caja de cambios y los frenos, entre otras. Cada una de estas piezas es esencial para que el coche funcione correctamente. En la década de los setenta, uno de los coches más flamantes en el mundo de los sistemas operativos era UNIX. Pero, si lo comparamos con los sistemas operativos modernos, UNIX era un vehículo bastante más sencillo y austero; ni siquiera tenía «ventanas». Es decir, no había interfaz gráfica: todo se manejaba a través de una consola de texto, una pantalla negra en la que los usuarios escribían comandos y el ordenador respondía también con texto. Para los más jóvenes, esto puede sonar arcaico, pero en aquel entonces era la forma estándar de interactuar con las máquinas.

## UNIX Y C

Entre los desarrolladores de UNIX estaban Dennis Ritchie y Brian Kernighan, los dos autores del libro *The C Programming Language*, también conocido como la biblia de C, uno de los libros más importantes de la historia de la programación. Si te gusta la programación te recomiendo leerlo, aunque también tengo un curso en mi escuela de tecnología Mastermind donde explicamos el libro paso a paso, una gran manera de aprender C y abrir la mente a ciertas formas de hacer las cosas. Dennis Ritchie fue el creador del lenguaje, que hoy en día sigue siendo muy popular, y que fue la base para crear lenguajes como C++ y C#. Este lenguaje fue inicialmente creado con el fin de correr en Unix, y luego Unix en su versión V4 fue en gran parte reprogramado usando este lenguaje. También es el lenguaje en el que se basa Linux y gran parte de los sistemas operativos aún a día de hoy.

UNIX venía con una serie de utilidades esenciales que facilitaban el trabajo de los programadores y administradores de sistemas: un editor de texto, un gestor de archivos, un conjunto de comandos para manipular esos archivos, un compilador para convertir el código C en programas ejecutables y comandos para buscar dentro de documentos de texto, entre otras herramientas.

La idea de Richard Stallman y sus compañeros era ambiciosa pero clara: querían crear versiones libres de cada una de estas utilidades de UNIX. Es decir, desarrollar sus propias versiones de todas estas herramientas, programarlas ellos mismos desde cero, y luego ofrecerlas gratuitamente a cualquiera que las quisiera utilizar o modificar. En esencia, querían rediseñar «los planos» de cada una de las piezas del coche UNIX, o al menos algo que se pareciera mucho a UNIX, y luego compartir esos planos con todo el mundo, permitiendo a cualquier persona construir su propio coche —su propio sistema operativo— sin tener que pagar las tarifas de las licencias de UNIX.

El nombre que le puso a este conjunto de herramientas que estaban desarrollando fue GNU. GNU es un acrónimo recursivo, un tipo de juego de palabras que resulta gracioso o al menos curioso para los programadores, ya que juega con el concepto de funciones recursivas, donde una función se llama a sí misma.

GNU significa «GNU's Not Unix» (GNU No es UNIX). La broma aquí es que, cuando preguntas qué significa GNU, la respuesta es «GNU's Not Unix». Y si profundizas más, preguntando qué significa el «GNU» dentro de «GNU's Not Unix», la respuesta vuelve a ser la misma: «GNU's Not Unix». Es un bucle infinito de referencias a sí mismo, un chiste interno entre los desarrolladores que no deja de ser una pequeña travesura intelectual. A mí me hace gracia, aunque no sé si eso debería preocuparme.

Para asegurarse de que su código permaneciera libre y accesible para todos, lejos de las garras de los despiadados empresarios de la industria del software, Stallman y su grupo crearon una licencia especial: la GNU General Public License (GPL), o Licencia Pública General de GNU. Esta licencia no era solo una protección legal para el código que estaban escribiendo; era también una declaración de principios. La GPL fue diseñada para asegurar que cualquier software publicado bajo su amparo permaneciera siempre libre, en el sentido de libertad, y no pudiera ser cerrado o privatizado por terceros.

La GPL garantiza cuatro libertades clave:

- Libertad 0: la libertad de usar el software para cualquier propósito.
- Libertad I: la libertad de estudiar cómo funciona el software y adaptarlo a las necesidades del usuario. Esto requiere acceso al código fuente.
- Libertad 2: la libertad de distribuir copias del software para ayudar a otros.

- Libertad 3: la libertad de mejorar el software y distribuir esas mejoras al público, para que toda la comunidad se beneficie. Esto también requiere acceso al código fuente.

¿Por qué empiezan a contar desde 0? Bueno, en programación se comienza a contar siempre desde cero, otro chiste interno (también por eso el primer capítulo de este libro es el 0).

Aquí hay un punto muy importante que quiero remarcar: el software se puede vender, se puede vender software que tiene licencia GPL. La GPL obliga a compartir el código fuente. Sería algo así como ir a un mecánico, comprar una pieza de la caja de cambios y que al tener esta licencia GPL el vendedor de la tienda te tenga que compartir obligatoriamente los planos para que puedas modificarla o incluso imprimirla en tu casa en 3D. Aunque la verdad es que la mayoría del software con esta licencia se suele distribuir de forma gratuita.

## Linux: la pieza que faltaba

El proyecto GNU había progresado significativamente, logrando recrear la mayoría de las herramientas necesarias para un sistema operativo completo. Sin embargo, aún faltaba una pieza fundamental: el motor, o kernel.

Por aquel entonces, lejos del MIT y del núcleo del movimiento GNU en Estados Unidos, un joven estudiante en Europa comenzó a trabajar en su propio kernel. Este estudiante era Linus Torvalds, de la Universidad de Helsinki en Finlandia. Torvalds se inspiró en Minix, un sistema operativo creado por Andrew S. Tanenbaum para propósitos educativos, que a su vez se basaba en Unix. Aunque Minix era útil para aprender los conceptos básicos de un sistema operativo, no estaba diseñado para ser un sistema operativo de uso general o práctico en el día a día. Motivado por esta limitación, Torvalds decidió crear un kernel más completo y funcional que pudiera ser utilizado por la comunidad.

De este modo, decidió liberar Linux bajo la GPL, la licencia de GNU de la que hablamos antes, asegurando así que su trabajo sería libre y accesible para todos, y que cualquiera podría modificarlo y redistribuirlo. La comunidad del software libre, que ya estaba creciendo gracias a los esfuerzos de Stallman y otros, reconoció rápidamente el valor del kernel de Torvalds. Con un toque de humor y mucho egocentrismo, el finlandés decidió nombrar su creación Linux, una combinación de su propio nombre con una equis al final, en referencia a Unix, el sistema operativo en el que se inspiraron muchos elementos del proyecto.

Linux, por sí solo, no es más que un kernel; es decir, una pieza crucial de un sistema operativo, sí, pero como vimos hasta ahora no puede funcionar por sí misma. Sin embargo, al combinar el kernel de Linux con las herramientas y utilidades del proyecto GNU, se creó un sistema operativo completo: GNU/Linux.

GNU/Linux hacían una buena pareja, pero con el tiempo poco a poco el ecosistema fue creciendo. Nacieron nuevas comunidades, nuevos individuos y grupos de programadores empezaron a crear herramientas nuevas que sumaban más funcionalidades al sistema operativo. Pronto GNU/Linux se empezó a convertir en una selva de pequeños proyectos aglomerados que formaban un sistema operativo cada vez con más potencial. ¿Necesitabas usar una tarjeta de red? Programa tú mismo el driver y libéralo en internet.

La magia en todo esto es que GNU/Linux es modular. Es la diferencia principal con respecto al resto de los sistemas operativos comerciales. Esto permite que muchos programas compartan funcionalidades entre ellos, o que si no te gusta un programa en concreto puedas usar otro.

Para mí, el ejemplo más claro es el editor de texto. En su momento con GNU venía un editor muy complejo pero muy potente llamado GNU Emacs. En la época los editores de texto eran complejos porque no teníamos *mouse* ni menús contextuales, ni ventanitas con opciones, y Emacs se usaba prácticamente todo con atajos de teclado y comandos. Al tiempo apareció Vim, un clon del editor de texto de UNIX, que se llamaba Vi. En GNU/Linux tenías la opción de elegir cuál te gustaba más y sustituir uno por otro, o tener los dos, y lo mismo se podía hacer con piezas del propio sistema operativo. No solo eso, sino que al ser modular podemos reaprovechar código entre programas.

Te pongo un ejemplo: una empresa está desarrollando un programa que necesita comprimir archivos. Imagina que es un visor de imágenes de satélite que cuando guarda el archivo lo comprime para que pese menos. Con el software tradicional hay dos caminos. O programo mi algoritmo de compresión, creando el código desde cero para mi programa, o le pago a una empresa que tenga un buen software de compresión para que me deje meterlo dentro de mi programa.

En el mundo del software libre, si estoy desarrollando ese mismo programa, podría usar una utilidad de compresión de la comunidad, que probablemente estén empleando varios otros proyectos también, por lo que todos compartimos esa base, todos comprimimos de la misma manera, en lugar de cada uno reinventar la rueda. De hecho, si esa librería se mejora en el futuro, probablemente mi programa sea mejor también. Este es el caso por ejemplo de XZUtils, una utilidad de la que vamos a hablar un poquito más adelante. Una historia de ciberseguridad que nos cuenta los peligros del software libre.

Así, GNU/Linux se construyó a partir de pequeños componentes, cada uno encargado de una función específica. Esta no era solo una elección técnica, sino también una elección filosófica: permitir que el sistema operativo fuera desarrollado de manera descentralizada y colaborativa. Es importante recordar que estos desarrolladores no eran equipos grandes o empresas, sino individuos apasionados que dedicaban su tiempo libre a diseñar y compartir estas piezas. Cada persona contribuía con su granito de arena, ayudando a construir un sistema operativo robusto, flexible y, sobre todo, libre, que sigue evolucionando hasta el día de hoy gracias a la colaboración abierta de miles de programadores en todo el mundo.

## COLABORACIÓN ENTRE IGUALES

El grupo de entusiastas y expertos en informática que se congregó en torno a GNU y Linux demostró que los incentivos emocionales y personales pueden superar a las recompensas económicas como motivación para la colaboración voluntaria. Este mismo principio fue posteriormente reafirmado por Wikipedia y otros muchos proyectos colaborativos sin ánimo de lucro, que hoy en día existen gracias a lo que el profesor de la facultad de Derecho de la Universidad de Harvard Yochai Benkler llama «producción entre iguales», entendiendo «iguales» como personas a las que respetas, semejantes, aquellos cuya opinión te interesa.

Sin embargo, la idea del intercambio entre pares y la colaboración en torno a bienes comunes no era un concepto novedoso, ya que se ha observado en diversas organizaciones sociales a lo largo de la historia. Sobre todo antes del nacimiento de la imprenta, en el siglo xv. Antes de eso, los manuscritos eran reproducidos por cientos de copistas anónimos que invertían largas horas en su redacción. Un copista tenía la capacidad de alterar ligeramente el significado de un fragmento de texto al modificar una o dos frases, un acto que difícilmente se consideraría como una forma de autoría.

## La magia de la colaboración

Aquí es donde encontramos la gran diferencia entre el mundo del software libre y el del software propietario. En el software propietario, como el «coche Windows» o el «coche Mac», cuando se desarrolla un programa o una funcionalidad, se piensa como una solución completa que busca cubrir todas las necesidades del usuario. Estas soluciones están diseñadas para ofrecer un montón de funciones que intentan resolver la mayoría de los problemas que un usuario pueda tener. Esta estrategia tiene sentido desde un punto de vista comercial: cuanto más completo sea el software, más atractivo será para los usuarios, y cuanto más satisfechos estén, más probable es que se queden dentro del ecosistema cerrado de esa empresa.

Por otro lado, en el mundo del software libre, la cosa funciona diferente. Aunque no hay una jerarquía estricta como en una empresa tradicional, muchos proyectos de software libre tienen líderes o «mantenedores» que guían y coordinan el desarrollo. Aquí cada uno trabaja en lo que quiere, y lo deja cuando quiere. Todo se basa en la confianza y en la buena voluntad de la comunidad.

¡Espera un momento! ¿Me estás diciendo que hay personas que escriben código de forma gratuita y luego lo comparten libremente con cualquiera que lo quiera? ¿De verdad? ¿Qué sentido tiene eso? ¿Y dices que esto todavía sucede hoy en día? Puede parecer sorprendente, pero así es. A pesar de que el software libre se puede vender, es cierto que en la gran mayoría de proyectos trabajan personas sin recibir nada a cambio. Existen muchos motivos por los cuales los programadores contribuyen al desarrollo de software libre, y todas ellos tienen una lógica sólida detrás.

La primera razón es el deseo de reconocimiento personal. Muchos programadores son personas con una inteligencia notable y una gran habilidad técnica, y disfrutan demostrando su destreza. Crear software y poner su código a disposición del mundo es una forma de mostrar sus habilidades y conocimientos. Es una oportunidad para decir: «Miren lo que puedo hacer». Este impulso por el reconocimiento no es algo negativo en sí mismo; de hecho, ha sido una fuerza impulsora detrás de muchas innovaciones y avances tecnológicos.

La segunda razón es la reputación profesional. Un programador que desarrolla una herramienta popular y la libera como software libre puede ganar una excelente reputación en la comunidad. Esta reputación puede abrir puertas a nuevos trabajos, proyectos más interesantes o incluso salarios más altos. Tener tu nombre asociado a un proyecto exitoso puede ser algo que te haga destacar por encima de otras personas en una entrevista de trabajo, o para que te elijan para dar una charla.

La tercera razón es el sentido de pertenencia a una comunidad. Muchos programadores encuentran un sentido de propósito, el trabajar para un «bien mayor». Contribuir con código y ver a otros usarlo, mejorarlo y construir sobre él crea un ciclo de dar y recibir que es muy gratificante. Sin tener en cuenta todos los contactos que puedes hacer dentro del mundillo, que contarán contigo en el futuro ya sea para crear proyectos o para un nuevo puesto de trabajo.

La cuarta razón es la mejora continua del software. Cuando un programa es gratuito y de código abierto, se abre a una vasta audiencia de usuarios y desarrolladores que pueden probarlo, encontrar errores, proponer mejoras y, en muchos casos, contribuir con código para hacer que el software sea aún mejor. Este modelo de desarrollo abierto permite que un solo proyecto sea mantenido y mejorado por una «comunidad distribuida» de desarrolladores alrededor del mundo. Si liberas tu software bajo una licencia abierta, no solo estás trabajando tú solo en él; estás invitando a toda una comunidad de programadores y testers a unirse al esfuerzo. Es como tener un equipo global de colaboradores dispuestos a mejorar tu proyecto sin costo alguno.

El quinto motivo es el interés de las empresas en aprovechar el trabajo de otros. Las empresas se han dado cuenta de que al utilizar software libre, pueden reducir costos significativos en desarrollo y licencias. En lugar de construir todo desde cero, pueden tomar software ya existente y adaptarlo a sus necesidades específicas, lo que les permite acelerar el tiempo de desarrollo y reducir gastos. Además, cuando estas empresas también contribuyen al software libre, no solo están mejorando las herramientas que usan, sino que también fortalecen su reputación en la comunidad técnica y atraen talento. Además, el uso de software libre elimina la dependencia de un único proveedor, lo que proporciona a las empresas mayor flexibilidad y control sobre sus propios sistemas.

## La catedral y el bazar

Un libro que explica bien este tema es *La catedral y el bazar*, escrito por Eric S. Raymond en 1999. Es una gran reflexión sobre cómo estaba funcionando este «experimento social» del software libre, y la verdad es que a 2024 muchas de las cosas que dice siguen siendo ciertas.

Raymond usa dos metáforas muy potentes para explicar los diferentes enfoques en el desarrollo de software: la catedral y el bazar.

Primero, la catedral representa el método tradicional de desarrollo de software propietario. Aquí, un pequeño grupo de desarrolladores trabaja con mucho cuidado y precisión, como artesanos construyendo una catedral en secreto. Nadie puede ver lo que hacen hasta que el edificio, o el software, esté terminado. Todo está planeado de antemano, con cada detalle cuidadosamente diseñado.

Por otro lado, tenemos el bazar, que se monta a los pies de la catedral. Es un mercado abierto donde todos pueden participar, contribuir, observar y modificar el código en tiempo real. Este bazar es muy parecido a cómo se desarrolló Linux: un montón de personas trabajando juntas de manera abierta y, a veces, caótica, cada una aportando sus propias mejoras y soluciones. En lugar de esperar a que un pequeño grupo de «arquitectos» diseñe todo de principio a fin, en el bazar cualquiera puede aportar en cualquier momento. Este enfoque permite que el desarrollo sea más flexible y rápido. Raymond dice que este modelo del bazar es más eficaz porque permite que más gente participe, encuentre errores y los solucione rápidamente. Cuantos más ojos haya en el código, más fácil es encontrar errores y arreglarlos.

Una de las ideas más interesantes del libro es la «ley de Linus», que Raymond cita como un principio clave del software libre: «Dado un número suficientemente grande de ojos, todos los errores se vuelven triviales». Esto significa que, con mucha gente mirando y trabajando en el código, los errores se encuentran rápido y se solucionan enseguida. No necesitas ser un experto para contribuir; incluso alguien que está empezando puede encontrar un error que nadie más había visto.

Otra idea interesante del libro es que el enfoque abierto fomenta una cultura de aprendizaje y automejora. En el modelo de la catedral, el conocimiento está más centralizado y es menos accesible: solo los desarrolladores entienden los «planos» de su catedral, y más si la tecnología es secreto corporativo. Pero en el bazar la información circula libremente. Los desarrolladores pueden aprender viendo lo que otros han hecho, reutilizando código existente y experimentando sin restricciones. Esto no solo mejora el software, sino que también crea una comunidad de aprendizaje continuo donde los desarrolladores se vuelven más hábiles con el tiempo. Es un entorno donde se valora la experimentación y la creatividad, en lugar de seguir un plan fijo.

Personalmente, algo que me encanta de Linux es que me permitió entender cómo funciona la pila de software y qué hace exactamente un sistema operativo. Esto es algo que con Windows es complicado, ya que es increíblemente abstracto y opaco. Podemos ver diagramas que nos explican las piezas, pero de ahí a entender qué hace cada cosa o ver el código fuente, o que alguien con más experiencia te lo explique, hay una gran diferencia. Las lecciones sobre ingeniería de software y el entendimiento de los ordenadores que puedes obtener al explorar las distintas partes de Linux no tienen precio, especialmente si eres autodidacta.

Otra idea clave del software libre es la de «lanzamientos tempranos y frecuentes». En el modelo del bazar se promueve la idea de publicar nuevas versiones del software de manera frecuente, aunque no estén completamente terminadas. Esto permite a los usuarios y a otros desarrolladores probar nuevas características, encontrar errores y sugerir mejoras desde las primeras etapas. En contraste, en el modelo de la catedral, las actualizaciones son menos frecuentes y solo se liberan cuando el producto está «completo».

Esto probablemente no te parezca tan novedoso. Al final los «early access», las betas y las versiones experimentales están a la orden del día, pero... ¿adivina quién empezó con esta tendencia? El software libre, por supuesto.

## Las piezas de nuestro nuevo sedán GNU/Linux

Hasta ahora, hemos hablado de GNU/Linux de forma un poco abstracta, así que vamos a concretar un poco más para que todo esto sea más fácil de entender. Hoy en día, un sistema operativo completo GNU/Linux se construye en torno al núcleo o kernel de Linux, pero eso es solo una parte de la historia. También contamos con una serie de utilidades desarrolladas por el proyecto GNU, que son fundamentales para el funcionamiento del sistema.

Por ejemplo, una de estas herramientas clave es GCC, el compilador de GNU (GNU Compiler Collection). GCC es esencial porque convierte el código fuente de los programas de código abierto, muchos de los cuales están escritos en lenguajes como C o C++, en programas binarios que el kernel de Linux puede ejecutar. Sin GCC, la mayoría de las aplicaciones que usamos en un sistema Linux no podrían funcionar.

También tenemos Bash (Bourne Again SHell), que es el intérprete de comandos más común en GNU/Linux. Bash es la herramienta que usamos para escribir comandos en la terminal. También permite automatizar tareas complejas usando scripts. Otro componente fundamental es GNU Core Utilities, una colección de herramientas básicas como «ls» para listar archivos, «cp» para copiar archivos, y «rm» para eliminarlos. Estas herramientas son la columna vertebral de la mayoría de las operaciones básicas en la línea de comandos de Linux y son parte de GNU.

Pero, como te dije antes, no todo es GNU y Linux, hay muchos proyectos y pequeñas comunidades que también ponen su grano de arena.

Por ejemplo, una herramienta fundamental que no es parte de GNU es el entorno gráfico X Window System (XII), mantenido por la X.Org Foundation. XII proporciona la base para la interfaz gráfica de usuario en muchas distribuciones de Linux. Sin XII, Linux no tendría la capacidad de mostrar ventanas, botones, menús y otros elementos gráficos que usamos todos los días. Aunque algunas distribuciones más modernas están cambiando a Wayland como su servidor de pantalla por defecto. Tanto Wayland como XII son proyectos distintos mantenidos por comunidades distintas. Podríamos decir que son «competencia», aunque realmente no compiten en nada porque los dos son gratuitos y libres.

Otro programa muy popular que no forma parte de GNU es el entorno de escritorio KDE Plasma, que es desarrollado por la KDE e.V. KDE Plasma ofrece un entorno de escritorio gráfico completo que incluye un gestor de ventanas, herramientas de configuración del sistema, aplicaciones multimedia y mucho más. KDE es una capa que va por encima de XII o Wayland, y permite tener muchas características que tenemos en Windows o macOS como una papelera, o efectos gráficos en el escritorio, o una barra de tareas.

Otro entorno de escritorio popular es GNOME, desarrollado por la GNOME Foundation. GNOME proporciona un entorno de escritorio limpio y sencillo, y es el entorno predeterminado en muchas distribuciones como Ubuntu. GNOME incluye un conjunto de aplicaciones esenciales como el gestor de archivos Nautilus, el editor de texto Gedit y la terminal GNOME Terminal. Este sería la «competencia» de nuevo de KDE. Cada usuario puede elegir si usa uno u otro, o los dos según cómo se despierte ese día.

Por último, no podemos dejar de mencionar LibreOffice, un conjunto de aplicaciones de oficina que incluye procesador de textos, hojas de cálculo, presentaciones y más. Aunque no es parte de GNU, LibreOffice es un software libre y de código abierto desarrollado por The Document Foundation y se encuentra en la mayoría de las distribuciones de Linux como la alternativa de software libre a Microsoft Office.

## ¿Cómo llega todo esto al usuario?

Como puedes ver, hay muchos componentes hechos por creadores distintos en el bazar, en contraposición a Microsoft con su ejército de programadores y su catedral Windows.

Y esto al principio era un caos tremendo, no era desde luego un ambiente para cualquiera, ya que tenías que saber bastante para poder montar tu sistema operativo. Volviendo a la metáfora de los coches donde todos estos programas son las varias piezas de nuestro coche, había tantas piezas sueltas y tantas formas de armar un «coche» que la mayoría de la gente no sabía ni por dónde empezar.

Algunas personas expertas de la comunidad quisieron llevar todo este ecosistema del software libre un poco más allá. Dijeron: «Bueno, yo ya tengo mi coche montado. Me llevó tiempo y trabajo elegir cada pieza, ajustarla y ensamblarla, le he dedicado mi energía y mis noches sin dormir. Y, oye, al final el resultado es bastante bueno». Y aquí es donde pensaron: «¿Por qué no compartir esta forma de montar el coche con otros? ¿Por qué no hacer una especie de paquete de programas para que otros también puedan disfrutar de este vehículo?». Y así nacieron las famosas distribuciones o «distros».

Las distribuciones son, básicamente, colecciones de software listas para instalar en tu ordenador. Las primeras distribuciones de Linux eran hechas por gente que ya había creado su propio «cóctel» de programas —cientos de pequeñas aplicaciones y herramientas que habían ensamblado y probado hasta que todo funcionaba bien— y luego decidían compartirlo con los demás.

Hoy en día, las distribuciones han evolucionado tanto que parecen sistemas operativos completamente distintos y autosuficientes. Ubuntu es un gran ejemplo y probablemente el más popular de todos, pero hay muchas más: Arch Linux, Debian, Gentoo o Kali. Estas distribuciones están gestionadas por organizaciones que se encargan de descargar el código fuente de cada uno de los programas que usan y compilarlos. Siguiendo la metáfora: se encargan de conseguir esos planos de las piezas libres y ensamblarlas dentro de un coche. Es un coche hecho de cientos de planos distintos de diferentes miembros de la comunidad. El motor es Linux; las utilidades más cercanas al sistema operativo como la correa de distribución y el tubo de escape son GNU; el sistema de ventanas que representaría nuestra carrocería es quizá Wayland; el escritorio, que sería nuestro salpidacero y probablemente los asientos y controles, es GNOME; las utilidades de red, que serían nuestra palanca de cambios, acelerador y freno, se basan en OpenSSH para la conexión segura a otros sistemas, OpenSSL para la seguridad de la red y así sucesivamente.

Por si no queda claro: Ubuntu es una distribución de GNU/Linux. Todo lo que ves en Ubuntu ha sido programado y reunido por cientos, si no miles, de personas de todo el mundo. Ubuntu es, en esencia, una «compilación» de software, con unas cuantas utilidades para instalar y mantener todo actualizado. Y, de hecho, si quieres probar Linux, descargar Ubuntu es un buen comienzo.

## Las empresas se suben al carro

Y aquí es donde las cosas se ponen interesantes: todo este mundo del software libre se ha convertido en un gran negocio.

Grandes empresas como Intel, Google, Facebook e IBM han visto la oportunidad y se han subido al tren del código abierto. De hecho, IBM es uno de los mayores contribuyentes al desarrollo del kernel de Linux. ¿Y por qué harían eso? Aunque suene raro, tiene mucho sentido. IBM se dio cuenta del potencial de Linux. Vieron que millones de personas en todo el mundo estaban mejorando y probando el sistema cada día, y decidieron unirse. Aunque la ley no les permite adueñarse del código, IBM necesitaba que Linux tuviera una calidad excepcional para poder utilizarlo en sus propios productos y servicios. Así que, ¿qué hicieron? Empezaron a contribuir al desarrollo del código, de forma gratuita, para mejorarlo. Y no están solos: Intel hace exactamente lo mismo.

Pero hay más. En los últimos años hemos visto algo aún más sorprendente: Google decidió usar Linux como base para su sistema operativo móvil, y así nació Android. Sí, ¡Android! El sistema operativo de los móviles que no son iPhones (me he currado mucho esta definición). En esencia, Android es una distribución de Linux, solo que tiene una gran capa de software por encima desarrollada por Google, pero su motor, su corazón, es Linux.

Así que, para resumir, lo que empezó como un «club de hobbistas» intercambiando piezas y consejos en un garaje, ha terminado por convertirse en la columna vertebral de algunos de los proyectos tecnológicos más grandes del mundo. Desde el servidor más humilde en un sótano hasta los teléfonos móviles en nuestros bolsillos, Linux y el software libre están en todas partes, impulsados por una comunidad global que sigue creyendo en la libertad de compartir, modificar y mejorar.

## EL NEGOCIO DEL SOFTWARE LIBRE

La distribución más conocida que se transformó en un negocio altamente rentable desde los años noventa fue Red Hat, que actualmente es de pago. Un grupo de programadores decidió crear una distribución, asegurándose de que todo funcionara al detalle, todo pulido y en perfecto estado de operación. Se presentó como una alternativa sólida al software de servidores de empresas como IBM y Microsoft. Ofrecían instalación, configuración, capacitación en su uso, solución de problemas y todo lo relacionado con servicios y mantenimiento. Para las empresas, esto era ideal porque se ahorraban costes significativos en licencias, ya que el software era gratuito, y solo pagaban por los servicios, algo que de todas formas hubieran tenido que hacer. Así, el software libre también se convirtió en un gran negocio.

## El impacto de Linux en el mundo actual

Y ¿quién usa Linux? Linux está en todas partes, mucho más de lo que podrías imaginar. Comenzando por internet, la mayoría de los servidores que sostienen la red global funcionan con Linux. Desde los servidores web que alojan sitios como Google, Facebook y Amazon hasta las bases de datos que manejan cantidades inmensas de información, los nodos de red que conectan diferentes partes del mundo y los servidores de juegos en línea que permiten a millones de personas disfrutar de experiencias multijugador.

Y se usa Linux por motivos muy concretos: es una solución económica, ligera y altamente estable, que no consume muchos recursos y es extremadamente configurable. Por ejemplo, un servidor web tiene instalado lo mínimo imprescindible para poder servir páginas web. Muchas veces no tiene ni un sistema de ventanas, solo un terminal.

¿Para qué quieres tener corriendo un sistema de ventanas, si lo único que hace es ocupar espacio en el disco duro y usar recursos del procesador que se podrían destinar a servir páginas web a más usuarios?

Es más, normalmente se accede a él por comandos en remoto. Y todo esto es muy fácil de instalar y configurar, si usas Linux claro. Además, en el mundo de la programación web, los lenguajes que más éxito han tenido han sido los open source. Hablamos de PHP, Python, tecnologías como MySQL o Apache. Estas utilidades que son necesarias para correr webs son extremadamente fáciles de instalar y actualizar en Linux. Linux es el standard y además es gratis. Puedes tener miles de servidores corriendo Linux sin pagar ni una sola licencia.

Según Statista, en 2024 un 47 por ciento de los desarrolladores de software prefieren Linux para trabajar. El 96 por ciento de las top 1.000.000 páginas web del mundo corren sobre Linux. El 91,5 por ciento de los top 500 superordenadores del mundo usan Linux como sistema operativo.

Pero Linux no se detiene ahí. Su presencia se extiende mucho más allá de los servidores y centros de datos. Está en dispositivos que utilizamos todos los días y en muchos otros que no son tan obvios. El ejemplo más famoso es Android, como vimos antes. Pero también está en televisores inteligentes, dispositivos de streaming como Roku, enrutadores de internet, sistemas de *infotainment* en automóviles, lectores de libros electrónicos y en miles de otros dispositivos empotrados.

Es más, el sistema operativo de la PlayStation está basado en FreeBSD. OK, no es Linux, pero es un sistema operativo open source basado en Unix. La «competencia» de Linux, podríamos decir, solo que no compiten porque, de nuevo, los dos son libres y gratuitos.

Pero no solo Linux ha tenido y tiene mucho impacto en el mundo en el que vivimos, sino todo el movimiento de software libre. Al principio no era algo tan popular, tan *mainstream*, pero a día de hoy está profundamente arraigado en la sociedad y ha transformado completamente la industria tecnológica.

OpenGL, por ejemplo, es una biblioteca gráfica de código abierto que se utiliza ampliamente para ejecutar juegos en 3D.

Desde títulos clásicos como *Quake* hasta juegos contemporáneos como los de Valve, muchos aprovechan OpenGL como alternativa a DirectX de Microsoft. Hoy en día su variante más moderna es Vulkan, que también es de código abierto.

Otro ejemplo notable es Chromium, el proyecto de código abierto que sirve como base para Google Chrome, uno de los navegadores más utilizados del mundo. Google toma el código de Chromium, lo mejora con características adicionales y lo distribuye como Google Chrome. De manera similar, Firefox es otro navegador web popular que es completamente de código abierto. Cualquiera puede contribuir a su desarrollo o modificarlo para sus necesidades específicas.

Además de los navegadores y bibliotecas gráficas, muchos lenguajes de programación utilizados por las principales empresas tecnológicas son de código abierto. Google, por ejemplo, utiliza Python y Go, ambos lenguajes abiertos entre muchos otros, para desarrollar una variedad de sus aplicaciones y servicios. MySQL, una base de datos de código abierto, es otra pieza fundamental en la infraestructura de muchas compañías tecnológicas, incluyendo YouTube, que utiliza una combinación de Linux, Python y MySQL para gestionar la plataforma.

Empresas como Instagram, Pinterest, Skyscanner, Dropbox y Spotify también basan gran parte de su infraestructura en tecnologías de código abierto. PHP, ese lenguaje tan criticado pero que aún a día de hoy sigue siendo clave y es la base sobre la cual se construyen sitios como Facebook y WordPress, es otro ejemplo de una herramienta de código abierto que ha tenido un impacto masivo en la tecnología moderna.

## ¿Por qué Linux no es tan popular?

A pesar de su éxito indiscutible en servidores, dispositivos móviles y sistemas en general, no tanta gente lo usa en su PC de casa. ¿Por qué ocurre esto?

En primer lugar, porque la mayoría de los usuarios de PC compran equipos que ya vienen con Windows preinstalado. ¿Para qué te vas a instalar Linux? Es un trabajo innecesario, que además implicaría que tengas que acostumbrarte y aprender a usar casi de nuevo tu ordenador. Cambiar a Linux requiere que el usuario descargue una imagen ISO del sistema operativo, cree un medio de instalación y, a menudo, formatee su disco duro o cree una partición. Para el usuario promedio, que no necesariamente tiene habilidades técnicas avanzadas, este proceso puede ser abrumador.

En segundo lugar, tenemos la compatibilidad del software. Muchas aplicaciones populares, como Microsoft Office y Adobe Photoshop, no tienen versiones nativas para Linux. Aunque hay alternativas en el mundo del software libre, como LibreOffice para la suite de oficina o GIMP para la edición de imágenes, estas herramientas a menudo no son consideradas equivalentes por los usuarios que están acostumbrados a las aplicaciones comerciales. Además, algunas herramientas como Wine permiten ejecutar programas de Windows en Linux, pero esta solución no siempre es perfecta y puede introducir errores o limitaciones en el rendimiento.

Porque, por si no te está quedando claro, y ya que esta es una duda que muchos tienen cuando empiezan a usar Linux, el software creado para Windows no puede funcionar en Linux. Se necesitan versiones especiales adaptadas a Linux.

También existe el problema de la compatibilidad de hardware. No todos los fabricantes de hardware proporcionan controladores (drivers) para Linux, lo que significa que ciertos dispositivos pueden no funcionar correctamente o, en algunos casos, no funcionar en absoluto. Aunque la comunidad de Linux va programando sus propios controladores y los va liberando, muchas veces mediante ingeniería inversa (intentan entender cómo funcionan los drivers originales y los copian), estos no siempre son tan optimizados como los controladores oficiales disponibles para Windows o macOS. Esto puede resultar frustrante para los usuarios que simplemente desean que su hardware funcione sin problemas; yo mismo me he pasado tardes enteras intentando que me funcione la tarjeta de wifi de un portátil.

## El papel de Steam, la Steam Deck, y el Proyecto Proton

En los últimos años, uno de los desarrollos más emocionantes en el mundo de Linux ha sido el papel de Steam, la plataforma de distribución de juegos de Valve, en promover el uso de Linux como una opción viable para los videojuegos. Tradicionalmente, el gaming en Linux había sido muy limitado debido a la falta de soporte de desarrolladores de juegos y la incompatibilidad de muchos títulos populares. La única manera de jugar era rezando para que alguien hubiese hecho un port oficial de un juego para Linux, como pasaba con *Neverwinter Nights* o *Quake*, o usando Wine, ese programa que traduce en tiempo real los programas de Windows a Linux pero que no siempre funciona bien. Y al final, si no mucha gente usa Linux, es normal que los desarrolladores no quieran perder el tiempo creando una versión para Linux.

En un momento de locura Gabe Newell, el presidente de Valve, declaró que Linux era el futuro del gaming, y empezó a dirigir esfuerzos en que los juegos pudieran correr en Linux. Esto se remota a la Steam Machine, una alternativa a las consolas tradicionales como la Xbox y la PlayStation pero con un sistema operativo muy especial: SteamOS.

SteamOS es una distribución de Linux desarrollada por Valve específicamente para jugar. SteamOS y las Steam Machines fueron un fracaso estrepitoso, pero Valve no se rindió y siguió trabajando en mejorar el gaming en Linux.

Valve recogió sus frutos hace muy poco con el lanzamiento de la famosísima Steam Deck. La Steam Deck es una consola de juegos portátil que utiliza SteamOS 3.0 como sistema operativo, vamos, una distribución de Linux. La Steam Deck permite jugar prácticamente a todo el catálogo de Steam de PC en un formato portátil, pero también se puede usar como un ordenador con entorno de escritorio basado en GNOME. Los usuarios pueden instalar software, acceder a la web y utilizar la Steam Deck como un PC de pleno derecho.

Pero el verdadero cambio de juego ha sido el Proyecto Proton, una capa de compatibilidad desarrollada por Valve que permite a los juegos de Windows ejecutarse en Linux con un rendimiento casi nativo. Proton está basado en Wine, que como te dije antes era la manera más efectiva de correr software de Windows en Linux, pero mejora la compatibilidad de los juegos basados en DirectX, y los hace correr sobre Vulkan, ya que DirectX es de Microsoft y es el principal problema a la hora de correr juegos en Linux. Gracias a Proton, miles de juegos de Windows ahora son jugables en Linux sin necesidad de modificación. Y no solo funciona en la Steam Deck, te puedes descargar Steam con Proton en cualquier ordenador con Linux y jugar.

## Por último, ¿se puede ganar dinero con el software libre?

¿Cómo se sostiene económicamente todo esto? Esta es la pregunta que muchas personas se hacen y tiene todo el sentido del mundo. Al final, de algo hay que vivir. Pero la realidad, como suele suceder, es mucho más compleja de lo que se puede ver a simple vista.

Antes mencionamos que varias empresas usan el software libre para su beneficio, pero quiero detenerme un momento a hablar de los varios modelos de negocio que existen alrededor de todo esto.

Imagina por un momento que el software es como una receta de cocina (otra metáfora, en este caso la favorita de Richard Stallman). Puedes encontrar recetas increíbles en libros, blogs, o incluso de boca en boca. Pero ¿significa eso que los restaurantes no tienen forma de ganar dinero? Lo que realmente paga el cliente en un restaurante no es solo por la receta, sino por la experiencia, por el conocimiento del chef, por el ambiente y por no tener que limpiar los platos después. De la misma manera, con el software libre, aunque la receta sea accesible a todos, hay mucho más valor en la preparación, el servicio y el soporte que acompaña a esa «receta».

Hay empresas como Red Hat que tienen una distribución especial con licencia. Estamos hablando de la Red Hat Enterprise Edition. Esta distribución tiene un modelo de suscripción, o sea, tienes que pagar de forma periódica, pero lo que realmente estás pagando son todos los servicios que tiene alrededor. Servicios de actualizaciones, soporte, la posibilidad de hablar con ellos en cualquier momento para solucionar cualquier problema. Por otro lado, también tienen otra versión: Fedora. Esta sí es cien por cien gratis y te la puedes descargar y usar. De hecho, Fedora se considera la versión «experimental» de Red Hat, donde se prueban todas esas cosas que luego irán a la Enterprise Edition cuanto estén seguros de que no existe ninguna posibilidad de fallo. Este modelo no solo lo tiene Red Hat, sino también muchas otras distribuciones, donde puedes usar el software de forma totalmente gratuita, pero para tener soporte por parte de ellos tienes que pagar, lo cual me parece razonable. El código en sí no es el producto, sino los servicios que giran alrededor.

También está el enfoque del modelo *freemium*. Aquí es donde las cosas se ponen interesantes. Imagina que descargas un programa que es completamente funcional y libre, pero después de usarlo, te das cuenta de que hay algunas características premium que realmente te facilitarían la vida. Tal vez es soporte, como vimos antes, pero puede ser una funcionalidad extra o incluso un acceso prioritario a nuevas versiones. Seguro que te suena de los juegos de móviles y cosas por el estilo. Esta idea también nace del software libre.

Otro modelo muy interesante son las donaciones. Muchos proyectos de software libre han sido financiados, al menos en parte, por la generosidad de sus usuarios. Es un modelo basado en la buena voluntad, sí, pero también en el valor percibido. Los usuarios que encuentran útil un software están a menudo más que dispuestos a contribuir para asegurar su continuidad y mejora. Esta es una de las bellezas del software libre: crea un sentido de comunidad y pertenencia. Los usuarios no son solo consumidores pasivos; son parte de algo más grande, y a menudo quieren apoyar eso.

Pero la forma más pura y directa de ganar dinero con software libre es, quizá, a través del desarrollo personalizado y la consultoría. Aquí, las empresas y los desarrolladores individuales entran en escena no solo como usuarios del software, sino como arquitectos, modificando y adaptando el software para cumplir con necesidades específicas.

Es como contratar a un carpintero no solo para construir un mueble, sino para diseñarlo exactamente como lo quieres, para tu espacio único. Y este tipo de servicios personalizados, en especial en el ámbito empresarial, puede ser altamente lucrativo.

Y esto no solo lo pueden hacer los propios programadores del software original, sino que aparecen otras empresas que basan su modelo de negocio en hacer personalizaciones y extensiones de proyectos libres. WordPress, por ejemplo, es de código abierto, pero existen cientos de empresas que hacen plugins de pago para WordPress, o incluso plugins hechos a medida de lo que tú quieras.

La propia WordPress también ofrece descargarte su código fuente de forma gratuita, pero, si quieres, ellos te venden una versión que ya está funcionando en sus propios servidores en la que no tienes que hacer nada: ya está todo preparado para funcionar.

Y no podemos olvidar cómo el software libre ha abierto todo un nuevo mundo en la computación en la nube. Muchas de las infraestructuras de nube más grandes del mundo, como las de Amazon, Google y Microsoft, se basan en tecnologías de código abierto. Estos gigantes tecnológicos han entendido que pueden aprovechar el software libre no solo para sus operaciones internas, sino también como una oferta comercial. No están vendiendo el software en sí, sino el poder de utilizarlo a gran escala, con todo el soporte, la estabilidad y la escalabilidad que estos servicios requieren. Por eso también participan activamente en buscar fallos, mejorar y añadir funcionalidades a proyectos de código abierto. Es un arma de doble filo: por un lado, tienen a gente trabajando en código que todo el mundo va a poder usar, pero, por otro, ellos mismos se aprovechan de las mejoras de la comunidad y de usar esa tecnología.

También se puede vender formación. Yo mismo tengo una escuela llamada Mastermind, que ya he mencionado antes, en la que enseño a usar muchas tecnologías del mundo de código abierto, y no tengo ninguna afiliación con ninguna empresa, ni tengo que pagar derechos por usar nombres o explicar conocimientos técnicos relacionados con productos privados.

Y lo más importante: si es gratis y libre, mucha gente lo usa. Si vas a comenzar un proyecto en tu empresa de desarrollo de software, o de servidores de datos, o una infraestructura cloud, lo que quieres es poder encontrar fácilmente nuevos trabajadores para tu equipo o empresas colaboradoras para subcontratar. Cuanto más popular es un producto, más fácil te será, y esa es otra gran ventaja del mundo del software libre.

Linux y el software libre han demostrado que no necesitas encerrarte en un modelo tradicional de propiedad para tener éxito. Puedes abrirte al mundo, compartir tu trabajo, colaborar con otros y, aun así, encontrar formas de prosperar. Y lo más espectacular en todo esto es que empresas como Microsoft se han subido al carro. Alucinante, quién lo hubiese dicho en los noventa, ¿verdad?

Te pongo un par de ejemplos: Visual Studio Code es una herramienta desarrollada por Microsoft... y de código abierto. .NET Core es una plataforma de desarrollo, también de código abierto. Y lo más interesante: TypeScript, un lenguaje basado en JavaScript, una evolución podríamos decir, que también tiene licencia de código abierto.

Ahora, sabiendo todo esto, ¿no crees que Linux y el mundo del software libre son un pequeño milagro de nuestra sociedad?

# 6

# LAS CAPAS DE COMPLEJIDAD

Quizá una de las cuestiones que más genera curiosidad del mundo de la informática es entender cómo de un PC, una máquina hecha de metal, fibra de vidrio, silicio y otros componentes, puede salir algo tan mágico como, por ejemplo, un videojuego. ¿Cómo es posible que veamos ventanas en una pantalla y las podamos arrastrar con nuestro ratón? ¿O reproducir películas o incluso adentrarnos en mundos mágicos en 3D? ¿Cómo es posible que de tan solo corriente y unos cuantos componentes electrónicos puedan salir tantas maravillas?

En nuestro día a día damos todo esto por hecho, como si se tratase de alguna especie de magia negra que solo unos pocos eruditos consiguen dominar. Si nos paramos a pensar en ello, se nos escapa, nos resulta demasiado abstracto. Sobre todo si no nos hemos adentrado en el mundo de la programación.

Todos hemos oído hablar de los 0 y 1, que a nivel físico se traducen en 1 para la presencia de corriente eléctrica y 0 para su ausencia. Sin embargo, incluso sabiendo que con estos dos valores nuestro procesador lleva a cabo simples operaciones aritméticas, la complejidad resulta sobrecogedora.

Lo cierto es que funciona de este modo, aunque es más bien raro que una sola persona conozca y entienda en detalle absolutamente todas las partes que componen este complejo sistema.

En realidad, no dista mucho de cómo funciona el mundo real, donde también tenemos una gran complejidad. Piensa en un simple pato de goma. ¿Cuánto conocimiento humano, esfuerzo y cadenas de procesado son necesarias para que ese pato exista? Algo similar ocurre con los ordenadores. La diferencia es que el pato es un objeto, podemos visitar la fábrica donde se manufactura, aprender sobre cómo se obtiene el plástico o cómo funciona una cadena de montaje. En general es mucho más fácil imaginar cuál es el proceso de fabricación de un producto físico en nuestro mundo moderno. En el caso del software, resulta bastante complejo llegar a imaginar, sobre todo para alguien no familiarizado con ciertos conceptos de computación, de qué se componen YouTube, Excel o Netflix, o cómo es posible que juguemos a *Overwatch* online con alguien que está al otro lado del océano.

## Del código binario a la pantalla

Esta es una de las dudas que me ha atormentado desde que era muy pequeño. Siempre quise entender cómo funciona un ordenador.

Intenté varias veces resolver todas mis dudas. Mi primer intento fue con un libro de Visual Basic .NET, donde explicaban en concreto cómo se crean esas ventanas, cómo programarlas y darles vida, pero me llevé una gran decepción. Ese libro no me explicaba qué eran estas ventanas ni de dónde salían, tan solo contaban cómo puedo crear una ventana y personalizarla, poner botones, hacer que esos botones realicen una acción o cualquier virguería, pero seguía teniendo la misma duda: ¿de dónde salen estas ventanas? ¿Quién las crea?

Tras meses de frustración intentando entender muchos conceptos de distintas disciplinas y niveles de la informática, solo conseguí tener en la cabeza un lío aún mayor. Descubrí Linux de forma casual. Linux me permitía acceder a información que en Windows me era invisible. Podía montarme incluso mi propio Linux desde cero, siguiendo guías como LFS o Linux From Scratch. Todo este proceso me llevó, como podrás imaginar, una gran cantidad de tiempo, y si bien lo que aprendí no contestaba del todo mis preguntas, me ayudó a entender mucho mejor cómo funciona este mundo. Aun así, hay muchas cosas que hoy en día simplemente se escapan a mi comprensión, pero por lo menos he entendido de dónde proviene tal complejidad y cómo el ser humano ha podido llegar a crear sistemas tan complejos y en tan poco tiempo.

## Las capas de abstracción

La respuesta a lo anterior son las capas de abstracción.

Las capas existen en nuestro mundo tangible. Imagina por un momento que eres un hábil arquitecto con una buena cantidad de dinero en la cuenta bancaria. Un buen día decides jubilarte, comprar un terreno y construirte una casa. Decides hacer de este proyecto un reto personal y completas toda la obra prácticamente solo. No te privas de ningún lujo: utilizas los materiales de construcción más novedosos, quieres grandes ventanas, una buena orientación y te aseguras de que la casa quede bien aislada en cuanto a temperaturas y ruidos. Dedicas meses a levantar las paredes, ladrillo a ladrillo, instalas tuberías de cobre, montas el cableado eléctrico, pintas, colocas las ventanas e incluso el parquet. Es un trabajo bastante duro, pero te dará una gran satisfacción. Está claro que usas una gran cantidad de prefabricados, incluso partes de un modelo de casa bastante común. Al cabo de un tiempo completas la obra con gran esfuerzo y sacrificio, pero ha valido la pena. Puedes decir que has construido tu hogar con tus propias manos.

Ahora imagina que un hombre de las cavernas viaja desde el pasado y aterriza justo en la puerta de tu casa. Se trata de un Homo sapiens de la era paleolítica, no sabe nada de nuestra cultura y tan solo conoce una tecnología básica que se basa en trabajar piedras y otros objetos que su entorno le facilita.

Nuestro hombre de las cavernas, salvando el problema del idioma, claro, se presenta y te pregunta con muchísima curiosidad: «¿Qué sitio es este?». Está viendo unas rocas transparentes, paredes con formas regulares, colores vivos; nada de esto se asemeja a lo que él haya visto hasta ahora. Tu contestarías: «Se trata de mi casa, aquí es donde vivo, la he construido yo mismo». Así que el cavernícola, que se ha saltado unos cuantos siglos de evolución tecnológica humana, intenta imaginar cómo has construido semejante artilugio, pero la cosa simplemente se le escapa. No concibe cómo has podido levantar una pared tan perfecta y luego colorearla de blanco. Algo similar nos ocurre a nosotros cuando intentamos imaginar cómo de esos ceros y unos, que representan la presencia o la ausencia de corriente, pueda salir un vídeo.

Volvemos a nuestro amigo el cavernícola. Intentas explicarle que en realidad no has comenzado desde la nada. Tú has construido la casa, eso es cierto, pero no has fabricado los bloques que la componen, como las ventanas, las paredes, las puertas y los suelos. Tampoco las tuberías de cobre o el cableado necesario para que llegue la electricidad. Simplemente adquiriste estos materiales y utilizaste tus conocimientos, incluso algunos conceptos tradicionales, para construir la casa. El cavernícola, extrañado, te dice: «Entonces no puedes decir que tú has construido la casa, simplemente has montado bloques preexistentes».

En realidad, sí puedes. En tu nivel de abstracción tú eres quien ha construido la casa. Si lo miramos de forma absoluta, tú junto con otros cientos de personas habéis contribuido a preparar el cemento, extraer la arena necesaria para fundir el cristal, fabricar los ladrillos, extraer el cobre de las minas, refinarlo para que pueda convertirse en cables, extraer el petróleo que una vez refinado se convierte en el plástico que recubre los cables, incluso diseñar las ventanas, los marcos y las puertas. Si nos ponemos meticulosos, miles de personas han contribuido a fabricar todo aquello que compone tu vivienda. Y si lo piensas, has hecho más bien poco por levantar tu hogar, solo una parte bastante pequeña es cosa tuya.

Sin embargo, sigues pensando que has construido tu casa con tus propias manos. Según tu punto de vista, hay muchas cosas que das por hecho que no vas a poder fabricar por tu cuenta, o el esfuerzo que implicaría no vale la pena, ya que existen productos que te las proporcionan. Das por sentado que usarás bloques tales como ladrillos, que son un concepto abstracto para ti, un producto acabado que viene de otro nivel de fabricación. No sabes ni te importa de dónde vienen, cómo se elaboran o cuánto tiempo o trabajo se emplearía en su producción. Tú solo sabes cuánto cuestan y cómo tienes que usarlos. Se trata de una capa de abstracción, esto es, el ladrillo es un concepto que te viene dado de forma abstracta. No necesitas conocer todos los detalles. Para ti, el ladrillo no es más que un bloque básico, y en la tarea de construir la casa hay muchos más.

Esto en informática y otros campos se llama capa o nivel de abstracción. Tú vives feliz en tu mundo, con tus conceptos y bloques básicos construyes casas, mientras que en la capa inferior tenemos a ingenieros industriales que no tienen ni idea de cómo se construye una casa, pero saben unas cuantas cosas sobre ladrillos, y en la capa que está debajo de ellos tendríamos a expertos en extraer materiales de las minas para que tú puedas crear tu producto, y estos tampoco necesariamente saben ni les importa cómo los ingenieros diseñan sus productos o cómo tú construyes tu casa. Por encima de ti estaría el diseñador de interiores, que desconoce cómo se construye una casa, pero sabe cómo amueblarla y decorarla. Cada uno vive en su nivel, apartado o mejor dicho abstraído de cómo funcionan los otros niveles. No me malinterpretes, claro que puedes entender el funcionamiento de todos los niveles, pero desde luego desempeñarás mejor tu trabajo si te dedicas a dominar a fondo tu campo y tu nivel de abstracción.

Lo mismo ocurre con los ordenadores. Aquí hay un concepto un poco difícil de asimilar: la tecnología digital. Hace años estábamos ligados a un hardware, una serie de componentes que estaban específicamente diseñados para conseguir un resultado determinado; si queríamos otro, teníamos que modificar los circuitos físicamente para que ese resultado cambiara. Gracias al trabajo de matemáticos y físicos como Ada Lovelace, John von Neumann y Alan Turing, así como muchos otros, nace la idea de una máquina única, una máquina definitiva capaz de realizar cálculos basados en presencia o ausencia de corriente. Ahí nace el mundo digital y la computación tal y como los conocemos hoy en día. Nace quizá una de las primeras capas de abstracción en la informática: nos olvidamos de los componentes físicos y empezamos a trabajar con memorias y cálculos. En otras palabras, surge la máquina definitiva, capaz de resolver cualquier problema. Una máquina universal.

## NEUMANN Y LA CPU

John von Neumann fue un matemático y físico húngaro-estadounidense que tuvo un impacto profundo en una variedad de campos, entre otros, la teoría de juegos, la mecánica cuántica, la economía y la informática. Es especialmente reconocido por su desarrollo de la arquitectura de Von Neumann, el diseño conceptual detrás de la mayoría de las computadoras modernas que separa el almacenamiento de datos y el programa en la memoria de la máquina, lo que permite a las computadoras ejecutar cualquier tipo de programa almacenado.

En la arquitectura de Von Neumann, la memoria de la computadora puede almacenar tanto datos como el programa, lo que permite a la máquina cambiar programas sin necesidad de modificar físicamente sus componentes. Esta arquitectura se basa en tres conceptos principales: una unidad central de procesamiento (CPU) que incluye una unidad de control y una unidad aritmético-lógica, una memoria que almacena tanto datos como instrucciones, y dispositivos de entrada/salida. Esta configuración permite la ejecución de operaciones computacionales de manera secuencial, leyendo las instrucciones de la memoria, procesándolas en la CPU y luego moviendo los resultados de vuelta a la memoria o a otro dispositivo.

Un siguiente nivel sería automatizar esas operaciones, hacer que la máquina ya sea capaz de saber cómo realizarlas y que con tan solo decirle: «Realiza esta secuencia de acciones», fuera capaz de llevarla a cabo sin asistencia alguna. Lo único que necesitaría son unos valores de entrada y nos devolvería otros de salida. Algo tan simple como una suma. Luego pasaríamos a la multiplicación. Si nuestra máquina solo suma o resta, sabiendo que una multiplicación es repetir una suma del mismo número una cantidad de veces, podríamos crear un procedimiento que, sabiendo cuáles son los dos números implicados en la multiplicación, nos dé el resultado de la operación, sin tener que instruir las sumas una tras otra.

La máquina lee ceros y unos, es decir, presencia de corriente, ausencia de corriente, y todas las instrucciones las recibe de esta manera. Esto suena muy complicado y contraproducente, pero ¿y si definimos un sistema de letras y números basado en códigos de 0 y 1, algo parecido al código morse? Usando estos códigos crearíamos un lenguaje simple, algo parecido a esto:

SUM 1 3

El resultado sería 4. La máquina no entiende este texto, por supuesto, pero crearíamos unos procedimientos que se encarguen de traducirlo en los 0 y 1 necesarios para realizar la suma. Y así, poco a poco, capa tras capa, llegamos a los ordenadores modernos.

El programador del driver gráfico no sabe cómo se representan los colores en tu pantalla, tan solo le envía una tabla de valores con el color que tiene cada píxel, y la pantalla se encarga de mostrarlos. A su vez el programador de la consola de texto desconoce cómo se crea esa tabla de colores, pero sabe que para mostrar texto tiene que pasarle una serie de datos específicos. A su vez el programador de programas basados en texto no sabe cómo se representan los textos en pantalla, solo sabe qué es lo que tiene que hacer para mostrarlos. Es como una caja negra. El PC que estás usando ahora está repleto de cajas negras, hablando la una con la otra, y cada nivel desconoce cómo funciona internamente el nivel superior o inferior.

Hay miles de niveles, ahora mismo estamos hablando de los niveles más bajos de nuestra gran montaña de capas, pero si vamos arriba del todo, podremos encontrar, por ejemplo, a un programador web, que tan solo utiliza el navegador, el editor de texto y otras tecnologías como las redes y el protocolo HTTP para crear su web. Y no necesita saber de dónde salen ni cómo funcionan.

Lo mismo ocurre con el libro de Visual Basic .NET del que hablaba antes. En este libro damos por hecho que alguien se ha encargado de crear el sistema que, usando una gran cantidad de capas por debajo, es capaz de pintar ventanas en la pantalla. El programador de Visual Basic .NET tan solo se encarga de configurar estas ventanas y hacerlas interactuar.

El lenguaje de programación que usa, antes de ejecutarse, se traduce a otro lenguaje mucho más complejo, que a su vez se traduce a otro lenguaje aún más complejo que acaba en simples operaciones aritméticas sobre una memoria en nuestra CPU. Sí, son millones de operaciones que nuestro programador no sabe ni le importan cómo ocurren. Esa no es su función, de la misma manera que el panadero no va al campo a cosechar el trigo para hacer el pan.

Así es cómo funciona el mundo de la informática y cualquier otro sistema extremadamente complejo de la humanidad. Primero, para que se produzca un avance tecnológico, cada gran contribuidor coge el legado de quien le precede y lo mejora. Segundo, cada programador, ingeniero electrónico o ingeniero industrial, utiliza las herramientas y los bloques básicos que le proporcionan desde la capa inferior. De modo que podemos afirmar que nadie sabe todo, solo una pequeña parte. Esto les permite concentrarse en lo importante y hacer el mejor trabajo posible en su área.

En este mundo de capas también hay una distinción clara: el alto nivel y el bajo nivel. Cuando hablamos, por ejemplo, de conceptos o lenguajes de programación de bajo nivel, hablamos de cosas que se acercan mucho a cómo funciona la máquina. En el alto nivel, en cambio, pocas cosas recuerdan a una máquina y sus ceros y unos.

¿Cuál de los dos es mejor? Ambos son necesarios, puesto que se encargan de distintas cosas, pero presentan sus propios problemas y su propia complejidad.

## FORTRAN

El primer lenguaje de programación en ser diseñado y desarrollado fue el de Ada Lovelace para la máquina analítica de Charles Babbage en el siglo XIX. El Note G servía para calcular números de Bernoulli, una secuencia de números racionales que surgen frecuentemente en el cálculo, en particular en series de Taylor y en la solución de ecuaciones diferenciales. Note G forma parte de una serie de notas, de la A a la G, que Lovelace utilizó para ilustrar su traducción al inglés de una conferencia de Babbage, presentada en francés por Luigi Menabrea. Estas notas se publicaron en 1843, aunque el algoritmo nunca fue puesto a prueba debido a que el motor analítico no se construyó.

Aunque esto no es un lenguaje de programación en el sentido moderno, representa el primer ejemplo de un algoritmo destinado a ser procesado por una máquina, lo que algunos consideran como la primera programación. Sin embargo, en términos de lenguajes de programación formalmente reconocidos y más cercanos a lo que consideramos hoy en día, el título del primer lenguaje de programación se le suele otorgar a FORTRAN (FORmula TRANslation), desarrollado en los años cincuenta por IBM. FORTRAN fue diseñado para permitir una programación fácil de problemas matemáticos y científicos. El lenguaje simplificaba la programación de máquinas para cálculos complejos y se convirtió en la base de muchos otros lenguajes de programación que surgieron posteriormente.

Dicho esto, nos podemos sentir identificados con aquel hombre de las cavernas, que se maravillaba ante una obra de gran complejidad que no es capaz de entender, sobre todo no entiende que un hombre sea capaz de hacer todo eso. Para él, este hombre es un poderoso mago que manipula la realidad. Lo que en realidad tenemos es una gran trama de capas donde miles de personas, técnicas y conocimientos interactúan para crear una obra maestra de la ingeniería moderna. Tal y como lo es tu hogar o tu ordenador.

Ahora el problema parece menos abrumador, el programador ya no es un gran mago, sino un currante más, parte de nuestra sociedad. Este capítulo es una reflexión, y una buena introducción para el que será un reto a la hora de leer este libro, por lo menos en mi opinión: el próximo capítulo, «El sistema binario y las puertas lógicas: la base de cómo funciona tu PC».

# 7

# EL SISTEMA BINARIO Y LAS PUERTAS LÓGICAS: LA BASE DE CÓMO FUNCIONA TU PC

Como ya he comentado en otros capítulos, cuando era muy pequeño me preguntaba cómo es posible que mi PC, esa caja que parece sencilla, pero alberga un montón de circuitos eléctricos, pueda hacer tantas cosas diferentes. Desde jugar o navegar por internet hasta crear presentaciones de PowerPoint, entre otras muchas cosas más, todo esto surge de conectar a la corriente un aparato que, a primera vista, parece simple. Es asombroso cómo, de la nada, el PC convierte la corriente eléctrica (la misma que enciende las bombillas) en un extenso mundo virtual al que accedemos a través de una pantalla, un teclado y un ratón. Parece una especie de prisma que transforma un rayo de luz en una realidad alternativa. ¿No te resulta casi mágico o, al menos, extremadamente poco intuitivo?

En este capítulo voy a explicarte la relación entre el mundo virtual y el físico, entre las imágenes y los textos que ves en tu PC y la corriente eléctrica con los circuitos que los hacen funcionar. Lamentablemente, es posible que no acabes de entender todos los mecanismos que hay detrás de un ordenador. De hecho, ni los ingenieros conocen todos los detalles. Las distintas áreas de desarrollo y conocimiento se especializan en aspectos concretos. De esto hablábamos en el capítulo anterior, sobre las capas de complejidad. Tampoco podremos abarcar todos los elementos en un simple capítulo de un libro, pero intentaré trasladarte una idea general de qué está sucediendo en el interior de este fascinante aparato.

## El sistema decimal

Hablemos del sistema decimal, el que nuestra sociedad moderna utiliza para contar. Es un sistema universal que aprendemos desde muy pequeños y que se ha integrado profundamente en nuestro cerebro. Sin embargo, para comprender cómo piensan los ordenadores, necesitamos retroceder a nuestra infancia y desmontar algunos conceptos que aprendimos entonces.

El sistema decimal se basa en diez símbolos específicos, que son los números del 0 al 9, tan familiares para nosotros y que nuestro cerebro asocia automáticamente con una cantidad numérica:

0  1  2  3  4  5  6  7  8  9

Estos no son más que símbolos. Los antropólogos sostienen que este sistema fue inventado por los hindúes, refinado por los árabes y luego introducido en Europa por Fibonacci, un matemático italiano de la República de Pisa, considerado el matemático occidental de mayor talento de la Edad Media.

Los diez símbolos que usamos para representar cantidades se conocen como números arábigos o dígitos. Este término deriva de la palabra latín *digitus*, que significa «dedo». El número específico de símbolos que tenemos es algo arbitrario: no hay ningún motivo matemático para trabajar con exactamente diez dígitos. Lo más probable es que tengamos diez porque tenemos diez dedos en las manos.

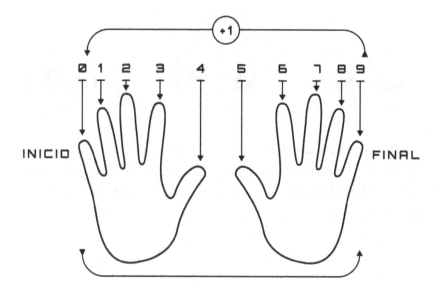

Esto sugiere que, en un universo paralelo donde los humanos evolucionaran con cuatro dedos en cada mano, los dígitos irían del 0 al 7, con lo que tendríamos un sistema octal en lugar de decimal. Lo más probable es que en este sistema no existieran ni el símbolo «8» ni el «9». Recordemos que tener diez símbolos en lugar de ocho o doce es simplemente una convención social.

Con nuestro sistema decimal podemos contar hasta nueve con un solo dígito. Entonces ¿qué pasa cuando queremos contar más allá?

Los números pueden estar formados de varias cifras; cada cifra a la izquierda representa diez unidades de la cifra de la derecha. De esa manera, cuando se nos acaban los símbolos para seguir incrementando nuestro número, simplemente aumentamos en uno la cifra que está justo a la izquierda. El contador de la derecha vuelve a estar a cero.

Según este sistema el número que sigue después del nueve, el diez, se representa así: 10.

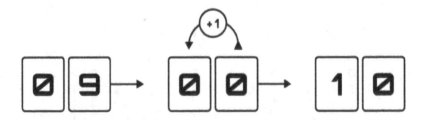

Pero ¿qué pasaría si tuviésemos menos símbolos? En nuestro hipotético universo paralelo, en el que los hindúes tendrían solo ocho símbolos para los números, el sistema contaría con los siguientes símbolos:

0 1 2 3 4 5 6 7

# UNIVERSO PARALELO
## 8 DEDOS

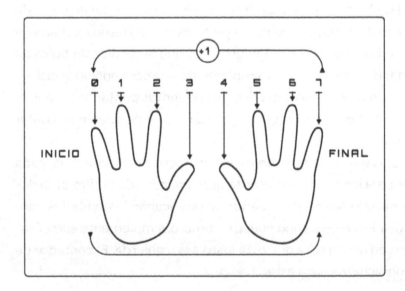

Este sistema de ocho símbolos se conocería como octal, y no decimal, y no permitiría contar hasta el ocho usando un solo símbolo porque el ocho no existiría. Esto significa que, al llegar al número siete, el siguiente número (ocho) se escribiría de la siguiente manera:

10

Los números del uno al diez, en el sistema octal, se escribirían así:

0  1  2  3  4  5  6  7  10  11  12

En este sistema, 10 (lo que conocemos como diez) sería el número ocho, y el 11 (nuestro once) sería el nueve.

En otro universo paralelo, podríamos tener incluso 67 símbolos distintos, uno para cada número del 0 al 66, y en ese caso, el 67 se representaría con 10. Por eso decimos que nuestro sistema es de base 10: cada diez unidades, llevamos una.

Una forma sencilla de visualizar esto es el ábaco, un instrumento de cálculo de hace 5.000 años y que sirve para efectuar operaciones aritméticas sencillas, donde cada bola en la primera fila vale una unidad, en la segunda, 10, en la tercera, 100, y en la cuarta, 1.000.

## MÁS ALLÁ DEL SISTEMA DECIMAL

El sistema decimal no tiene una ventaja inherente en la organización jerárquica de los números. Consideremos, por ejemplo, la base 13. Como el 13 es un número primo, o sea, divisible únicamente por 1 y por él mismo, podría considerarse superior al 10. En un sistema basado en un número primo como 13, la mayoría de las fracciones serían irreductibles, a diferencia de la base 10, donde números como 36/100 pueden expresarse de múltiples formas (18/50, 9/25).

No obstante, la elección humana de la base 10 probablemente se debió a la simple visualización y al uso de los diez dedos. En idiomas malayo-polinesios, por ejemplo, la palabra *lima* designa «mano», pero también «cinco».

Con todo, algunas culturas no han adoptado el 10 como base. La base 20, o vigesimal, es otra comúnmente utilizada, sobre todo en algunas partes de Europa occidental. Esta elección se basó no solo en los dedos de las manos, sino también en los de los pies. Por ejemplo, entre los inuits, el número veinte se traduce como «un hombre completo».

Algunos idiomas modernos aún reflejan el uso de la base 20. En francés, 80 se dice *quatre-vingts* (cuatro veintes), mientras que en irlandés 40 es *daichead*, proveniente de *da fiche* (dos veintes).

Entre los sistemas numéricos antiguos, destaca la base 60, o sistema sexagesimal, que usaron los sumerios en Mesopotamia desde el cuarto milenio a. C. Aún vemos su influencia en cómo medimos el tiempo (horas, minutos, segundos) y en los grados de un círculo. La elección de los sumerios de una base tan alta podría deberse a las propiedades matemáticas únicas del número 60, que es divisible por los primeros seis números, o a una conexión con ciclos temporales como los meses o días en un año, posiblemente combinados con el número 5 o 6.

## Transmisión de la información con electricidad

Ahora vamos a movernos a la electrónica. Durante muchos años la electricidad se usó para diversas funciones, como encender bombillas, accionar motores o transmitir información, por ejemplo, mediante el sonido o el código morse. Sin embargo, estas tecnologías transmiten mensajes imprecisos: las líneas y puntos del código morse pueden variar en longitud, y la radio y el teléfono pueden tener interferencias. Como la información no es exacta, nuestro circuito no puede entenderla; solo percibe un flujo irregular de electrones. Podemos manipular estas señales para, por ejemplo, hacer que los sonidos sean más graves o agudos, o incluso filtrarlas usando técnicas como la convolución, pero al final del día solo el humano es capaz de interpretar esa información. La máquina, al tener mucho margen de variación, no puede determinar casos exactos, o por lo menos le resulta muy difícil. Este tipo de sistemas se conocen como sistemas analógicos.

Esto no parece un problema hasta que consideramos que justamente limita nuestra capacidad para tomar decisiones basadas en la información del mensaje o realizar operaciones aritméticas con esos datos.

Pero todo esto cambió con la electrónica digital.

## LAS PRIMERAS CONEXIONES

El telégrafo de larga distancia tuvo un comienzo premonitorio: el 24 de mayo de 1844, Samuel F. B. Morse, desde la sala de la Corte Suprema de Estados Unidos, transmitió un mensaje a su asistente Alfred Vail, que se encontraba en Baltimore. Este mensaje, un versículo del Antiguo Testamento, decía: «Lo que Dios ha hecho».

La historia del teléfono también comenzó de manera peculiar. El 10 de marzo de 1876, Alexander Graham Bell realizó la primera llamada telefónica de la historia a su asistente, lo que resultó en una paradoja: «Señor Watson, ven aquí, quiero verte». Esta llamada fue un testimonio de la capacidad del teléfono para acortar y, al mismo tiempo, evidenciar la distancia física.

El teléfono móvil, por su parte, debutó con una demostración impactante. El 3 de abril de 1973, Martin Cooper, de Motorola, caminaba por la Sexta

Avenida en Manhattan, llamando la atención de los transeúntes, mientras realizaba una llamada a su competidor Joel Engel de AT&T: «Joel, te estoy llamando desde un teléfono celular. Un teléfono celular real, portátil y de mano». Cooper recordó más tarde que Engel se quedó en silencio por un momento, probablemente masticando su frustración.

Finalmente, el mensaje de texto nació el 3 de diciembre de 1992, marcado por un tono festivo. Neil Papworth, de Sema Group Telecoms, envió a Richard Jarvis, de Vodafone, un mensaje para desearle una feliz Navidad, con lo que inauguraba así una nueva era en la comunicación digital.

## La electrónica digital

La revolución en el mundo de la informática moderna se debe en gran parte a la electrónica digital.

Como hemos visto en la sección anterior, el gran problema es que las señales son poco fiables y poco nítidas, o por lo menos conseguir una cierta fiabilidad necesita de componentes electrónicos de muy alta calidad y un circuito muy preciso. Se determinó, pues, que lo más fácil, sencillo y barato era tener en cuenta solo dos estados. Si una pista de nuestro circuito lleva corriente (una corriente superior a un cierto umbral como, por ejemplo, I,2 V), entonces decimos que lleva información. ¿Qué información? Un I, positivo o verdadero.

Si no lleva nada de corriente o la corriente es inferior al umbral, entonces es negativo, falso o 0. De esa manera, cada pista puede llevar solo dos valores: verdadero o falso, encendido o apagado, I o 0.

Para poder trabajar con esto se adoptó un sistema muy diferente al que estábamos acostumbrados: el uso del sistema binario para representar números, realizar cálculos matemáticos y tomar decisiones. Veamos cómo funciona.

Mientras que nuestro conocido sistema decimal se basa en diez dígitos (del 0 al 9) y es de base 10, el sistema binario, esencial en la informática moderna, se compone únicamente de dos dígitos: el 0 y el 1. En este sistema de base 2, o binario, la manera de contar es distinta. Por ejemplo, para contar hasta diez en binario, comenzaríamos con 0 (fácil) y el uno es 1. Pero, al llegar al número dos, nos encontramos con una limitación: solo tenemos dos símbolos. ¿Qué hacemos? Pues llevamos un dígito a la columna siguiente, por lo que el número dos se representaría como 10.

Este proceso continúa a medida que vamos incrementando, de modo que así es como se representan los números del uno al diez en binario:

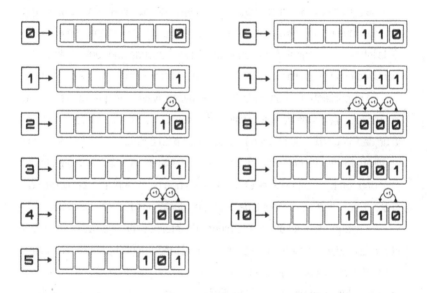

Para imaginar el funcionamiento de este sistema en los circuitos electrónicos te puede ayudar visualizarlo como un ábaco. Imagina un ábaco donde cada fila solo tiene una bolita. Cada una de las filas puede contar únicamente hasta 1, y después de eso, me llevo 1 a la siguiente columna, y la vuelvo a poner a cero. Ahora, en lugar de tener líneas con bolitas como en el ábaco, tenemos pistas de cobre, que son las que se conocen como buses de información en nuestro circuito.

Si juntamos varios cables podemos representar varias cifras. Por ejemplo, con 4 buses podríamos representar los números del cero al quince, siendo 0000 el número cero y IIII el quince.

## EL BIT: EL ÁTOMO DE LA INFORMACIÓN

En 1948, los Laboratorios Bell fueron escenario de un anuncio revolucionario: la invención del bit. Tras esta innovación se encontraba Claude Shannon, un joven de treinta y dos años.

Así, gracias a Shannon, nació el concepto de bit, un acrónimo de «dígito binario», que representa la unidad de información más elemental en el mundo de la informática digital. A su vez, el término fue acuñado por John Tukey, otro científico de los Laboratorios Bell, quien lo utilizó por primera vez en 1947.

Es importante no confundir bits con bytes. Mientras que los bits representan la unidad más básica y «física» de información, los bytes se consideran la unidad «lógica» más pequeña, equivalente a un carácter, ya sea una letra o un símbolo. A diferencia de un bit, que por sí solo carece de un significado práctico, un byte sí posee relevancia, dado que representa un carácter concreto. Cada byte se compone de 8 bits, es decir, ocho pulsos eléctricos.

En el contexto del almacenamiento de información, los bytes se utilizan como la unidad de medida. Esta medida es fundamental para determinar la capacidad de dispositivos como los discos duros o las memorias. Por ejemplo, un disco duro con una capacidad de 500 gigabytes puede almacenar hasta 500.000.000.000 (quinientos mil millones) de caracteres o bytes. Esta capacidad refleja la cantidad de texto o caracteres que pueden guardarse en el dispositivo.

## Las puertas lógicas

Ahora sabemos cómo se transmiten números exactos usando cables y corriente eléctrica mediante el sistema binario. Esos números van a representar los datos dentro de nuestro ordenador. Pero, para poder ejecutar programas y realizar toda esa magia de la que el ordenador es capaz, necesitamos un sistema para trabajar con esos números, es decir, hacer operaciones, tomar decisiones y sacar conclusiones.

Para esto se usan las puertas lógicas. Estas puertas son la aplicación práctica del álgebra booleana, una teoría desarrollada por el matemático George Boole. A pesar de ser vista como algo poco relevante a nivel matemático, hoy en día el álgebra booleana es esencial en el funcionamiento de los sistemas digitales.

El álgebra booleana no trabaja con números, como hacemos en el álgebra tradicional, sino que solo trabaja con dos valores: verdadero (*True*) y falso (*False*).

Todos los valores dentro de nuestro sistema pueden ser, o bien True, o bien False. No hay más opciones. Y con estos valores vamos a hacer operaciones, que se conocen como operadores lógicos. Los operadores lógicos booleanos son AND, OR, NOT, XOR, NAND, NOR y XNOR.

Suena muy complicado, pero en realidad es relativamente simple: sigue las leyes de la lógica que usamos en nuestro día a día.

Te pondré un ejemplo de la vida cotidiana que nos va a servir para entender una de las operaciones booleanas más básicas, que es «AND». Considera la afirmación:

*El césped es verde y el cielo es azul.*

Podemos decir que la frase es verdadera si las dos afirmaciones que contiene son verdaderas. En este caso, el césped de mi casa es efectivamente, verde, así que la primera parte, «El césped es verde», es una afirmación verdadera.

Por otra parte, hoy hace un día soleado y despejado, así que a todos los efectos «El cielo es azul» también es una afirmación verdadera.

Como la afirmación A, «El césped es verde», es verdadera y la afirmación B, «El cielo es azul», también lo es, la operación «A y B» da como resultado verdadero.

La operación AND en álgebra booleana funciona de la misma manera:

A = True
B = True
A AND B = True

AND no es la única operación, hay unas cuantas más. Por si tienes curiosidad de ver cuáles son, sigue leyendo porque te las explico a continuación:

AND (Y): este operador devuelve «verdadero» solo si todas las entradas son «verdadero».
Ejemplos:
AND(A=True, B=True) → Salida: True (ambas entradas son verdaderas)
AND(A=True, B=False) → Salida: False (una entrada es falsa)
AND(A=False, B=False) → Salida: False (ambas entradas son falsas)

OR (O): el operador OR entrega un resultado «verdadero» si al menos una de las entradas es «verdadero».
Ejemplos:
OR(A=True, B=True) → Salida: True (al menos una es verdadera)

OR(A=True, B=False) → Salida: True (al menos una es verdadera)

OR(A=False, B=False) → Salida: False (ninguna es verdadera)

NOT (NO): NOT es un operador de negación que invierte el valor de entrada; si la entrada es «verdadero», la salida será «falso», y viceversa.

Ejemplos:

NOT(A=True) → Salida: False (invierte el verdadero a falso)

NOT(A=False) → Salida: True (invierte el falso a verdadero)

XOR (O exclusivo): XOR es el «o exclusivo». Este operador devuelve «verdadero» solo si las entradas son distintas.

Ejemplos:

XOR(A=True, B=True) → Salida: False (las entradas son iguales)

XOR(A=True, B=False) → Salida: True (las entradas son diferentes)

XOR(A=False, B=False) → Salida: False (las entradas son iguales)

NAND (NO Y): NAND es la inversa de AND. Devuelve «falso» solo si todas las entradas son «verdadero». En cualquier otro caso, la salida será «verdadero».

Ejemplos:

NAND(A=True, B=True) → Salida: False (invierte el resultado de AND)

NAND(A=True, B=False) → Salida: True (invierte el resultado de AND)

NAND(A=False, B=False) → Salida: True (invierte el resultado de AND)

NOR (NO O): NOR es la inversa de OR. Produce una salida «falso» si alguna de las entradas es «verdadero». Solo devuelve «verdadero» si todas las entradas son «falso».

Ejemplos:

NOR(A=True, B=True) → Salida: False (invierte el resultado de OR)

NOR(A=True, B=False) → Salida: False (invierte el resultado de OR)

NOR(A=False, B=False) → Salida: True (invierte el resultado de OR)

XNOR (NO O exclusivo): XNOR es la inversa de XOR. Devuelve «verdadero» si todas las entradas son iguales. Si ambas entradas son «verdadero» o ambas son «falso», la salida será «verdadero». Si las entradas son diferentes, la salida será «falso».

Ejemplos:

XNOR(A=True, B=True) → Salida: True (las entradas son iguales)

XNOR(A=True, B=False) → Salida: False (las entradas son diferentes)

XNOR(A=False, B=False) → Salida: True (las entradas son iguales)

La idea de las puertas lógicas es trasladar estas operaciones a los circuitos eléctricos para poder hacer cálculos (de momento únicamente cálculos booleanos) con las señales de los buses de las que te hablaba antes.

En otras palabras, nuestro ordenador combina dos conceptos: el sistema binario y la lógica booleana. Para representar números vamos a usar un sistema donde solo existen dos valores, el 0 y el 1, y vamos a operar con esos dos valores usando operaciones booleanas, donde todos los valores son ciertos o falsos.

Para combinar ambas cosas, vamos a tratar los 0 como si fueran False y los 1 como si fueran True. 0 y False o 1 y True van a significar lo mismo a lo largo de este capítulo y de esta explicación.

Ya sé que de momento puede parecer que no tiene demasiado sentido, pero, como veremos enseguida, podemos combinar varias puertas lógicas entre ellas para construir una máquina que nos permita sumar, restar, comparar y hacer otro tipo de operaciones que son la base de todo. Así que te pido que me sigas y tengas un poco de paciencia, ¡no te desesperes!

Ahora que entendemos los mecanismos que vamos a usar, toca crear estas puertas lógicas en versión física. Históricamente, se usaron unos componentes electrónicos llamados relés, seguidos por válvulas de vacío. En la actualidad todo está basado en transistores.

Imagina que los transistores son como pequeñas puertas. Un transistor tiene tres *patas*, o tres contactos. El primer contacto se conoce como *source*, que en inglés significa «fuente». Si la puerta está abierta, la corriente que llega por la fuente saldrá por el tercer contacto. El tercer contacto se conoce como *drain*, «drenaje» en inglés.

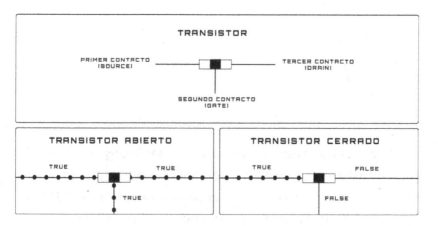

El segundo contacto, el del medio, es el que marca si la puerta está abierta o cerrada. Este se conoce como *gate*, que en inglés significa «puerta». Para abrir la puerta basta aplicar corriente en este segundo contacto.

En otras palabras, este transistor actúa como una compuerta donde la corriente que llega por el primer contacto puede fluir hasta el tercer contacto, pero solo en caso de que el segundo contacto esté activo.

El tipo de transistores que se usan en un ordenador son microscópicos, más pequeños que un cabello, incluso más pequeños que muchos virus, y se miden en nanómetros. Son tan diminutos porque, para que el ordenador pueda funcionar, vamos a necesitar millones de ellos. Pero no nos precipitemos, primero vamos a ver cómo se implementa la operación AND usando transistores.

Para hacer un AND solo vamos a necesitar dos transistores, uno conectado después del otro, como vemos en la imagen:

PUERTA «AND»

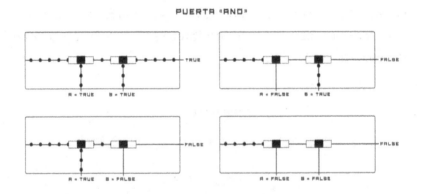

Para realizar la operación vamos a usar la segunda pista de cada transistor, la que *abre la compuerta* como dato de entrada. De esa forma, para representar la operación A AND B, el valor de A llegaría en la segunda pista del primer transistor, y el valor de B llegaría en la segunda pista del segundo transistor.

Si el valor de A es True, tendremos corriente en la segunda pista del primer transistor, por lo que la puerta estará abierta. Si el valor de B es True, entonces tendremos corriente por la segunda pista del segundo transistor, así que este segundo también estará abierto, lo que permitirá que la corriente fluya sin interrupciones de un lado a otro en nuestro circuito principal. En caso de que cualquiera de los dos valores A o B sean falsos, el circuito estará cerrado en uno de los puntos o en ambos. Como puedes ver, el comportamiento de este circuito simula a la perfección la operación AND.

Algo parecido podemos hacer con la operación OR. Para que esta operación dé True como resultado, necesitamos que o A, o B o ambos sean True. Para esto usamos dos transistores en paralelo; si se activa cualquiera de ellos, habrá señal. Si ambos están desactivados, el resultado es False.

PUERTA «OR»

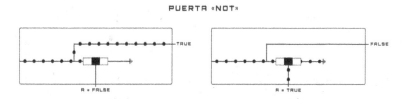

Como vimos antes, la operación NOT invierte el valor de entrada. Si «el cielo es azul» es True, al aplicar NOT, se convierte en False. Esto se logra con un transistor que, al activarse, envía la señal a tierra, lo que resulta en un valor de cero (False). Cuando está desactivado, el valor es uno (True).

PUERTA «NOT»

La última operación importante en la que me quiero centrar es XOR (OR exclusivo). Es similar al OR, pero las dos afirmaciones no pueden ser ciertas al mismo tiempo. Si ambas son ciertas o son falsas, el resultado es False. Esta operación es más compleja de simular en un circuito, pero se puede lograr combinando otras operaciones. Por ejemplo, podemos usar un AND con la primera señal y la segunda negada, y otro AND con la primera señal negada y la segunda. Si ambas señales son True, el resultado será False, con lo que se logra así el efecto de un XOR.

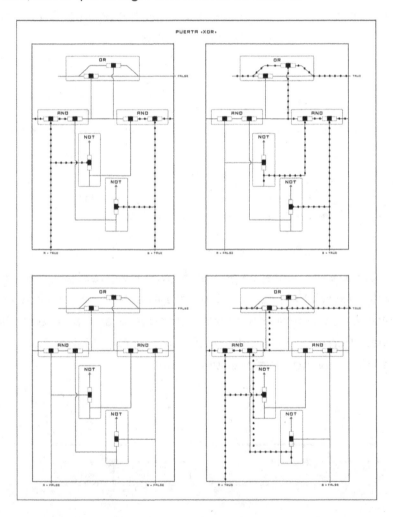

## EL PRIMER TRANSISTOR

El primer transistor del mundo fue el transistor de contacto de punto que en 1947 John Bardeen, Walter Brattain y William Shockley inventaron en los Laboratorios Bell. Este dispositivo marcó el inicio de la era de la electrónica moderna y fue reemplazando gradualmente las válvulas de vacío en muchos dispositivos electrónicos. Fue tan significativo que Bardeen, Brattain y Shockley recibieron el Premio Nobel de Física en 1956.

El primer microprocesador, un Intel 4004 del año 1971, albergaba 2.300 transistores, tenía un tamaño físico relativamente pequeño, sobre todo si se compara con las computadoras que lo precedieron. Este chip medía solo 3 mm × 4 mm, lo que equivale a un área total de 12 mm².

Si el proceso de entender cómo se relacionan la electricidad, los componentes electrónicos y los datos digitales te resulta complicado, no te preocupes. La clave está en comprender que hay una conexión muy real y estrecha entre ellos.

## Cuatro operaciones básicas

Hasta ahora, hemos explorado cuatro operaciones básicas en los circuitos lógicos: AND, OR, XOR y NOT. De ahora en adelante, nos referiremos a ellas por sus nombres lógicos y veremos cómo pueden usarse para crear una máquina capaz de sumar.

Para empezar, imaginemos que queremos sumar dos números binarios.

La puerta lógica XOR es ideal para sumar dos bits. La particularidad de XOR es que produce una salida de 1 solo si las entradas son diferentes. Entonces, en términos de suma:

0 más 0 produce 0 (ambas entradas son iguales).

0 más 1 produce 1 (entradas diferentes).

1 más 1 también produce 0 (entradas iguales), pero en este caso se genera un «acarreo» de 1 al siguiente dígito de la izquierda. El «me llevo una» del que hablábamos al principio.

Para detectar este «acarreo», utilizamos una puerta AND. La puerta AND solo produce una salida de 1 si ambas entradas son 1. Por lo tanto, en una suma de 1 más 1, AND detecta que necesitamos llevarnos una al siguiente dígito. Este sistema de suma básico se conoce como «sumador medio» (half adder).

### SUMADOR MEDIO (HALF ADDER)

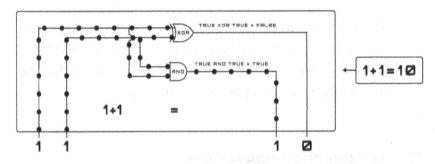

Este sumador medio nos permite hacer operaciones con dos números de un bit, por lo que los valores de nuestra suma solo pueden ser 1 o 0, y el resultado únicamente tiene dos bits, por lo que puede ser 0, 1 o 2 (en binario 0, 1, 10).

Para poder sumar números superiores a 1, vamos a repetir el proceso para cada una de las cifras de los números. Por ejemplo, si tenemos un número de 8 bits, como este: 10110011 (que en decimal es 179), sumado con otro como 01000111 (en decimal 71), el sumador empezaría con las dos primeras cifras de la derecha, luego pasaría a la segunda cifra, y poco a poco iría pasando por cada cifra hasta tener la totalidad de la suma.

Pero si te fijas, aquí tenemos un problema. Si el resultado de la suma de las cifras es 10, eso significa que me llevo una. Cuando pasamos a sumar la siguiente cifra de la izquierda, vamos a tener que sumar ese valor también.

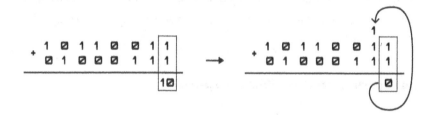

Como puedes ver en la ilustración, al sumar la segunda cifra, la suma ya no es entre dos cifras, sino que es entre tres. Así que, para sumar estos números grandes, no nos basta con un sumador que pueda sumar dos cifras, necesitamos un circuito capaz de sumar tres. Si podemos sumar tres, teóricamente podríamos sumar cualquier cifra y de cualquier tamaño.

Para manejar esto, combinamos los resultados de un sumador medio con una puerta XOR adicional para el tercer bit, y una puerta OR para determinar si hay un acarreo.

### SUMADOR COMPLETO

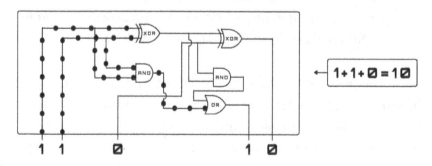

En conclusión, usando solo un tipo de componente electrónico y combinándolo de forma inteligente, podemos realizar operaciones matemáticas utilizando literalmente señales eléctricas que pasan por pequeños conductores. Podríamos pasar todo el día cubriendo cada una de las distintas operaciones matemáticas, pero creo que podemos quedarnos con la suma; al final el resto de las operaciones se basan en el mismo principio: combinar puertas lógicas para conseguir el resultado deseado.

## La unidad aritmético-lógica

En los procesadores modernos, estos circuitos de cálculo matemático se encuentran dentro de nuestro procesador, en concreto, dentro de un componente llamado unidad aritmético-lógica (ALU). ¿Qué contiene exactamente la ALU? En un procesador de Intel, normalmente la ALU tiene los siguientes circuitos disponibles:

- Operaciones aritméticas: suma (la que hemos explicado en este capítulo) y resta.
- Operaciones relacionales: igual (==), no-igual (!=), mayor-que (>), menor-que (<).
- Operaciones lógicas: AND, OR, NOR y XOR.
- Operaciones de desplazamiento (*shift*): estas permiten mover las cifras rápidamente de una parte a otra de un número para realizar operaciones como la multiplicación.

Como puedes ver, una ALU está bien equipada para prácticamente cada una de las operaciones que un ordenador puede hacer. Quizá eches en falta alguna, como, por ejemplo, la multiplicación o la división, pero realmente estas operaciones no dejan de ser una sucesión de sumas o restas, y lo mismo ocurre con la potencia. En verdad, todas las operaciones se pueden reducir de alguna manera a estas.

La ALU es manejada por la unidad de control (CU), que es el componente del procesador encargado de determinar cuál es la operación exacta que tenemos que hacer y cuáles son los datos con los que tenemos que operar. ¿De dónde saca esa información? Del código escrito por el programador. Es el programador quien pide al procesador que ejecute tareas, y estas tareas se traducen a su forma más básica, que son estas operaciones aritméticas y lógicas ejecutadas por nuestra ALU. La unidad de control recibe la instrucción y pide a la ALU que haga la operación correspondiente con esos datos. Los datos a lo largo de las operaciones se van guardando en registros, que son pequeñas memorias que permiten que el procesador pueda recordar, por ejemplo, las distintas cifras a lo largo de nuestra suma. Y todo esto, todo el funcionamiento del procesador, toda su lógica, el cien por cien de sus funcionalidades, están logradas de la misma manera: con conductores de corriente y transistores.

Además de la ALU, los procesadores tienen unidades especializadas en operaciones con números decimales, ya que en el sistema binario no podemos representar directamente los decimales. Estas unidades dividen el número en dos partes: los dígitos y la posición de la coma decimal.

Aunque no hayamos entrado en detalle en el funcionamiento interno de todas las operaciones, ahora entendemos que el procesador es una máquina de trabajar con números. Pero en nuestro PC no solo hay números, ¿verdad?, también tenemos texto, imágenes, vídeos y muchos otros tipos de datos. Bien, pues todos estos datos también se pueden representar usando el mismísimo sistema binario.

## Los colores y los números binarios

Vamos a tomar como ejemplo los colores.

Cada color se representa mediante una serie de números, y la cantidad y el tipo de estos números varían según el sistema utilizado para representar el color.

Uno de estos sistemas es el color de 32 bits de profundidad, conocido como *true color*. En este sistema, el color se compone de 32 dígitos binarios: los primeros 8 representan la intensidad del rojo; los siguientes 8, la intensidad del verde, y los últimos 8, la intensidad del azul.

Cada grupo de 8 bits puede representar números entre 0 y 255, donde 0 indica la ausencia del color correspondiente y 255 su intensidad máxima. La combinación de estos tres colores básicos en distintas intensidades produce las diferentes tonalidades. Por ejemplo, 255, 255, 255 (todos los bits en valor 1) resultaría en blanco, o 0, 0, 0 resultaría en negro.

En resumen:

* Los colores se dividen en tres componentes primarios: rojo, verde y azul (RGB).
* Cada componente se representa con 8 bits, lo que permite 256 niveles diferentes (0 a 255) para cada color. Por ejemplo, 00000000 en binario representa el nivel más bajo (ausencia) de un color, y 11111111 (255 en decimal) representa la intensidad máxima.
* Por lo tanto, se pueden representar $2^8 \times 2^8 \times 2^8 = 16.777.216$ colores diferentes.

De manera similar, una imagen se forma por una secuencia de números que representan el color de cada píxel. Una imagen en Full HD está compuesta por 2.073.600 puntos de color, por lo que necesitaríamos 2.073.600 números de 32 bits para representar una imagen sin comprimir.

Eso significa que una imagen Full HD sin comprimir y en *true color* ocuparía en memoria unos 66.355.200 bits (un bit es un número binario). Esto se traduce en 8,29 megabytes (MB). Así que, cuando veas que una imagen en tu ordenador ocupa algo así como 8 megas, recuerda que no dejan de ser algunos millones de números binarios que se interpretan como números de color, que al mismo tiempo son píxeles de la imagen. El medio siempre es el mismo, 1 y 0, solo cambia la forma de interpretarlo.

En cuanto al texto, existen varios sistemas para representarlo. Uno de ellos es el ASCII (American Standard Code for Information Interchange).

En su versión extendida, ASCII utiliza 8 bits (un byte) por carácter:

- Cada combinación de 8 bits representa un carácter específico, lo que permite 256 caracteres diferentes (incluyendo letras, números, símbolos y comandos de control).
- Por ejemplo, el número binario 01010001 representa el número 81 en decimal, que corresponde a la letra «Q» en la tabla ASCII.

Una curiosidad interesante sobre ASCII es que, aunque fue desarrollado inicialmente para codificar solo el alfabeto inglés, su uso se ha expandido y adaptado en diferentes versiones para incluir símbolos y caracteres de otros idiomas. Esto demuestra la flexibilidad y adaptabilidad de los sistemas de codificación binaria.

En conclusión, tanto los colores como el texto en los dispositivos digitales se representan mediante combinaciones de números binarios. Esta forma de representación es un ejemplo claro de cómo algo tan fundamental como el sistema binario puede tener aplicaciones tan vastas y complejas, que influyen en todo, desde la representación visual hasta la comunicación humana.

Así, el ordenador, que en apariencia es una simple caja por la que corre electricidad de diferente voltaje, es capaz de crear un mundo alternativo de operaciones, textos e imágenes. Para ello, los bits, los bloques de construcción más básicos del mundo digital, son manipulados a través de un laberinto de operaciones lógicas y aritméticas. Estas operaciones, aunque simples en su naturaleza binaria, al combinarse, orquestan complejas tareas: desde resolver ecuaciones matemáticas hasta ejecutar algoritmos que permiten la interacción con interfaces gráficas. ¡Incluso echar una partida al *GTA V*!

# 8

# ¿EN QUÉ CONSISTE PROGRAMAR?

El desarrollo de software o programación es uno de los trabajos que más en auge se encuentra. En 2022, había alrededor de 1,63 millones de desarrolladores de software y trabajadores de control de calidad de software en Estados Unidos. Los salarios varían según la experiencia y la ubicación: los desarrolladores principiantes ganan un promedio anual de 97.250 dólares, mientras que los más experimentados pueden llegar a 165.000. Esto es más del doble del sueldo medio de todos los empleos en Estados Unidos. Y no estamos contando el resto de los puestos relacionados con la programación.

Asimismo, la revista *U.S News and World Report* publicó recientemente su clasificación anual de los mejores empleos para 2023, abarcando los cien trabajos más destacados en diecisiete categorías diferentes, como negocios, atención médica y tecnología. Esta clasificación destaca la profesión de programador como el «mejor trabajo», atribuyéndole esta posición por su alto potencial de crecimiento en las empresas, la naturaleza relativamente menos estresante de la profesión y el atractivo salario que ofrece.

Lo cierto es que, en el mundo en el que vivimos, el software forma parte de nuestra vida a un nivel muy profundo. Prácticamente cualquier ámbito de nuestra sociedad está controlado por software, empezando por tu despertador, tu microondas, tu cafetera exprés, la máquina que valida tu billete del metro o toda la cadena de procesos de ese bocadillo que te comes a media mañana. Y qué decir de tu mejor amigo, tu smartphone, que es una obra maestra de ingeniería compuesta por millones de líneas de código.

Incluso en coches, autobuses, trenes y metros, todos los transportes están controlados por software. Los coches modernos, por ejemplo, tienen cientos de millones de líneas de código, creadas por un equipo de programadores. Se puede afirmar que todas las actividades humanas se han visto profundamente afectadas por la era informática.

## El código es la base de la sociedad moderna

Hasta hace unos años, los dispositivos electrónicos eran analógicos, es decir, se moldeaba el comportamiento del aparato, como una radio o un televisor analógicos, y se colocaban en un orden concreto ciertos componentes de un circuito. El funcionamiento de estos dispositivos estaba definido por el circuito en sí. Hoy en día, todo es digital, lo que significa que los aparatos contienen un microprocesador, una pequeña calculadora, que puede ser programada para hacer casi cualquier cosa.

El programa es, básicamente, una serie de datos almacenados en una memoria. Estos datos son instrucciones que el procesador utiliza para saber qué hacer. Así, el circuito del dispositivo no está diseñado para funcionar de una manera específica, sino que cuenta con un procesador genérico, utilizable en muchos dispositivos diferentes, cuyo comportamiento cambia gracias a estas instrucciones. Esa lista de instrucciones que ejecuta el microcontrolador se conoce como programa o software, ya que constituye la parte blanda e impalpable del aparato.

En los dispositivos electrónicos actuales, es común ver una combinación de diseño de circuito analógico y procesadores digitales. Los ordenadores personales o PC, los máximos exponentes del paradigma digital, fueron creados para ejecutar programas. Cada aparato digital tiene un programa que varía en complejidad. Por esto, es indispensable contar con una gran cantidad de programadores. Sin ellos, el mundo no sería como lo conocemos; la vida en la Tierra sería totalmente diferente.

Personalmente, considero que todo el mundo debería aprender a programar por tres razones:

1. Se trata de una experiencia única que enriquece la vida, similar a la meditación, a tocar un instrumento o a aprender otro idioma.
2. Amplía la visión del mundo.
3. Permite comprender cómo se da vida a las máquinas, una actividad fundamental en el mundo moderno.

## EL SOFTWARE SE ESTÁ COMIENDO EL MUNDO

Hay una frase que refleja la importancia fundamental del código informático. La pronunció Andreessen, cofundador de Netscape y conocido inversor en tecnología: «El software se está comiendo el mundo». Esta declaración, aunque breve, captura la esencia de cómo el código informático se ha convertido en una parte integral y dominante en casi todos los aspectos de la vida moderna, desde la economía hasta la vida cotidiana.

La programación es una habilidad fundamental en la era digital, similar a la alfabetización y la aritmética en tiempos pasados. No importa cuál sea tu carrera, tener una comprensión del código informático y su lógica es una herramienta valiosa. Ya lo decía Steve Jobs: «Todo el mundo debería aprender a programar un ordenador porque te enseña a pensar».

La programación es fundamental en todas las esferas de la sociedad, incluyendo gobierno, educación, medicina, extracción de materias primas y exploración espacial. En todos estos ámbitos, y en muchos más, predomina el software. ¿No te parece importante entender al menos cómo se crea? Además, es crucial concienciar a las nuevas generaciones sobre la importancia de la ingeniería de software, un campo en el que todos pueden aspirar a trabajar. Pero ¿en qué consiste programar?

## El poder de los algoritmos

Vamos a simplificarlo mucho: el programador es quien se comunica con las máquinas y les indica cómo deben actuar. En otras palabras, define las acciones que se deben realizar para alcanzar un objetivo específico.

Esto suena bastante sencillo, ¿cierto? Consiste en una serie de pasos diseñados para lograr un resultado deseado. Veamos un ejemplo práctico: imagina un robot y un laberinto. Nuestra meta es enseñar al robot a encontrar la salida del laberinto. Un ser humano cuenta con la habilidad de ver, estimar distancias y profundidades, crear un mapa mental y orientarse, además de aprender. Así como funciona nuestro cerebro, probablemente no nos costaría mucho trabajo salir del laberinto por nosotros mismos. Por otro lado, un ordenador solo posee la capacidad de realizar cálculos. Esta habilidad le permite, en este contexto, operar algunos motores, efectuar comprobaciones lógicas y recoger datos de sensores.

Con este conocimiento en mente, supongamos que nuestro robot puede ejecutar ciertas instrucciones:

- Dar un paso adelante.
- Girar a la derecha.

- Girar a la izquierda.
- Comprobar si tiene un obstáculo delante.

Eso es todo lo que podemos hacer. Con estas acciones, tenemos que dar unas directivas, es decir, un programa que haga que nuestro robot salga del laberinto. Este es uno de los ejemplos más básicos para aprender a programar, así que veamos cómo resolverlo.

Primero, tenemos que pensar en una estrategia para salir del laberinto. Se me ocurre un método bastante efectivo: si entramos en el laberinto y avanzamos manteniendo siempre la mano apoyada en uno de los muros, al final conseguiremos salir. Vamos a elegir esta estrategia para nuestro robot.

### LA TORTUGA DE PAPERT

En las primeras clases de informática que se impartían en muchos colegios de España, que se realizaban con unos grandes ordenadores en los que insertabas discos de 5 ¼ (unos discos flexibles y grandes), se enseñaba programación con el célebre LOGO.

Una funcionalidad destacada de LOGO era la creación de «gráficos tortuga». Esto implicaba dar órdenes a una tortuga virtual, representada por un cursor gráfico que podía ser un triángulo o la figura de una tortuga vista desde arriba, utilizado para generar dibujos.

Pero antes de ser una tortuga virtual, LOGO fue una tortuga real, aunque robótica, creada por el pionero de la inteligencia artificial Seymour Papert. En 1968 creó el lenguaje de programación Logo (conocido como el lenguaje de la tortuga), una forma de enseñanza interactiva que permitía a los estudiantes usar comandos sencillos para dirigir una tortuga robótica que se desplazaba por el aula.

Para mantener la «mano izquierda» en la pared, el robot debe girar a la izquierda siempre que pueda. Si no puede, debe avanzar hacia delante si el camino está libre. Si no puede avanzar, debe girar a la derecha para buscar otro camino.

Mientras no haya salido del laberinto:
    Gira a la izquierda
    Si hay muro delante:
        Gira a la derecha
        Si hay muro delante:
            Gira a la derecha
    Avanza un paso

Vamos a analizarlo paso a paso:

- Girar a la izquierda y comprobar si tenemos un muro: esto simula mantener la «mano izquierda en la pared». Como no tiene mano y solo puede comprobar si tiene un muro delante, lo lógico es girarse a la izquierda y mirar si justo delante de donde está hay un muro. Si lo hay significa que «la mano», nuestra mano metafórica, está apoyada en la pared.

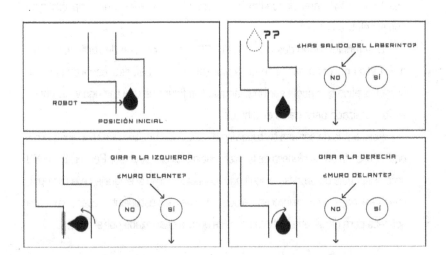

- Si al girar a la izquierda el camino está libre, entonces la mano no está en la pared. Dependiendo del tipo de laberinto, dando por hecho que es un pasillo estrecho y que siempre estamos en contacto con un muro, entonces lo lógico sería asumir que si a la izquierda tenemos un camino libre, es porque el laberinto se desvía a la izquierda, así que avanzamos en esa dirección.

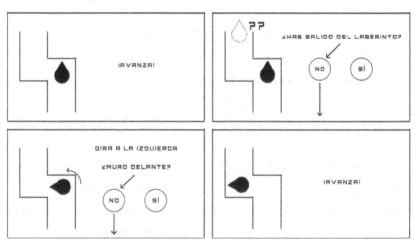

- Si giramos a la izquierda, tenemos un muro, giramos a la posición inicial y no tenemos vía libre, es porque el camino cambia de dirección a la derecha.

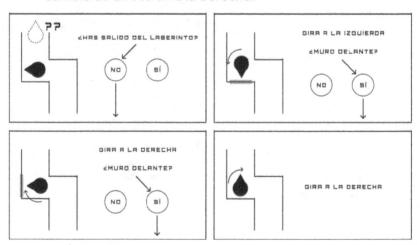

Este algoritmo tendría problemas en el caso de que nos encontrásemos con un callejón sin salida. Por ejemplo, si a la izquierda tenemos muro, de frente también y a la derecha también, intentaría moverse contra la pared de la derecha y no sería capaz de dar la vuelta de forma completa.

Esta sería una versión mejorada que contempla los callejones sin salida del laberinto:

> Mientras no haya salido del laberinto:
> > Gira a la izquierda
> > Mientras haya muro delante:
> > > Gira a la derecha
> > Avanza un paso

Intenta ejecutar estos pasos en el laberinto de abajo moviendo el robot, a ver si consigues salir. Las condiciones «mientras» repiten en bucle lo que tienen debajo mientras la condición sea verdadera, por lo que cada vez que avances vuelves a comenzar:

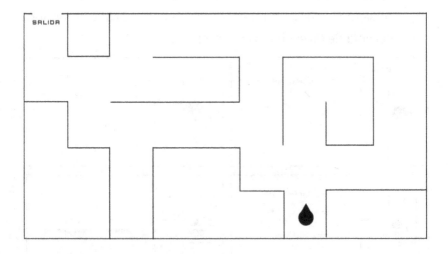

## EL NACIMIENTO DE LOS ALGORITMOS

Los matemáticos árabes realizaron un avance crucial: la creación del álgebra. Este logro tuvo como figura central a un científico persa de Uzbekistán, Abu Abdallah Muḥammad ibn Mūsā al-Jwārizmī, más conocido como Al-Juarismi. Vivió entre los años 780 y 850, aproximadamente. En su obra, encontramos por primera vez el término «álgebra» (Al-Jabr) y también «algoritmi», una latinización de Al-Juarismi.

La introducción de los números árabes a occidente por Al-Juarismi marcó un cambio significativo. Dejamos de usar números como XXI o CXXIII para adoptar un sistema más sencillo con solo diez símbolos (del 1 al 9 más el 0), lo que facilitó las operaciones matemáticas.

Por tanto, el término «algoritmo», derivado de Al-Juarismi, se refiere a un conjunto de instrucciones ordenadas y finitas que resuelven problemas o realizan cálculos, como el algoritmo de Euclides para el máximo común divisor de dos enteros positivos.

Los programas que manejamos hoy en día son mucho más complejos. Tomemos como ejemplo Facebook, *GTA V*, la aplicación de Instagram, la red de satélites GPS, Google Maps o los coches inteligentes capaces de conducir solos. Programar es como resolver un rompecabezas: debemos lograr que el ordenador ejecute una tarea específica. Esa es la teoría básica. Sin embargo, la programación puede volverse extremadamente compleja y laboriosa.

Cuando trabajamos con un programa pequeño, como el de nuestro robot que debe salir de un laberinto, todo parece sencillo, pero hay programas que pueden llegar a tener billones de líneas de código. Aquí el problema no es para la máquina, sino para el ser humano. A pesar de lo maravilloso que es nuestro cerebro, tenemos una capacidad limitada para analizar y recordar. Cuando el código se complica, es fácil llegar a situaciones en las que cuesta seguir lo que el programa está haciendo. Encontrar un fallo o un error humano dentro de este gran conjunto de instrucciones puede ser muy difícil, y a veces lleva días.

En sus inicios, la programación era una tarea bastante artesanal que cualquiera podía llevar a cabo de manera creativa y sin muchas reglas, dado que los programas eran pequeños. Pero, hoy en día, se ha convertido en un gran desafío. Piensa, por ejemplo, en un equipo de diez personas trabajando y creando código durante tres años en el mismo proyecto cada día. Imagina el monstruo que puede surgir de ahí si no hay una organización estricta.

Para entenderlo mejor, podríamos compararlo con la arquitectura. En la prehistoria, los homínidos construían casas de cualquier manera. Pero con la creación de las ciudades, se hizo necesario tener planos, arquitectos, una red eléctrica, red sanitaria, tuberías de agua, infaestructuras, calles, autopistas y una serie de sistemas para hacer posible la vida allí. Siguiendo esta alegoría, en el mundo del software actual tenemos metrópolis de dimensiones desorbitadas.

## LA TARJETAS PERFORADAS FUERON LOS PRIMEROS PROGRAMAS

Las tarjetas perforadas eran piezas rectangulares de papel grueso en las que se podían perforar agujeros para representar información. Este sistema de codificación se basaba en la presencia o ausencia de agujeros en posiciones específicas de la tarjeta.

El origen de esta tecnología se remonta al siglo XIX con el telar de Jacquard, una máquina que utilizaba tarjetas perforadas para controlar el diseño de los tejidos. Cada tarjeta correspondía a una fila de la trama, y las perforaciones controlaban qué hilos se levantaban durante el tejido, permitiendo así patrones complejos y detallados.

En el ámbito de la computación, el concepto fue adaptado y ampliado. Charles Babbage, en su diseño de la máquina analítica en la década de 1830, propuso el uso de tarjetas perforadas para introducir tanto instrucciones de programación como datos, anticipando así los conceptos modernos de programa almacenado y entrada de datos. Aunque la máquina analítica nunca se llegó a construir por completo, su concepción marcó un hito en la historia de la computación.

En el siglo xx, las tarjetas perforadas se convirtieron en el estándar para la entrada de datos y programas en las computadoras. IBM fue pionera en este ámbito. Estas tarjetas se leían mediante máquinas que detectaban la presencia o ausencia de agujeros pasando pines a través de las tarjetas o utilizando haces de luz que detectaban las perforaciones. Cada columna de la tarjeta estaba dedicada a un carácter específico, y la combinación de agujeros en diferentes filas representaba diferentes caracteres o instrucciones.

Lo que quiero resaltar es que hay un aspecto que a menudo no vemos en un curso de programación básica o durante el estudio, pero que es realmente interesante: la complejidad. Este es uno de los mayores problemas en la industria. Resolver esta complejidad es también un gran rompecabezas. Si necesitamos crear un código que otra persona comprenda rápidamente y sin perderse en el camino, debemos programar de manera específica para facilitar las cosas. Esto incluye que el programa sea fácil de modificar en su comportamiento sin necesidad de realizar cientos de cambios en todo el código. Hay que programar teniendo en cuenta este y muchos otros factores.

Lamentablemente, no existe una única forma de abordar un gran proyecto y, a veces, la solución puede ser increíblemente compleja. A esto se le conoce como arquitectura de software. Con el paso de los años, el software se ha vuelto más y más complejo. Han surgido muchas reglas, lenguajes, filosofías, patrones de diseño, paradigmas de programación, metodologías y otras herramientas para intentar simplificar la vida de los seres humanos. Sin embargo, también debes saber que en la programación hay tantos ámbitos que no todos los programadores trabajan de la misma manera ni en las mismas tareas.

Por ejemplo, los científicos utilizan la programación para crear programas pequeños que les ayudan a realizar cálculos complejos, algo que solo un ordenador podría hacer. Estos programas suelen ser cortos, fáciles de leer y no contienen grandes entidades abstractas; son más bien una serie de pasos para seguir. Por lo tanto, no es tan crucial tener un amplio dominio de patrones de programación o algoritmos computacionales en el caso de un científico. En cambio, los programadores web usan la programación para tareas como validar datos de usuario en un formulario, animar elementos en una página, enviar datos al servidor y guardar información, entre otras.

Sin embargo, un programador de motores gráficos de videojuegos tiene retos distintos. Debe escribir código que interactúe directamente con los drivers de la tarjeta gráfica, que comprendan el proceso de dibujado y optimicen al máximo las instrucciones, además de implementar la física de los elementos en un mundo virtual. El programador de los drivers de la tarjeta gráfica, por su parte, necesita entender cómo funciona la tarjeta para poder crear un conjunto de instrucciones que permita a otros programadores comunicarse con la gráfica.

Un programador que trabaja en el streaming de YouTube, por ejemplo, debe comprender los protocolos de red, los códecs, la compresión de vídeo y la renderización de este en el navegador, entre muchos otros detalles.

# LOS LENGUAJES DE PROGRAMACIÓN MÁS USADOS

Los lenguajes de programación más usados varían según el sector y las necesidades de desarrollo, pero algunos de los más populares y ampliamente utilizados son:

1. JavaScript: usado en el desarrollo web, tanto en el cliente (frontend) como en el servidor (backend).
2. Python: popular por su simplicidad y legibilidad, es ampliamente utilizado en ciencia de datos, aprendizaje automático, desarrollo web y automatización.
3. Java: un pilar en el desarrollo de aplicaciones empresariales, especialmente en el backend de aplicaciones web, y también usado en el desarrollo de aplicaciones Android.
4. C#: utilizado principalmente en el desarrollo de aplicaciones para Windows, juegos con Unity, y en el desarrollo web con .NET.
5. C++: a menudo empleado en desarrollo de sistemas y aplicaciones donde el rendimiento es crucial, como juegos, aplicaciones de escritorio y sistemas embebidos.
6. C: lenguaje de bajo nivel utilizado para sistemas operativos, sistemas embebidos y aplicaciones que requieren un alto rendimiento.
7. PHP: a pesar de la competencia, sigue siendo muy común en el desarrollo web, especialmente en sitios basados en WordPress.
8. Swift: el lenguaje principal para el desarrollo de aplicaciones iOS y macOS.
9. Ruby: conocido por su simplicidad y efectividad, se utiliza principalmente en el desarrollo web, en gran parte debido al popular framework Ruby on Rails.
10. Kotlin: usado sobre todo para el desarrollo de Android, también ha ganado terreno en el desarrollo web y de servidores.

Aquí vuelve a surgir la idea de las capas de complejidad: que una persona sepa programar no significa automáticamente que pueda hacer y crear cualquier tipo de software. Un empleado en una plataforma tan compleja como Facebook se especializa y enfoca únicamente en una parte del sistema. Te lo explico con un ejemplo: la función de búsqueda de amigos. Aunque pueda parecer sencilla, lo que ocurre detrás es increíblemente complejo y está muy bien pensado. Va mucho más allá de comparar lo que has escrito con todos los nombres de usuarios en la base de datos de Facebook. Cuando empiezas a escribir, Facebook ya está buscando. Pero si Facebook realizara una nueva búsqueda en toda su base de datos cada vez que presionas una tecla, sería una carga inmensa para el servidor. Un grupo de usuarios tecleando letras aleatorias en el buscador podría colapsar los servidores de Facebook en segundos. Además, no se muestran todas las coincidencias, solo las relevantes para ti. Es decir, la búsqueda está personalizada a tu perfil. Y no solo busca personas que coinciden con tus términos, sino también páginas, negocios, aplicaciones y etiquetas, todo con una velocidad increíble.

Esta herramienta de Facebook, el buscador, cuenta con una ingeniería compleja detrás, un equipo de personas y muchas líneas de código, así como un gran esfuerzo intelectual para encontrar la forma óptima de ofrecer el mejor resultado al usuario en el menor tiempo posible. Y esto es solo lo que ocurre cuando tecleas en el buscador, algo que a simple vista parece insignificante, pero por insignificante que parezca seguramente tenga un equipo entero detrás para asegurar que funcione de la forma más rápida, eficiente y barata posible. Esto se distingue mucho de lo que hace un científico, un programador de un portal web más sencillo o incluso un programador de drivers de tarjeta gráfica. Por esta razón, el mundo de la programación es enormemente variado.

## Crear un mundo de la nada sin levantarte de la silla

Lo menos difícil a la hora de programar es el código. Aunque a primera vista puede parecer difícil de entender, es en realidad la parte más sencilla y lo que menos miedo debería darnos.

Sin embargo, la faceta más apasionante, en mi opinión, es resolver el rompecabezas, como mencionaba anteriormente.

Tomemos, por ejemplo, algo tan simple como ordenar una tabla con un clic. Este es uno de los casos más famosos de algoritmos en programación: ordenar una lista de objetos, y hay infinidad de maneras de abordar este problema.

Te voy a explicar tres maneras, cada una con sus ventajas y desventajas. Siéntete libre de saltarte esta parte de los algoritmos si te abruma, pero intentar entenderlos me parece un ejercicio mental divertido.

Vamos a ordenar alfabéticamente una lista de palabras de izquierda a derecha. Por ejemplo, si una palabra comienza con «a», va antes que una palabra que empieza con «b», porque «a» aparece antes en el alfabeto. Lo mismo pasa con las siguientes letras: una palabra que empieza con «c» va después de la «b», y así sucesivamente. Las listas de palabras en programación se representan a menudo entre corchetes, así:

["perro", "gato", "elefante", "conejo"]

Dicho esto, vamos a ver algunos ejemplos de cómo podemos hacerlo.

# 1. Algoritmo de ordenamiento por inserción (Insertion Sort)

Imagina que tienes un montón de palabras desordenadas y quieres ordenarlas alfabéticamente de izquierda a derecha. En el ordenamiento por inserción, empiezas con la primera palabra, luego tomas la siguiente y la pones en su lugar correcto respecto a la primera, luego la tercera y la colocas en su lugar correcto respecto a las dos anteriores, y así sucesivamente.

Vamos a ver un ejemplo. Supongamos que tienes las siguientes palabras:

`["perro", "gato", "elefante", "conejo"]`

Tomas la primera y la segunda palabra. "Gato" debe ir antes que "perro", así que la movemos a su sitio correcto:

`["perro", "gato", "elefante", "conejo"]`

`["gato", "perro", "elefante", "conejo"]`

Tomas la tercera palabra ("elefante"). La comparas con "perro" y "gato". "Elefante" debe ir antes que "gato":

`["gato", "perro", "elefante", "conejo"]`

`["elefante", "gato", "perro", "conejo"]`

Tomas la cuarta palabra ("conejo"). La comparas con las anteriores y la colocas en su posición correcta:

```
["elefante", "gato", "perro", "conejo"]

["conejo", "elefante", "gato", "perro"]
```

Resultado final:

```
'conejo", "elefante", "gato", "perro'
```

**Ventajas:** es sencillo de entender y de programar.

**Desventajas:** es lento cuando tienes una gran cantidad de palabras, porque cada palabra tiene que ser comparada con muchas otras.

## 2. Algoritmo de ordenamiento de burbuja (Bubble Sort)

En cada paso, comparas dos palabras vecinas entre ellas y, si están en el orden incorrecto, las intercambias. Repites este proceso varias veces hasta que ninguna palabra necesita ser intercambiada.

Vamos a ver un ejemplo. Usaremos las mismas palabras:

```
["perro", "gato", "elefante", "conejo"]
```

Compara "perro" y "gato". "Gato" debería ir antes, así que las intercambias:

```
["gato", "perro", "elefante", "conejo"]
```

Compara "perro" y "elefante". "Elefante" debería ir antes, así que las intercambias:

```
["gato", "elefante", "perro", "conejo"]
```

Compara "perro" y "conejo". "Conejo" debería ir antes, así que las intercambias:

```
["gato", "elefante", "conejo", "perro"]
```

Empiezas de nuevo desde el principio y sigues haciendo esto hasta que ya no haya intercambios:

```
["conejo", "elefante", "gato", "perro"]
```

Resultado final:

```
["conejo", "elefante", "gato", "perro"]
```

**Ventajas:** es más intuitivo, y ver cómo las palabras «burbujean» hasta su lugar correcto es fácil de visualizar.

**Desventajas:** aún es ineficiente con muchas palabras, ya que requiere muchas comparaciones.

### 3. Algoritmo de ordenamiento rápido (Quick Sort)

Quick Sort es un algoritmo de ordenación muy eficiente que utiliza un enfoque llamado «divide y vencerás», esto significa que divide el problema en problemas más pequeños, es decir, divide la lista de palabras en listas más pequeñas y las va ordenando de forma individual. Es poco intuitivo pero funciona muy bien para listas gigantes de palabras, ya que consigue una eficiencia más alta, es decir, tarda menos que los otros algoritmos. El proceso es sencillo: vamos a elegir una palabra de nuestra lista (probablemente empezaremos por la primera), y a esta palabra la llamaremos «pivote». A partir de ahí vamos a compararla con todas las otras palabras. Estas palabras las dividiremos en dos listas distintas: palabras más pequeñas que el pivote y palabras más grandes que el pivote. Una vez que tenemos esas dos listas, la de palabras más grandes y la de palabras más pequeñas, repetiremos ese proceso dentro de ellas: dentro de la lista de palabras más pequeñas elegimos un pivote y organizamos de nuevo por más pequeñas y más grandes. Y así hasta tener toda la lista ordenada.

Imaginemos que tenemos la siguiente lista de palabras desordenadas que queremos ordenar alfabéticamente:

["perro", "gato", "elefante", "conejo", "jirafa", "búho", "zorro", "avión", "delfín"]

### Selección del pivote

Selecciona el primer elemento de la lista como pivote. En este caso, el pivote es "perro". Divide la lista en tres partes:

["perro", "gato", "elefante", "conejo", "jirafa", "búho", "zorro", "avión", "delfín"]

```
          MENORES QUE EL PIVOTE              PIVOTE    MAYORES QUE EL PIVOTE
                      |                         |        /
["gato", "elefante", "conejo", "jirafa", "búho", "avión", "delfín"], ["perro"], ["zorro"]
```

### Repetimos dentro de las sublistas

Empecemos con la lista de palabras menores. Selecciona el pivote "gato". Divide en tres partes:

["gato", "elefante", "conejo", "jirafa", "búho", "avión", "delfín"], ["perro"], ["zorro"]


            MENORES QUE EL PIVOTE            PIVOTE      MAYORES QUE EL PIVOTE
                        ↓                       ↓               ↗
[["elefante", "conejo", "búho", "avión", "delfín"], ["gato"], ["jirafa"]], ["perro"], ["zorro"]

Ahora vamos a elegir la lista de palabras a la izquierda de "gato", es decir las palabras alfabéticamente más pequeñas que gato. Selecciona el pivote "elefante". Divide en tres partes:

[["elefante", "conejo", "búho", "avión", "delfín"], ["gato"], ["jirafa"]], ["perro"], ["zorro"]


            MENORES QUE EL PIVOTE          PIVOTE    MAYORES QUE EL PIVOTE (NO HAY)
                        ↓                     ↘            ↙
[[["conejo", "búho", "avión", "delfín"], ["elefante"]], ["gato"], ["jirafa"]], ["perro"], ["zorro"]

Vamos a elegir la lista de palabras menores que elefante. Selecciona el pivote "conejo":

[[["conejo", "búho", "avión", "delfín"], ["elefante"]], ["gato"], ["jirafa"]], ["perro"], ["zorro"]

    MENORES QUE EL PIVOTE      PIVOTE    MAYORES QUE EL PIVOTE (NO HAY)
                ↓                 ↙              ↙
[[[["búho", "avión"], ["conejo"], ["delfín"]], ["elefante"]], ["gato"], ["jirafa"]], ["perro"], ["zorro"]

Vamos a elegir la lista de palabras menores que "elefante":

[[[["búho", "avión"], ["conejo"], ["delfín"]], ["elefante"]], ["gato"], ["jirafa"]], ["perro"], ["zorro"]

    MENORES QUE EL PIVOTE      PIVOTE    MAYORES QUE EL PIVOTE (NO HAY)
           ↙                      ↙              ↙
[[[[["avión"], ["búho"]], ["conejo"], ["delfín"]], ["elefante"]], ["gato"], ["jirafa"]], ["perro"], ["zorro"]

### Combinación de sublistas

Como puedes ver hemos acabado con un montón de listas dentro de listas, ahora vamos a juntarlas todas en una única lista, el resultado final sería este:

["avión", "búho", "conejo", "delfín", "elefante", "gato", "jirafa", "perro", "zorro"]

**Ventajas:** este algoritmo tiene una complejidad temporal de **O(n log n)**. Esto quiere decir que cuanto más larga es la lista más tarda, pero no crece de forma desproporcionada en tiempo como pasa con los otros. Una gran ventaja de Quick Sort es que no necesita comprobar todos los elementos de la lista en cada paso, solo compara cuando es necesario. Aunque pueda parecer poco intuitivo, es una de las formas más eficientes de ordenar listas grandes.

**Desventajas:** Si la lista es muy muy larga, al tener que recordar tantas sublistas, podemos tener problemas de memoria, la memoria de nuestro programa podría desbordarse. Además, como puedes ver, no es muy intuitivo de entender.

Complejo, ¿verdad? En resumen podríamos decir que:

• **Insertion Sort:** es simple, fácil de entender, pero se vuelve muy lento con listas largas.

• **Bubble Sort:** es un poco más eficiente que el anterior, pero sigue siendo lento con muchas palabras.

• **Quick Sort:** es el más rápido y eficiente, especialmente para listas grandes, aunque un poco más complicado.

Admito que la cosa se ha puesto un poco densa, pero es para darte un vistazo un poco más real sobre algunos de los retos dentro del mundo de la programación. Estos algoritmos son clásicos dentro de la programación y son problemas bien conocidos. Se suelen estudiar en la carrera de Ingeniería Informática para introducir varios conceptos.

En este caso es un algoritmo simple que se puede implementar con pocas líneas de código, aquí tienes un ejemplo del quick-sort programado en C++. No quiero que lo intentes entender, basta con que te puedas hacer una idea de qué pinta tiene un código real:

```cpp
// Quick sort in C++

#include <iostream>
using namespace std;

// function to swap elements
void swap(int *a, int *b) {
  int t = *a;
  *a = *b;
  *b = t;
}

// function to print the array
void printArray(int array[], int size) {
  int i;
  for (i = 0; i < size; i++)
    cout << array[i] << " ";
  cout << endl;
}

// function to rearrange array (find the partition point)
int partition(int array[], int low, int high) {

  // select the rightmost element as pivot
  int pivot = array[high];
```

```
    // pointer for greater element
    int i = (low - 1);

    // traverse each element of the array
    // compare them with the pivot
    for (int j = low; j < high; j++) {
      if (array[j] <= pivot) {

        // if element smaller than pivot is found
        // swap it with the greater element pointed by i
        i++;

        // swap element at i with element at j
        swap(&array[i], &array[j]);
      }
    }

    // swap pivot with the greater element at i
    swap(&array[i + 1], &array[high]);

    // return the partition point
    return (i + 1);
}

void quickSort(int array[], int low, int high) {
  if (low < high) {

    // find the pivot element such that
    // elements smaller than pivot are on left of pivot
    // elements greater than pivot are on righ of pivot
    int pi = partition(array, low, high);
```

```cpp
    // recursive call on the left of pivot
    quickSort(array, low, pi - 1);

    // recursive call on the right of pivot
    quickSort(array, pi + 1, high);
  }
}

// Driver code
int main() {
  int data[] = {8, 7, 6, 1, 0, 9, 2};
  int n = sizeof(data) / sizeof(data[0]);

  cout << "Unsorted Array: \n";
  printArray(data, n);

  // perform quicksort on data
  quickSort(data, 0, n - 1);

  cout << "Sorted array in ascending order: \n";
  printArray(data, n);
}
```

Para ofrecerte una perspectiva diferente, me gusta comparar la figura del programador con la figura del inventor. Piensa en el Renacimiento italiano, la época de Leonardo da Vinci, o el Antiguo Egipto y la construcción de las pirámides. La programación es muy similar en este aspecto. Dispones de recursos básicos que, al combinarlos de forma ingeniosa, te llevan a crear máquinas como catapultas, una mezcla de poleas, palancas y contrapesos, o sistemas que permitieron levantar las pesadas piedras en el Antiguo Egipto, cuyos métodos, por cierto, aún son un misterio, aunque existen teorías al respecto.

La diferencia entre esos tiempos y el nuestro es enorme. Un ordenador te permite levantar y derribar muros con una sola tecla, y copiar, pegar, repetir y multiplicar millones de operaciones por segundo. Es un mundo virtual donde tienes el control de cada aspecto. De esta manera nacen los videojuegos modernos y los algoritmos más avanzados para el análisis climático o el estudio del genoma humano.

Un ordenador, en sí, es un aparato inerte, un montón de cables sin sentido. Es el programador quien le da vida, quien logra que esa máquina realice cosas extraordinarias. Es un mundo sin límites, donde solo hay espacio para la imaginación. Como bien dijo Mark Zuckerberg, programar es quizá la única actividad en la que puedes crear todo un mundo de la nada sin levantarte de la silla.

Los programadores piensan de manera abstracta, contemplan todos los posibles inconvenientes y buscan la solución óptima a un problema específico. No hay nada más satisfactorio que crear un programa, idear una solución, escribirla y ver que funciona, o sea, crear algo de cero que resuelve un problema.

## NI LENGUAJE NI MATEMÁTICAS

A pesar de ser un lenguaje formal con reglas gramaticales definidas, la programación activa áreas cerebrales diferentes, involucradas en tareas cognitivas complejas, pero no se procesa ni como lenguaje ni como matemáticas.

Existen dos teorías sobre cómo el cerebro aprende a programar: una relaciona la programación con habilidades matemáticas, y la otra, con habilidades lingüísticas. Sin embargo, los estudios no han encontrado una región cerebral exclusiva para la programación. Es decir, que los resultados no definen si la codificación debe enseñarse como una habilidad matemática o lingüística.

Es lo que dice, por ejemplo, un estudio liderado por Evelina Fedorenko, profesora asociada del Instituto McGovern para la Investigación del Cerebro, y realizado por investigadores del MIT y la Universidad de Tufts, que se centró en los lenguajes Python y ScratchJr, conocidos por su legibilidad.

Además, programar normalmente no es una tarea repetitiva ni carente de imaginación, ni es el típico trabajo de oficina. Para mí, se trata de una conexión entre tu mente y la máquina, entre tu imaginación y tu pensamiento. Se dice que los programadores son personas extremadamente inteligentes, pero en realidad son individuos con capacidad de análisis y pensamiento abstracto, algo que cualquier persona puede desarrollar con la práctica.

Cualquiera puede aprender a programar; solo se requiere dedicación y esfuerzo. Es verdad que a algunas personas les resulta mucho más difícil que a otras, pero esto se debe principalmente a que esta forma de pensar y abordar problemas es muy distinta a la que están habituadas. No está relacionado con la capacidad intelectual en sí, sino más bien con el enfoque y la adaptación inicial.

Con ganas y dedicación, alcanzarlo es completamente posible. Y, como has visto, puedes cambiar el mundo con ello. O crear uno totalmente nuevo.

# 9

# ¿EN QUÉ CONSISTE HACKEAR?

Seguro que habrás oído cientos de veces la palabra «hacker», y probablemente tengas una idea general de qué significa el término. Lo primero que pensamos cuando oímos la palabra es en esos típicos tíos encapuchados que están empeñados en robarte la contraseña de Facebook. En las películas nos los pintan como genios que son capaces de acceder a cualquier sistema, desbloquear una puerta, apagar una cámara en segundos... Incluso en los videojuegos muchas veces hackear se reduce a poco más que pocos clics. Pero ¿qué es exactamente hackear?

## ¿Qué es lo que hace un hacker?

Bueno, eso depende principalmente de qué entendemos por un hacker. Veamos primero qué significa la palabra.

El término «hacker» se inventó en el MIT, el famoso Instituto Tecnológico de Massachusetts, una de las universidades más prestigiosas del mundo en el ámbito tecnológico. En los años sesenta, allí se usaba la palabra «hacker» para hablar de los programadores más hábiles en lenguajes como Fortran. Se refería a los individuos que dedicaban todo su tiempo a programar y conseguían dominar los ordenadores a un nivel tan alto que en aquel momento muy pocos llegaban a tener. Entonces la informática era un campo apenas explorado, y aunque en el MIT utilizaran este término, en realidad fuera de ese entorno solo unos cuantos lo conocían.

¿De dónde sacaron esa palabra? Pues, según el diccionario de Oxford, que es algo así como la RAE inglesa, el verbo *hack* se empezó a usar en el año 1200, y significa «cortar madera de forma irregular o aleatoria». Al principio se usaba como sinónimo de cacharrear o trastear. De hecho, entre las minutas de una reunión de 1955 del club de Modelos de Ferrocarril del MIT, se puede leer la siguiente frase: «*Mr. Eccles requests that anyone working or hacking on the electrical system turn the power off to avoid fuse blowing*», que podríamos traducir como: «El señor Eccles solicita que cualquiera que trabaje o hackee el sistema eléctrico apague el suministro para evitar que salten los fusibles». Por el contexto podemos entender que es algo así como trastear o hacer chapuzas.

Otra referencia del origen de los hackers la tenemos en los setenta en el fichero de la jerga, el famosísimo *Jargon File*. Este documento, creado por Raphael Finkell en la Universidad de Stanford en 1975, es un diccionario donde se recopilaban todos los términos usados por informáticos, como una especie de manifiesto de la cultura hacker.

Este archivo digital se fue actualizando a lo largo de los años, y, entre otros, incluso el mismísimo Richard Stallman contribuyó a ello. ¿Os acordáis de Stallman? Es el creador de GNU y uno de los padres del software libre. El *Jargon File* define hacker como una persona que disfruta explorando los detalles de sistemas programables y cómo estirar sus capacidades, a diferencia de la mayoría de los usuarios, que solo prefieren aprender lo mínimo necesario. Puedes consultar en torno a siete definiciones más. La última, que está marcada como deprecada, o sea, fuera de uso, dice así: «Un intruso malicioso que intenta descubrir información confidencial».

hacker: s.

[originalmente, alguien que fabrica muebles con un hacha]

1. Una persona que disfruta explorando los detalles de los sistemas programables y cómo estirar sus capacidades, a diferencia de la mayoría de los usuarios, que prefieren aprender solo lo mínimo necesario. El RFCI392, el Glosario de Usuarios de Internet, amplía útilmente esto como: Una persona que se deleita en tener un entendimiento íntimo del funcionamiento interno de un sistema, en particular de computadoras y redes de computadoras.

2. Alguien que programa con entusiasmo (incluso obsesivamente) o que disfruta programar en lugar de solo teorizar sobre la programación.

3. Una persona capaz de apreciar el valor de un hack.

4. Una persona que es buena programando rápidamente.

5. Un experto en un programa en particular, o alguien que con frecuencia trabaja usándolo o trabajando en él; como en «un hacker de Unix». (Las definiciones de la 1 a la 5 están correlacionadas, y las personas que encajan en ellas se congregan).

6. Un experto o entusiasta de cualquier tipo. Por ejemplo, uno podría ser un hacker de astronomía.

7. Alguien que disfruta el desafío intelectual de superar o sortear creativamente las limitaciones.

8. [en desuso] Un entrometido malicioso que intenta descubrir información sensible curioseando. De ahí conceptos como «hacker de contraseñas» o «hacker de redes». El término correcto para este sentido es cracker.

El término «hacker» también tiende a connotar la pertenencia a la comunidad global definida por la red (véase *the network*). Para una discusión sobre algunos de los fundamentos de esta cultura, ver el FAQ de «How To Become A Hacker». También implica que la persona descrita parece suscribirse a alguna versión de la ética hacker (véase *hacker ethic*).

Es mejor ser descrito como hacker por otros que describirse uno mismo de esa manera. Los hackers se consideran a sí mismos como una especie de élite (una meritocracia basada en la habilidad), aunque una a la que se da la bienvenida a nuevos miembros con gusto. Por lo tanto, hay cierta satisfacción del ego al identificarse como hacker (pero si afirmas ser uno y no lo eres, rápidamente serás etiquetado como falso). Véase también *geek*, *wannabe*.

Este término parece haber sido adoptado por primera vez como un distintivo en la década de 1960 por la cultura hacker que rodeaba al TMRC y al MIT AI Lab. Tenemos un informe de que fue utilizado en un sentido cercano al de esta entrada por adolescentes radioaficionados y aficionados a la electrónica a mediados de los cincuenta.

Como puedes ver, está claro que la comunidad de informáticos reniega de esa connotación negativa. Los hackers en su origen no eran criminales. Así pues, ¿cuándo cambió el significado de esta palabra?

## LA PRIMERA CHICA HACKER

Una figura relevante en los albores de la exploración informática es Jude Milhon, conocida por su pseudónimo St. Jude. Jude fue una activista de la contracultura y programadora que se involucró en el hacking en las décadas de

1970 y 1980. Fundó el grupo de hackers llamado Cypherpunks y fue miembro de la red de hackers Cult of the Dead Cow. Su enfoque no solo abarcaba la intrusión en sistemas, sino también la promoción del uso ético de la tecnología y la privacidad en línea, algo que sigue siendo relevante hoy en día.

Milhon promovió activamente el concepto de hacking como una forma de empoderamiento personal y una herramienta para resistir a las autoridades y proteger la privacidad individual. A menudo se le atribuye el acuño del término «hacktivismo» para describir el uso de habilidades tecnológicas para promover agendas políticas y sociales, una práctica que se ha vuelto cada vez más prominente en el siglo XXI.

Cuando realmente el término se popularizó fue en los años ochenta. Los ataques informáticos y el cibercrimen empezaban a florecer y a causar daños notables a las empresas, por lo que la prensa y los medios de comunicación necesitaban un nombre con gancho para referirse a estos ciberdelincuentes. Ahí fue cuando se empezó a usar la palabra «hacker», que se convirtió en sinónimo de cibercriminal.

La comunidad de informáticos, que en aquella época la formaba un grupo pequeño y elitista, se sintió atacada y se apresuró a matizar términos. Los hackers son los buenos; los crackers, los malos. De hecho, junto a la octava definición del *Jargon File* podemos encontrar esta aclaración: «El término correcto en este sentido es cracker». Así, si buscamos la palabra «cracker» en el mismo *Jargon File*, nos aparece la siguiente definición: «Término inventado en 1985 para defenderse del uso incorrecto del término "hacker" por parte de la prensa».

En cualquier caso, en este capítulo vamos a hablar de aquellos que se cuelan en los sistemas, de qué hay de cierto y qué no en lo que la cultura popular sabe, y cómo trabaja un cibercriminal.

## Colándose en el sistema

Piensa en un coche. Imagina por un momento que queremos robar uno. Lo primero que tenemos que hacer si queremos hacernos con el vehículo es abrir la puerta para poder acceder al interior. La puerta está hecha de acero, con un cristal que sube y baja, y la zona de cierre está sellada con burletes de goma. También tiene una palanca para abrir la puerta, tanto en el exterior como en el interior.

La puerta, además, se puede bloquear por fuera y por dentro: por dentro tenemos una pequeña pestaña que bloquea las palancas de apertura, y por fuera, la llave. Obviamente esta es una versión simplificada: la cosa varía de coche a coche y de modelo a modelo. Pero por simplicidad vamos a quedarnos con esta versión.

La mayoría de los usuarios no sabemos cómo funciona este mecanismo más allá de lo que podemos ver a simple vista, y seguramente no veamos posible abrir la puerta cuando está bloqueada si no tenemos la llave o estamos dentro del coche. Sin embargo, los que conocen a fondo cómo funciona este sistema de bloqueo somos capaces de ver.

El ejemplo más claro de esto lo podemos ver en el vídeo «How to Unlock a Car», de *Make it Easy Mechanic*:

Sí, hay tutoriales en YouTube que te enseñan a robar coches, la magia de la era de internet. En el vídeo se muestran varias técnicas que se pueden usar en ciertos modelos para desbloquear la puerta en un coche de la marca Subaru. El primer caso es muy ingenioso: con un destornillador el ladrón es capaz de meter una cuerda a través de la puerta, y una vez que la tiene dentro usa un nudo para poder atar la pestaña interna y así desbloquearla. Este mecanismo implica bastante práctica, pero se basa en un estudio y el conocimiento de los burletes de goma de la puerta, que es donde tenemos nuestra primera vulnerabilidad, un punto de fallo, que está siendo explotado con una técnica muy concreta que tan solo necesita de una cuerda y un destornillador.

Llamaremos a esta técnica «exploit». Este término significa explotar o aprovechar, y en el contexto de la seguridad informática se emplea para definir una técnica o una herramienta que se usa para sacar ventaja de una vulnerabilidad. Normalmente es una pieza de software, recuerda que en el ordenador todo lo que corre son programas.

El primer exploit aprovecha la vulnerabilidad del burlete de goma: la presión no es suficiente, por lo que podemos usar esto a nuestro favor para pasar una cuerda por dentro con un destornillador. Esto nos permite ganar acceso al interior del coche con un objeto, la cuerda, que es limitado pero suficiente para poder introducir nuestro segundo exploit, la técnica del nudo, que aprovecha una segunda vulnerabilidad. Por cómo está diseñada la pestaña de dentro del coche es posible atarla con nuestra cuerda y tirar de ella. Si tuviese una superficie totalmente lisa, sería más difícil de levantar incluso por un usuario cuando intentase desbloquear la puerta en el día a día. Por lo que esta segunda vulnerabilidad se debe a la propia forma de la pestaña y nuestro exploit aprovecha esa característica a nuestro favor.

En el vídeo se presentan otros métodos de acceso al coche y en todos ellos vemos el mismo patrón: existen vulnerabilidades que están siendo explotadas por técnicas diseñadas para aprovecharlas. Lo que está claro, sin embargo, es que para poder llegar al nivel de abrir esa puerta sin la llave y acceder al interior del coche tenemos que saber muy bien cómo funciona y cómo está diseñada la puerta, pasar horas estudiándola y probar métodos para poder burlarla.

Dicho esto, a ver, no robes un coche, que está mal.

Lo mismo ocurre en la informática. Desde que existen sistemas informáticos existen personas que intentan burlarlos. La mayoría de los sistemas informáticos tienen cientos o miles de vulnerabilidades, algunas pendientes de descubrir. Esto es un gran problema y es difícil de resolver. En el caso del coche, al ser un objeto físico se puede ver fácilmente, pero ¿qué pinta tienen las vulnerabilidades en el software? Vamos a ver un ejemplo, la inyección SQL.

## Iniciando sesión en una web

Las páginas web están construidas en capas, como una cebolla. Entre estas capas tenemos los datos: usuarios, contraseñas, registros y toda la información que querríamos almacenar. Normalmente esta capa está formada por un sistema gestor de base de datos SQL, que es un programa que se encarga de almacenar y consultar datos. Este sistema es el estándar de la industria, es independiente de la web y tiene muchas ventajas. Uno de los más comunes es MySQL, o MariaDB, que es una implementación alternativa. En pocas palabras, la base de datos es donde la web guarda todos los datos.

Cuando iniciamos sesión en una página web, por ejemplo Reddit, nosotros como usuarios tenemos una idea vaga de lo que está pasando. Por ejemplo, sabemos que hay un formulario donde nos piden el usuario y la contraseña, lo rellenamos con esos datos, le damos al botón de iniciar sesión y durante unos segundos la página web se queda pensando. Acto seguido nos redirige al interior del portal, si es que hemos escrito correctamente los datos, o nos muestra un mensaje de error si alguno de los datos introducidos no coincide con ningún usuario o contraseña.

Pero un experto o un programador sabe mucho más. Sabe que cuando le das al botón se produce una petición al servidor: tu navegador web le manda un mensaje al servidor de la web, que es un ordenador que se encuentra en alguna parte del mundo. En ese mensaje le llega tu usuario y contraseña y algunos datos sobre tu navegador y ordenador. El servidor entonces va a contrastar con su base de datos si los datos que le has proporcionado son correctos. Puedes imaginarte la base de datos, por pura simplicidad, como una tabla de Excel. Imagina una tabla de Excel donde están todos los usuarios y contraseñas. Por cierto, por la ley de protección de datos, normalmente estas contraseñas se guardan de forma cifrada, para que ningún usuario las pueda ver, están encriptadas. Así que la contraseña que tú envías también se encripta usando el mismo método para compararla con la que existe en esa base de datos.

Nuestro algoritmo de inicio de sesión lo que haría sería buscar dentro de la base de datos, dentro de nuestra tabla, una coincidencia donde en la columna de usuario el texto coincida con el que tú has puesto, y en la columna de contraseña el texto coincida con el texto que introdujiste para tu contraseña. Si los dos coinciden, significa que tu usuario efectivamente existe y que la contraseña es correcta.

Si un usuario tuviese que hacerlo de forma manual, por ejemplo, Pedro se encargase de mirar los registros de los usuarios, él probablemente tendría un documento de Excel o un programa parecido donde haría una búsqueda para ver si esto coincide. Pero aquí no hay ningún Pedro, es un programa automatizado que tiene que comprobar datos sin intervención humana. Para eso las bases de datos relacionales como MySQL tienen un lenguaje especial que se llama SQL.

SQL está hecho para que puedas hacer esa búsqueda con un comando. En concreto el comando para seleccionar una fila dentro de nuestra tabla de usuarios es «SELECT».

La sintaxis del comando en castellano sería algo así como:

Selecciona el campo id de la tabla usuarios, donde la columna username sea igual a X y la columna password sea igual a Y

Esto haría una búsqueda dentro de la tabla, y si existe una fila donde el username sea igual a X y la columna password igual a Y, nos devolvería en este caso el contenido de la columna id. Bastante sencillo hasta aquí, ¿verdad?

Como SQL se inventó en Estados Unidos en IBM en los años setenta, el lenguaje de las consultas está en inglés, como era de esperar. Así que la petición que le acabamos de hacer a MySQL realmente tendría esta pinta:

SELECT id FROM users where username='X' and password='Y'

Recapitulando, la idea aquí sería que cuando nuestro servidor de páginas web recibe nuestra petición de usuario y contraseña, con ambos datos tal y como le pusimos en el formulario, entonces va a crear este comando para preguntarle a la base de datos si el usuario existe. En el servidor hay un código especial que se encarga de formular esta consulta, ese código funciona de la siguiente manera. Pongamos que relleno el formulario con el usuario «nate» y la contraseña «1234»:

Mi servidor recibe esa información; el siguiente paso es generar la consulta a la base de datos. Para ello ya tiene una «plantilla» que hemos creado para hacerlo, muy similar al ejemplo que vimos antes:

"SELECT id FROM users WHERE username='$username' AND password='$password'"

En esta plantilla mi servidor va a reemplazar $username por lo que quiera que hayamos puesto en el formulario en el campo de usuario, y $password por lo que quiera que hayamos puesto en el campo de contraseña del formulario. Acto seguido le envía el mensaje a MySQL. Aquí MySQL nos puede dar dos posibles respuestas:

- Si hay una coincidencia, nos dará la información de id del usuario.
- Si no hay coincidencia, nos devolverá un false.

En el caso de que la base de datos me diga el id, entonces podríamos decir que ese usuario ha iniciado sesión correctamente. Este método de inicio de sesión que te acabo de explicar es el que usaban muchas páginas web en el pasado, pero hoy en día se sabe que es profundamente peligroso. Ahora que entendemos el sistema, te voy a explicar la vulnerabilidad, y el exploit.

## La inyección SQL

Si sabemos el lenguaje SQL, conocemos sus reglas y tenemos una idea de cómo suelen funcionar este tipo de páginas web, sabremos que dentro de nuestro comando se puede jugar mucho con las condiciones. Por ejemplo, en la búsqueda de antes (la voy a escribir en castellano por simplicidad):

Selecciona el campo id
de la tabla usuarios
donde
la columna username sea igual a X
y
la columna password sea igual a Y

Si analizamos la estructura podemos ver que está bastante marcada: en la primera sección le decimos qué campo seleccionar, luego de qué tabla, y a continuación las condiciones de búsqueda. Fíjate que en el apartado final, después de la palabra clave «donde», tenemos las condiciones. Tenemos dos condiciones que se tienen que cumplir dentro de la búsqueda para que la base de datos nos dé un resultado. Estamos hablando de la condición A (username = X) y la condición B (password = Y). Las dos condiciones están unidas entre ellas por la palabra Y (en inglés AND). Por lo cual, si recordamos los operadores lógicos de la lógica booleana que vimos algunos capítulos atrás, sabrás que este operador efectivamente requiere que las dos condiciones sean ciertas.

Pero tenemos otro operador más, el OR, O en castellano. Supón que mi comando fuese:

Selecciona el campo id
de la tabla usuarios
donde
la columna username sea igual a X
o
la columna password sea igual a Y

Fíjate en la «o», en lugar de la «y» que teníamos antes; con que una de las dos condiciones sea cierta ya nos devolvería el id del usuario, ya sea de un usuario que coincida con ese username o con un usuario que coincida con esa contraseña o los dos.

Nosotros no podemos manipular la plantilla que tiene el programa, porque está programada dentro del código del servidor, pero sí que tenemos un cierto poder, el de decidir qué va dentro de username y dentro de password:

"SELECT id FROM users WHERE username='$username' AND password='$password'"

Aquí «username» y «password» van a tener cualquier valor que nosotros queramos, porque literalmente son los datos que hemos metido en el formulario de la web. En condiciones normales, si soy un usuario con intención de iniciar sesión, mi usuario es «pedro77» y mi contraseña es «pachuli», relleno esos datos en el formulario de la web y le doy a iniciar sesión, la consulta SQL preparada por el servidor para consultar la base de datos tendría esta pinta:

SELECT id FROM users WHERE username='pedro77' AND password='pachuli'

Pero ¿qué pasaría si pongo lo siguiente?:

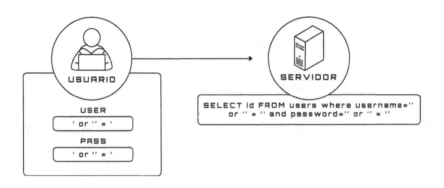

usuario: ' or '' = '
contraseña: ' or '' = '

Cuando el servidor reciba los datos y monte la consulta SQL usando la plantilla de antes, el resultado sería algo así:

SELECT id FROM users where username='' or '' = '' and password='' or '' = ''

¿Has visto lo que acabo de hacer? Fíjate en que el texto del nombre —para distinguirlo de los comandos en SQL se pone entre comillas— yo literalmente le he cerrado la comilla, dejando un texto vacío, y he seguido con un texto que MySQL va a interpretar como un comando. También he aprovechado la comilla de cierre a mi favor. Por lo que la primera condición de búsqueda es:

usuario = '' o '' = ''

Esto significa, o que el usuario será '' (un texto vacío) o que '' sea igual a '' (texto vacío igual a texto vacío). Esto es una operación booleana; la primera parte de la condición nos va a dar «false», porque ningún usuario se llama '' (texto vacío). Pero sí que '' = '' son iguales, o sea texto vacío es igual a texto vacío. Por lo que la segunda parte de mi operación OR es True. Eso significa que... la primera condición de búsqueda es True.

Para MySQL no hace falta que se aplique el filtro, si la condición es True, ya da el filtro por válido y devuelve todos los resultados.

En la segunda condición vamos a hacer lo mismo:

contraseña = '' o '' = ''

Ningún usuario tiene la contraseña de texto vacío, o eso espero, pero sí que texto vacío es igual a texto vacío. Por lo que, de nuevo, tenemos un OR donde la primera condición es False y la segunda True, por lo que la damos por True.

Recapitulando, cuando SQL resuelve esta consulta hace los siguientes pasos (voy a poner paréntesis para que veas mejor el orden de operación):

((username='') OR ('' = '')) AND ((password='') OR ('' = ''))

(False OR True) AND (False OR True)

True AND True

True

¿Y qué es lo que va a hacer SQL si la condición de búsqueda es True, como en este caso? Nos devolvería toda la lista de usuarios entera, pero normalmente el resultado está limitado a solo uno, por lo que con este comando estaríamos haciendo que probablemente la consulta devuelva el identificador de usuario número I, el primero, que muchísimas veces es el administrador. En otras palabras... ¿acabamos de iniciar sesión como administrador? Sí, amigos, eso es. Así de simple.

Este es un ejemplo muy sencillo, pero yo mismo he usado hace mucho tiempo esta técnica para colarme en el sistema de una empresa de telefonía bastante grande que todos conocéis. Y sí, entré como administrador con acceso a todas las cuentas de usuario y todos sus datos. En este caso eran *partners* de la empresa para la que trabajaba; informamos del incidente para que corrigieran la vulnerabilidad y, aunque agradecieron la información, no llegaron a arreglarla hasta pasados varios años. Requería algunos pasos extra para saltar una validación, pero a efectos prácticos era un caso exactamente como este.

En realidad, el caso de la inyección SQL es algo ampliamente conocido, bastante básico, para lo que incluso existen herramientas automáticas a día de hoy, igual que se venden ganzúas automáticas para abrir puertas. Y si bien no necesitas apenas ningún conocimiento para lanzar un ataque así con una herramienta automática, para idear un plan como este sí es necesario entender a fondo cómo funcionan las páginas web, la programación, el lenguaje SQL y los servidores. Esta es un poco la distinción entre «hacker» y «cracker». Cracker es quien usa las técnicas o programas sin entender lo que está haciendo, el hacker es quien tiene los conocimientos para idear este tipo de estrategias, por lo menos este es el significado que yo le doy.

El ejemplo que hemos visto de la inyección SQL realmente no es muy distinto del caso del coche. Tenemos una vulnerabilidad y un exploit que la aprovecha. Y es relativamente fácil protegerse de estos ataques. Por ejemplo, y esto lo hacen todas las webs modernas, o por lo menos deberían hacerlo, antes de meter cualquier tipo de dato introducido por el usuario en una consulta para la base de datos, tenemos que limpiarlo, buscar todas las comas, las comillas, los símbolos y los posibles datos que son relevantes para nuestra base de datos y modificarlos para que sean inofensivos.

Esta es una regla de oro en web: cualquier dato que provenga de un usuario no es de fiar. Hay que cogerlo con pinzas y limpiarlo a conciencia. Con quitar todas las comillas y caracteres raros para este caso debería ser suficiente. El proceso de limpiar todos los caracteres raros se conoce como «sanitizar», aunque también se puede usar otra técnica que consiste en cambiar esos caracteres por otros inofensivos y se conoce como «escapar».

Aquí te pongo un ejemplo. Si el usuario rellena el campo de username con esto:

```
' or " = '
```

Al sanitizarlo el resultado sería:

```
or
```

Por lo que obtendríamos el siguiente resultado de la consulta:

```
SELECT id FROM users where username=' or '
```

Mucho más inofensivo, ¿verdad?

Sin embargo, a día de hoy hay librerías, que las puedes imaginar como comandos de programación ya preparados, que están hechas para trabajar con bases de datos y que escapan automáticamente las entradas de los usuarios usando diferentes métodos estándar.

Esto parece muy obvio y sencillo para el caso del usuario y la contraseña. De hecho, como te decía, cualquier programador web con un cierto nivel está al corriente de esto. Sin embargo, actualmente aún hay casos en los que se producen ataques de este tipo con situaciones menos obvias. Por ejemplo, con WordPress.

WordPress es un gestor de contenido web, y muchas webs —incluso las grandes— están hechas con este sistema. Es fácil de instalar, mantener, modificar, y existen cientos de plugins. Además, el código fuente se puede descargar y meter en cualquier servidor para crear tu propia web, si tienes algunos conocimientos básicos de servidores, claro.

WordPress siempre ha sido un nido de inyecciones SQL. Los atacantes se intentan colar por todos los agujeros, y cualquier formulario, ya sea login, contacto, cualquier cosa que tengas en tu web puede ser susceptible a inyecciones SQL. En el pasado ha habido muchos casos de WordPress hackeados usando este método, por eso es superimportante tenerlo siempre actualizado. Incluso ha habido casos en los que por culpa de ciertos plugins de WordPress, como Slider Revolution, un plugin para hacer sliders dentro de la página web, era increíblemente fácil hackear las páginas. Veamos cómo se hace.

Con Slider Revolution el usuario puede subir imágenes al servidor y luego mostrarlas en forma de slider en la web. Alguien descubrió que por culpa de una serie de casos no previstos en el código, en algunas versiones antiguas del plugin era posible subir archivos al servidor sin haber iniciado sesión en la web. De esta manera se podía subir un código que hiciera al servidor cualquier cosa que el atacante quisiera y así ejecutar comandos para extraer todo tipo de información, incluso de la base de datos. Otro problema conocido con versiones antiguas de Slider Revolution permite mostrar el contenido del archivo de configuración de WordPress entero, o sea, un archivo privado que nunca debería verse y que muestra muchas veces la contraseña de la base de datos y otra información sensible.

De hecho, este mismo método de subida de archivos no autentificada es el que se especula que se utilizó en el famoso ataque de Mossack Fonseca en 2016. Mossack Fonseca era un bufete de abogados especializado en crear empresas en paraísos fiscales para evadir impuestos y ocultar la identidad de personas que quieren hacer negocios turbios o estafas. Hay una película sobre este caso en Netflix; es un poquito rara pero es entretenida, se llama *The Laundromat*. La peli no tiene nada que ver con seguridad informática, pero te la recomiendo.

Nadie sabe realmente cómo ocurrió, pero la cosa es que hubo una filtración de datos, en concreto 2,6 terabytes de información proporcionada por una fuente anónima, donde había datos de empresas, activos, ganancia, evasiones de impuestos y mucho más. Esto destapó cientos de casos, incluidas personas del círculo más cercano del presidente Vladimir Putin. Como decía, no se sabe realmente cómo ocurrió, pero la red de Mossack Fonseca tenía decenas de posibles puntos de entrada, incluyendo una versión antigua de WordPress susceptible a la subida de archivos que vimos antes con el plugin Slider Revolution. Pero no solo eso, sino que usaban una versión desactualizada de Outlook Webmail, enviaban correos sin encriptar, utilizaban una versión antigua de Drupal actualizada en 2013 que tenía por lo menos veinticinco vulnerabilidades distintas, incluyendo inyecciones SQL. Vamos, que por un informático incompetente les cerraron el chiringuito.

Como hemos dicho, el ejemplo de la inyección SQL es bastante parecido al de abrir la puerta del coche sin llaves. Pero al igual que el ladrón de coches que inventó esta técnica puede enseñársela a cualquier otro, en informática también podemos transmitir estas habilidades de penetración. Es más, es posible que quien descubriera esa vulnerabilidad ni siquiera sea un ladrón. Lo mismo pasa en informática.

Estos exploits se pueden descargar muchas veces de forma gratuita de internet, y cualquiera los puede usar, de la misma manera que no hace falta ser un experto en carrocerías y en electrónica para robar un coche, aunque sí para inventar la técnica, pero no para aprenderla y reproducirla.

## Tipos de hacker

El mundo de la informática es mucho más hostil que el mundo físico. En la calle los ladrones de mi barrio entrenados para abrir puertas podrían intentar robarme el coche. En internet, es cualquier persona en cualquier parte del mundo con un exploit. Es el equivalente a que incluso los mejores ladrones del mundo pudieran intentar robarme el coche en cualquier momento, o incluso peor aún, porque usar un exploit no requiere tanta práctica como abrir puertas.

Pero no todo son malas noticias. En el mundo de los hackers existe un código. Hay personas que dedican su tiempo a intentar penetrar en sistemas informáticos de forma no autorizada, pero no tienen malas intenciones. A estas personas se las conoce como «hackers de sombrero blanco», o white hat. Esto se lo debemos a las películas del oeste, en las que el bueno de la peli siempre llevaba un sombrero de color claro, mientras que el malo llevaba un sombrero negro. Por eso, a los hackers que descubren vulnerabilidades y las usan para hacer el mal se los conoce como *black hat*.

Un white hat es un hacker que se especializa en encontrar y reportar vulnerabilidades de seguridad en sistemas informáticos y redes. Normalmente, un white hat informa a la empresa o persona que tiene la vulnerabilidad para que pueda corregirla. En este proceso normalmente el hacker da un periodo de gracia, un tiempo durante el cual la empresa puede solucionar el problema antes de que cualquier información sobre la vulnerabilidad se haga pública.

Este tipo de modo de proceder se conoce como hacking ético, que es la práctica de utilizar habilidades de hacking para propósitos legales y constructivos, como mejorar la seguridad de sistemas y aplicaciones.

En algunos casos, si la empresa no actúa para solucionar la vulnerabilidad en un plazo razonable, el white hat puede optar por divulgar públicamente la vulnerabilidad (un proceso conocido como «divulgación responsable» o «divulgación coordinada»). Esto se hace como una forma de presionar a la empresa para que solucione el problema, ya que la publicación de la vulnerabilidad puede alertar tanto a la comunidad como a otros atacantes potenciales sobre el riesgo. Y es que las vulnerabilidades pueden ser muy graves. Imagina que una empresa como Orange, que tiene datos muy privados de millones de clientes alrededor de todo el mundo, tiene una vulnerabilidad. Un hacker la descubre e informa a la empresa. Si la empresa decide no hacer nada, está de forma totalmente consciente omitiendo un riesgo enorme de exponer a sus usuarios y su privacidad.

Históricamente ha habido empresas muy agresivas respecto a este tipo de avisos, incluso han llegado a demandar a los individuos que comunicaban una vulnerabilidad. En la actualidad hay expertos en ciberseguridad que no divulgan las vulnerabilidades por miedo a las consecuencias. Este es uno de esos debates no solo éticos, sino legales que se tienen en países como Estados Unidos.

Muchos hackers de este tipo trabajan en empresas. Sí, las grandes empresas tecnológicas, como Facebook, Google y Apple, tienen cientos de hackers éticos, también conocidos como expertos en ciberseguridad, que se encargan de buscar constantemente posibles vulnerabilidades y corregirlas. También existen empresas y consultorías que dan estos servicios a otras empresas, para buscar vulnerabilidades y ayudarles a corregirlas antes de que puedan hacerlo otros con no tan buena intención. Este proceso se conoce como «pentesting», que es una palabra compuesta de «penetration» y «testing», o sea, prueba de penetración, en inglés. Y este proceso a veces consiste en intentar hacer inyecciones SQL.

De hecho, las inyecciones SQL son una de las vulnerabilidades que se tienen que testear según el OWASP Top Ten. OWASP (Open Web Application Security Project) es una organización que se dedica a la investigación en ciberseguridad. Uno de sus proyectos más populares es el top ten, una guía que suelen seguir los expertos en ciberseguridad a la hora de hacer pentesting sobre una página web. Las inyecciones SQL son uno de los puntos más importantes en esta guía.

## KEVIN MITNICK

Uno de los hackers de sombrero blanco (*white hat*) más célebres en la historia de la ciberseguridad es Kevin Mitnick. Aunque comenzó su carrera en la informática como un hacker de sombrero negro (*black hat*), involucrándose en actividades ilegales que lo llevaron a ser uno de los criminales cibernéticos más buscados de Estados Unidos, Mitnick cambió de rumbo después de su arresto y posterior encarcelamiento en los años noventa.

Tras su liberación, Mitnick se transformó en un consultor de seguridad y experto en ciberseguridad, y utilizó sus habilidades para ayudar a las empresas a protegerse contra los tipos de ataques que él mismo solía perpetrar. Fundó la compañía Mitnick Security Consulting, LLC, donde trabaja ayudando a proteger a las organizaciones contra amenazas de seguridad y enseñando cómo las técnicas de ingeniería social son utilizadas por los hackers para obtener acceso ilegal a los sistemas informáticos.

Kevin Mitnick es también autor de varios libros sobre seguridad informática y hacking, como *The Art of Deception* y *The Art of Intrusion*, donde comparte historias de hacking reales y explica cómo y por qué sucedieron desde una perspectiva técnica y psicológica. Sus libros y charlas ayudan a educar tanto a profesionales de la seguridad como al público general sobre la importancia de la seguridad cibernética.

Por otro lado, los hackers de sombrero negro usan las vulnerabilidades para crear exploits con fines al margen de la ley: desde penetrar en un sistema para robar información, pedir un rescate a cambio de desencriptar los datos de la víctima a directamente vender exploits a terceros. Este, de hecho, es un gran negocio. Existen mercados de exploits de vulnerabilidades desconocidas. Quiero decir desconocidas por el desarrollador del software, claro, porque si un hacker que es *black hat* descubre una vulnerabilidad y se guarda el secreto para sí mismo puede crear un exploit y ganar muchísimo dinero.

Estas son las que se conocen como Zero Day, porque hace cero días desde que el desarrollador está al corriente del problema, por lo que el hacker tiene barra libre: ningún antivirus será capaz de detectarle, ningún parche será capaz de bloquearle. Estos son los favoritos de los gobiernos, pero de eso hablaremos en otro capítulo.

Por último, los que se cuelan en sistemas son los «crackers», y no necesariamente son ellos quienes hacen las utilidades para aprovechar las vulnerabilidades. Es decir, un sombrero negro no es necesariamente un cracker, y un cracker no sabe necesariamente cómo funciona el ataque, tan solo ha conseguido un exploit creado por un sombrero negro.

## ¿Todo es hackeable?

Los ciberataques están muchísimo más extendidos de lo que uno puede llegar a pensar. Incluso los mismos gobiernos de los países se atacan entre ellos y el ciberespionaje es una constante; hay decenas de casos que han salido a la luz y otros cientos que no.

Pero entonces, ¿es todo hackeable? ¿Realmente cualquier sistema se puede hackear? En teoría, sí. Pero en la realidad hay cosas muy muy difíciles de hackear. Una de ellas es Facebook.

Aunque hayas oído la historia del amigo de tu prima que hackeó la cuenta de Facebook de su compañera de clase, la realidad es que plataformas como esta, con tanta relevancia, tantos datos y tantos programadores detrás, son las más difíciles de hackear. Normalmente los puntos débiles suelen existir en otro tipo de sistemas, webs de grandes empresas tradicionales, gobiernos, embajadas, ayuntamientos, sitios donde el departamento de informática no tiene la suficiente formación, o que individuos con conocimientos básicos instalan software en servidores y las versiones de los sistemas operativos son antiguas por temas de compatibilidad.

Facebook y páginas similares desde luego que han sufrido vulnerabilidades y fallos de seguridad, pero están preparadas para actuar con mucha velocidad y arreglar el problema lo más rápido posible una vez descubierto. Incluso tienen una web con información sobre cómo tienes que reportar una vulnerabilidad:

En esta web, de hecho, declaran que no emprenderán acciones legales si respetas el código ético hacker, o sea, si les informas y les das un plazo razonable para solucionar el problema antes de divulgarlo. Hasta existe un programa de recompensas para quien reporta una vulnerabilidad. La cantidad la decide Facebook según la gravedad del asunto. Otras empresas, como Google y Microsoft, pagan entre veinte y treinta mil dólares por informar de vulnerabilidades. Ya ves, hackear Facebook no es tan fácil como dicen. La mayoría de las veces lo que hacen los crackers es copiar el perfil de una persona que ya existe, con su mismo nombre y su misma foto; después agregan a sus amigos, quienes aceptarán pensando que es la persona real que se ha hecho un nuevo perfil. Esto muchas veces se confunde con un hackeo de perfil, pero realmente no lo es.

También se puede conseguir la contraseña del usuario a través de ingeniería social, esto está muy de moda últimamente. El atacante crea una web exactamente igual a la de Facebook, con un nombre similar, y te manda un correo o un SMS informándote de que tu cuenta ha sido hackeada y tienes que cambiar la contraseña. Si prestas atención verás que el dominio de la web y ciertos detalles no son oficiales, pero si vas con prisa, sobre todo preocupado por la supuesta filtración de tu contraseña, no te paras a mirar. Entras en el formulario, te pregunta la contraseña antigua, la pones y, boom, acabas de darle tu contraseña a los atacantes. En este caso el truco está en engañar al humano, que en muchos casos es el eslabón más débil de la cadena.

En definitiva, no todo es tan hackeable como parece, aunque muchas cosas que no lo parecen sí lo son. Hackear un sistema puede llevar tiempo, descubrir vulnerabilidades y preparar exploits es algo que no se hace en cuestión de segundos como podemos ver en las películas o videojuegos. Pero en este libro vamos a hablar de dos casos muy interesantes que te ayudarán a entender todo esto mejor.

# 10

# ATAQUE A LA CADENA DE SUMINISTRO

## Un error inofensivo

Era una mañana de marzo en San Francisco, Estados Unidos. Andres Freund acababa de llegar de visitar a sus padres en Alemania, tenía jet lag y no estaba en su mejor momento, pero decidió revisar los resultados de algunas pruebas automatizadas. Encontró varios mensajes de error, pero nada grave. No les dio demasiada importancia y se fue a descansar.

Andres es ingeniero en Microsoft y trabaja en PostgresSQL, un sistema gestor de bases de datos open source. Para que te hagas una idea, es el programa que se encarga de guardar y cargar datos en, por ejemplo, una página web. Andres lleva quince años trabajando en este proyecto y a día de hoy es experto en optimización. Su trabajo consiste en que Postgres vaya lo más rápido que pueda ir, optimizar cada milisegundo para ahorrar al máximo el uso de procesador, la lectura a disco y, en general, el tiempo que la base de datos tarda en responder cada consulta. Trabaja principalmente en Linux. Cuando haces este tipo de trabajo es muy común acceder a ordenadores remotos o virtuales. Para esto se usa un comando llamado SSH, que te permite conectarte a cualquier ordenador Linux en cualquier parte, siempre que tengas acceso. Por eso Andres está constantemente conectándose desde su ordenador a máquinas remotas con SSH, en las que ejecuta estas pruebas para intentar que su base de datos corra lo más rápido posible. En el capítulo dedicado a Linux, te conté que muchos ordenadores que funcionan como servidores no tienen ni siquiera una interfaz gráfica y se usan solo a través de comandos en remoto. Pues SSH es el programa que te permite hacerlo.

Algunos días más tarde, Andres, al conectarse por SSH, notó algo raro. SSH se demoraba más de lo normal en darle acceso al ordenador. Algo así como quinientos milisegundos, o sea, medio segundo. Probablemente una persona corriente ni se habría percatado, pero Andres es un experto en optimización, para él cada milisegundo cuenta, y esto no le cuadraba. Así que… se puso a investigar.

Resulta que el servicio de SSH, SSHD, que es el que se está ejecutando en el ordenador al que te conectas, estaba usando más recursos de lo normal, más uso de procesador y memoria, y sí que era muy raro. Después de varias horas intentando encontrar una explicación, se dio cuenta de que el origen parecía venir de una pequeña utilidad, una librería, una pieza de código que se utiliza para comprimir y descomprimir archivos: liblzma, que es parte de un paquete de software que se llama xzutils, un paquete que viene con el propio sistema operativo. Empezó a tirar del hilo y no tardó en ver lo que tenía delante. Alguien había metido una puerta trasera en su ordenador, una puerta trasera que permitía que un hacker pudiese hacer lo que quisiera con ese ordenador. Ejecutar cualquier comando en remoto.

La situación era muy grave, pero no porque su ordenador ahora era vulnerable, sino porque él no había descargado nada raro de internet, ese código malicioso venía directamente desde los servidores de Debian, una de las distribuciones de GNU/Linux más usadas del mundo. Al actualizar Debian con la última versión, simplemente su ordenador se había infectado.

Esto no parecía tener mucho sentido. Al principio pensó que alguien se había colado en los servidores de Debian Linux y había cambiado el paquete de xzutils por una versión infectada, lo cual es bastante grave, porque, sin hacer nada, solo con actualizar el sistema operativo ya te vas a infectar, pero luego descubrió algo peor, mucho peor y mucho más escalofriante de lo que podía imaginar... El hacker se había infiltrado entre los programadores.

Bienvenidos a uno de los ataques de hacking más increíbles de la historia de la humanidad, un ataque a la cadena de suministro que pasó hace nada, hace tan solo unos meses en el momento en el que escribo este capítulo, y que a punto estuvo de que prácticamente, y no exagero, todos los ordenadores del mundo que corren Linux, incluidos muchos smartphones, routers, servidores y cloud, estuviesen completamente accesibles y a merced de un grupo de hackers. Esto casi sucede, casi consiguen tener acceso a todo, y lo hicieron de una forma muy sencilla y extremadamente astuta.

## Cómo funciona un proyecto de código abierto

Para entender bien este caso tienes que comprender primero cómo funcionan Linux y el software libre. En el capítulo 5 de este libro, que a estas alturas ya habrás leído, te explico toda la filosofía y el funcionamiento del mundo Linux. Y también sabes ya que el mundo del software libre es muy distinto al software tradicional. En el software tradicional, cuando quieres hacer un programa, contratas un equipo de programadores y los pones a escribir el código de tu aplicación. Parte por parte, módulo por módulo, los programadores van creando ese programa. Por ejemplo, para crear Windows Microsoft dispone de un equipo de cientos de miles de programadores que escriben cada parte del sistema operativo. Microsoft luego transforma todo ese código en ejecutable y te da un Windows listo para instalar.

GNU/Linux es muy distinto, nace como un proyecto de la comunidad. La idea era crear un sistema operativo que fuese libre, que el código de todas las partes fuera legible y reutilizable por quien quisiera. Crear un sistema operativo es un proyecto monstruoso, donde equipos y equipos de programadores se tienen que coordinar, por lo que parecía una tarea imposible, pero con los años acabó funcionando: distintos grupos de programadores independientes en su tiempo libre se pusieron a crear las varias partes que componen el sistema operativo.

Para que todo esto pueda instalarse en un ordenador también hace falta que alguien una todos estos proyectos en un CD instalable y listo para funcionar. Así nacieron las distribuciones, que son las organizaciones que se dedican a recopilar y unificar todos estos proyectos de la comunidad en un sistema operativo basado en Linux. Debian es una de estas comunidades, y una de las más respetadas. Los encargados de la comunidad de Debian se descargan el código, lo compilan y lo unen en ese sistema operativo. También se ocupan de que todas las piezas encajen entre sí, que todo funcione bien. Debian, a medida que van saliendo versiones nuevas de cada programa, cuelga un sistema de paquetes en un servidor de actualizaciones, por lo que se te descargan en tu ordenador, y ya tienes lo último.

Tradicionalmente en Debian son muy conservadores. Como hay muchos ordenadores de uso crítico que usan Debian, ellos solo ponen programas que ya se han probado mucho y que se sabe que funcionan bien. No obstante, hay una Debian que es experimental: Debian Sid, que es la que tenía Andres en su ordenador. Debian Sid incluye las últimas versiones de los programas.

En este caso xzutils había sacado la nueva versión 5.6.0 y el administrador de Debian simplemente la descargó, la compiló, vio que no daba fallos y la subió a las actualizaciones.

No solo Debian usa xzutils, todo el mundo usa xzutils y muchos programas dependen de xzutils. Como vimos en el capítulo sobre Linux, cuando un proyecto de la comunidad es bueno, lo correcto es usarlo. Así que, si tu programa necesita una funcionalidad que ya viene incluida con Linux, ¿para qué reinventar la rueda?

Seguro que te suenan los archivos zip o los archivos rar en Windows. Son archivos comprimidos que consiguen ocupar menos espacio de lo normal, pero que conservan toda la información. La compresión se usa para muchas cosas en el sistema operativo, no solo para comprimir archivos, sino también para comprimir la memoria, enviar información por la red y muchas cosas más.

En Linux antes se comprimía con gzip, que sería la versión de código abierto de zip. Con los años apareció el formato 7z, que tiene un algoritmo nuevo ultraeficiente, un algoritmo de compresión basado en las cadenas de markov que se llama LZMA, o Lempel-Ziv-Markov Chain Algorithm. Bueno, quédate con que esto es mejor que el típico zip. Pero 7z (Seven Zip) es un programa comercial, con licencia privada, así que hacía falta que alguien creara una versión alternativa de código abierto para el mundo Linux. De esto se encargó Lasse Collin, un desarrollador de software finlandés. Lasse programó la versión abierta de ese algoritmo y creó el proyecto xzutils para que todo el mundo Linux lo pudiese integrar dentro de sus programas en 2009. Como es mucho más rápido que zip descomprimiendo, poco a poco lo empezaron a usar literalmente todos. Ahora casi la totalidad de las distribuciones, sabores y versiones de sistemas operativos basados en Linux tienen dentro de su sistema esta pieza hecha por nuestro amigo Lasse.

Esto es lo bonito del open source, que estamos hablando de que igual millones de ordenadores, servidores de gobiernos, servidores de Apple iCloud, servidores de todo tipo de páginas web, de chatgpt, usan xzutils como una pieza más de su sistema. Y esta pieza depende de Lasse, él decide qué se cambia, cuándo se cambia y cómo se cambia. Eso no significa que la comunidad no pueda participar.

¿Cómo se organiza un proyecto de código abierto? La forma más tradicional es con una mailing list, o lista de correo, y un repositorio de código. Esas son, digamos, las unidades mínimas que prácticamente todo proyecto de este estilo tiene. La mailing list es el antepasado de los foros. Se trata de una dirección de mail que, cuando envías un correo, les llega a todos los integrantes. Por ejemplo, si mando un correo a majordomo@vger.kernel.org puedo suscribirme a varias mailing list sobre el desarrollo del kernel de Linux. Cuando alguien envía un correo a esa lista, al formar parte de ella, recibiré una copia. También puedo contestar, y el resto de las personas recibirán mi respuesta. Normalmente es algo más complejo que esto: los mensajes pueden necesitar de aprobación, o quizá se deba aprobar nuestra solicitud para unirnos a la lista, o hay sublistas y temas dentro de la propia lista, pero, yo creo, con esta explicación te haces una idea.

Además de la mailing list, hay un repositorio de código. El repositorio es un servidor donde se guarda todo el código del programa y sus distintas versiones. Puede haber muchas versiones e incluso distintas ramas donde se está programando, es decir, escribiendo código nuevo, en este mismo momento. El repositorio es público y todo el mundo puede ver ese código. Este es el punto que al final distingue un proyecto de código abierto de uno de código cerrado.

También a veces hay distribuciones oficiales para compilar, o sea, un archivo comprimido donde te viene todo el código ya preparado para que lo compiles. Compilar, por cierto, por si aún no lo hemos explicado, es convertir el código fuente en C, C++ o cualquier lenguaje compilable en algo que nuestro sistema operativo puede ejecutar como un programa. Luego volveremos a esto.

Otro punto interesante es que en el repositorio de código cualquiera puede enviar cambios, que son simplemente propuestas. Y si quiere, Lasse las puede incorporar al proyecto. Como administrador del proyecto xzutils, él es quien decide qué cambios se aceptan y cuáles no.

## Mails no demasiado amigables

En 2021 aparece un nuevo usuario llamado Jia Tan. Jia Tan envía algunos cambios al código de xzutils, algunos comentarios en el código, el formato de algunas líneas, son cosas relacionadas con la documentación, el estilo del código, que mejoran el proyecto, pero que no cambian nada de lo que hace. Son pequeñas mejoras. Algunas se meten dentro del código oficial y otras, bueno, digamos que Lasse se lo toma con calma…

En abril de 2022 un nuevo usuario entra en la lista de correo de xzutils, un tal Jigar Kumar, que se queja de que los cambios en xzutils no se están subiendo al proyecto final. Jia Tan había añadido una opción interesante al programa, y Jigar le contesta que son buenos cambios, le da algunas sugerencias y termina el mail diciendo que sus esfuerzos son buenos, pero que, con lo lento que es el calendario de lanzamientos, van a pasar años antes de que la comunidad pueda disfrutar de esa nueva característica que les aportará calidad de vida. El propio Jia Tan responde que los contribuidores de este proyecto al final son gente que lo hace en su tiempo libre y que no puede esperar que dediquen cuarenta horas a la semana a este proyecto.

## Re: [xz-devel] [PATCH] String to filter and filter to string

jiat0218 Jue, 28 abr 2022 06:36:39 -0700
El jue, 28 abr 2022 a las 02:42, Jigar Kumar
escribió:

> La forma actual de agregar la filter chain
es confusa, por lo que este cambio será bueno.
No creo que la opción corta -s sea buena.
--filters como opción larga es buena, no hay
necesidad de -s.

Pensaba que -s sería intuitivo porque es una
abreviación de "string to filters", pero si es
confuso o innecesario puedo eliminarlo.

> El "+" no es el mejor carácter. ¿Qué tal usar ";"
o "|"?

Elegí "+" porque era el delimitador más
intuitivo que no era un carácter especial en
la mayoría de las shells. Si usáramos ";" o "|"
tendrían que escaparse o requerir que el comando
esté entre comillas, lo cual es molesto de usar
como argumento en la línea de comandos.
Si puedes pensar en un mejor carácter, estaría
interesado en escucharlo, pero no creo que esos
sean mejores.

Debería mostrar todos los nombres de opción y
valores. Coincide con la salida actual con la
opción -vv.

Ese es un buen punto. La verbosidad adicional
probablemente valga la pena para que los usuarios

284

entiendan qué opciones de filtro están utilizando
realmente.

>> Si alguien tiene sugerencias para mejorar
el formato de string, estoy interesado en
escucharlas. Considero este parche un borrador
y sujeto a cambios por sugerencias de la
comunidad. ¡Decidme cómo puede mejorarse!

> No probé tus códigos, pero si funcionan,
entonces creo que el formato solo necesita
los ajustes menores que sugiero. Tus esfuerzos
son buenos, pero basado en el calendario de
lanzamientos lento, desafortunadamente pasarán
años antes de que la comunidad obtenga esta
feature de calidad de vida.

Agradezco los comentarios. Esto ciertamente
conducirá a mejoras en el formato. La próxima
versión alfa debería llegar este año, por lo que
no creo que pase tanto tiempo como crees antes de
que esté en una versión estable. Los colaboradores
de este proyecto son aficionados, por lo que
no podemos dedicar 40+ horas a la semana para
lanzamientos rápidos de alta calidad. Gracias por
tu comprensión, y si quieres ayudar a trabajar
en algo siempre puedes enviar un parche :)
--
Jia Tan


Luego, en una versión de Java de xzutils, aparece otro usuario,
Dennis Ens, que pregunta: «Oye, ¿hay alguien manteniendo esto?
¿Hay alguien al volante? Envié una pregunta hace una semana y
nadie me ha contestado».

**[xz-devel] XZ for Java**
Dennis Ens Jue, 19 may 2022 12:26:03 -0700
Estimada comunidad de XZ para Java,

¿XZ para Java sigue siendo mantenido? Hice una
pregunta aquí hace una semana y no he recibido
respuesta. Cuando reviso el git log, veo que no se
ha actualizado en más de un año. Estoy buscando
cosas como encoding/decoding multihilo y algunas
actualizaciones que Brett Okken había enviado
(pero que todavía están esperando ser fusionadas).
¿Debería agregar estas cosas solo a mi versión
local, o hay algún plan para implementarlas en
el futuro?
--
Dennis Ens

Aquí sí que contesta Lasse, que dice que, si alguien encuentra un error lo arreglará. Admite que la cosa no está muy activa… Explica que es posible que Jia Tan en el futuro vaya a tener un rol un poco más principal.

**Re: [xz-devel] XZ for Java**
Lasse Collin Jue, 19 may 2022 13:41:31 -0700
El 19-05-2022 Dennis Ens escribió:

> ¿XZ para Java sigue siendo mantenido?

Sí, al menos por alguna definición, como que
si alguien reporta un bug, se corregirá.
El desarrollo de nuevas features definitivamente
no es muy activo. :-(

> Hice una pregunta aquí hace una semana y no he recibido respuesta.

Lo vi. Tengo muchos correos sin responder en este momento y obviamente eso no es algo bueno. Después del último release de XZ for Java, he intentado enfocarme en XZ Utils (y he ignorado XZ for Java), aunque obviamente eso tampoco ha funcionado tan bien, incluso si ha habido algo de progreso con XZ Utils.

> Cuando reviso el git log, veo que no se ha actualizado en más de un año. Estoy buscando cosas como encoding/decoding multihilo y algunas actualizaciones que Brett Okken había enviado (pero que todavía están esperando ser fusionadas). ¿Debería agregar estas cosas solo a mi versión local, o hay algún plan para ellas en el futuro?

No he revisado los parches de Brett Okken, así que no puedo darte respuestas definitivas sobre si deberías incluirlos en tu versión local, lo siento.

Las optimizaciones del match finder son más avanzadas ya que son algo específicas de la arquitectura, por lo que podría ser bueno realizar pruebas más amplias para ver cuánto ayudan en diferentes sistemas (no solo x86-64, sino también x86 de 32 bits, ARM64...) y si funcionan bien en Android también. Los beneficios tienen que ser lo suficientemente claros (y no causar problemas) como para que valga la pena el código adicional.

El parche del codificador Delta es pequeño
y la mejora relativa es grande, por lo que
probablemente debería incluirse. Sin embargo,
el filtro Delta se usa raramente, y una versión
lenta no es tan lenta en el panorama general
(también estarán LZMA2 y CRC32/CRC64).

El multithreading sería interesante en la versión
de Java. La descompresión multihilo se comprometió
recientemente en el repositorio de XZ Utils.

Jia Tan me ha ayudado fuera de lista con XZ Utils y
podría tener un papel más importante en el futuro,
al menos con XZ Utils. Está claro que mis recursos
son demasiado limitados (de ahí los muchos correos
esperando respuesta), por lo que algo tendrá
que cambiar a largo plazo.

--
Lasse Collin

Jigar Kumar contesta a este mensaje y empieza a presionar.
Según él, el progreso no va a ocurrir a menos que haya un nuevo
mantenedor. Lo mismo pasa con la versión de C, el mantenedor
actual ha perdido interés o el proyecto ya no le interesa. Es triste ver un repositorio así.

### Re: [xz-devel] XZ for Java

Jigar Kumar Mar, 07 jun 2022 09:00:18 -0700
El progreso no ocurrirá hasta que haya un nuevo
mantenedor. XZ para C también tiene un log de
commits escaso. Dennis, te conviene esperar hasta
que aparezca un nuevo mantenedor o hacer un fork
por tu cuenta. Enviar parches aquí no tiene
sentido en estos días. El mantenedor actual perdió

el interés o no se preocupa por mantenerlo más.
Es triste ver esto para un repo como este.
--
Jigar Kumar

Ahora Lasse se rompe un poco y contesta que él no ha perdido interés, pero que su capacidad para involucrarse está limitada porque tiene algunos problemas de salud mental a largo plazo y alguna cosa más.

No he perdido el interés, pero mi capacidad
de preocuparme ha sido bastante limitada,
principalmente debido a problemas de salud
mental a largo plazo, pero también por algunas
otras razones. Recientemente he trabajado un
poco fuera de lista con Jia Tan en XZ Utils y
quizás él tenga un papel más importante en
el futuro, ya veremos.

También es bueno recordar que este es un proyecto
de hobby no remunerado. De todos modos, te
aseguro que soy muy consciente del problema de
que no se haya hecho mucho progreso. La idea
de encontrar nuevos mantenedores ha existido
durante mucho tiempo también, ya que la situación
actual obviamente es mala y triste para el
proyecto.

Una nueva rama estable de XZ Utils debería
lanzarse este año con un decoder multihilo, etc.,
y algunas versiones alfa/beta antes de eso.
Quizás el momento posterior al lanzamiento de
la versión 5.4.0 sea un buen momento para hacer

cambios en la lista de mantenedores del
proyecto.

Los forks obviamente son otra posibilidad y no
puedo controlarlos. Si eso ocurre, espero que se
realicen cambios en el formato de archivo para que
no ocurran problemas tontos (como usar el mismo ID
para cosas diferentes en dos proyectos). 7-Zip
soporta .xz y es importante mantener informado a
su desarrollador Igor Pavlov sobre los cambios de
formato (incluidos nuevos filtros).

--

Lasse Collin

Lasse cuenta que estuvo trabajando fuera de la lista de mails con Jia Tan, le recuerda que esto es un hobby por el que no cobra. Explica que lleva tiempo buscando nuevos mantenedores y que, en efecto, la situación actual es mala y triste para el proyecto. Luego anuncia que este año seguramente habrá una versión nueva.

Este mail lo manda el tío que creó y mantiene una utilidad que es básica en la mayoría de servidores del planeta, ojo, ¿eh? Empresas gigantescas usan esa utilidad cada día para comprimir y descomprimir paquetes.

Bueno, a todo esto, Jigar contesta que a este paso no ve claro que vaya a salir una versión nueva. Dennis responde que siente sus problemas mentales, pero que es importante que sea consciente de sus límites, que sí, que esto es un hobby, pero que la comunidad pide más. Acaba preguntando por qué no pasa los derechos de mantener el repositorio a otra persona, por lo menos en uno de los repositorios.

**Re: [xz-devel] XZ for Java**
Jigar Kumar Mar, 14 jun 2022 11:16:07 -0700
Con tu ritmo actual, dudo mucho que veamos el
lanzamiento de la versión 5.4.0 este año. El único
progreso desde abril ha sido pequeños cambios
en el código de pruebas. Ignoras muchos parches
que se están quedando obsoletos en esta lista
de correos. Ahora mismo estás asfixiando
tu repositorio.
¿Por qué esperar hasta la versión 5.4.0 para
cambiar de mantenedor? ¿Por qué retrasar lo que
tu repo necesita?

**Re: [xz-devel] XZ for Java**
Dennis Ens Mar, 21 jun 2022 13:24:47 -0700

Lamento lo de tus problemas de salud mental,
pero es importante ser consciente de tus propios
límites. Entiendo que este es un proyecto de hobby
para todos los contribuyentes, pero la comunidad
desea más. ¿Por qué no ceder el mantenimiento de XZ
for C para que puedas darle más atención a XZ for
Java? O bien, pasarle XZ for Java a alguien más
para que puedas concentrarte en XZ for C. Intentar
mantener ambos significa que ninguno está siendo
bien mantenido.

--

Dennis Ens


En su respuesta, Lasse afirma que no es una tarea fácil, que
necesita a alguien que se vaya a implicar, etcétera, pero que tiene a Jia Tan, y quizá algún día, en el futuro, le dé un rol más importante en el proyecto.

Vale, ¿qué está pasando aquí? Brian Krebs, un investigador de ciberseguridad, comenta en su blog que estas direcciones y nombres nunca se habían visto antes en internet, que no hay constancia del mail de Jia Tan, ni el de Jigar ni el de Dennis. Probablemente sean mails falsos, que todos fueran mandados por la misma persona o el mismo grupo de personas.

Lo que estaba ocurriendo aquí es que durante dos años Jia Tan se fue ganando la confianza de Lasse a base de aportar mejoras al proyecto, pero Lasse no parecía estar demasiado activo de todos modos, así que estos supuestos nuevos usuarios, Jigar y Dennis, empezaron a meter presión y a jugar psicológicamente con Lasse para convencerle de que tenía que dejar el proyecto y cedérselo a Jia Tan. Y, en efecto, en los siguientes meses Jia Tan toma el control de prácticamente todo el repositorio. Ahora él mismo puede añadir sus cambios y sacar nuevas versiones. Ahí es cuando empieza a implementar varios de sus cambios, todos inofensivos, y saca la versión 5.4.2.

Entonces aparece otro programador nuevo, Hans Jansen, que hace algunos cambios muy sutiles, pero que mejoran el rendimiento, ya que funciona más rápido, pero los hace de una manera concreta que luego iba a dar lugar a que la puerta trasera funcionase. Lasse lo modifica un poquito, no ve nada raro, Jia Tan lo une al proyecto final y sale nueva versión. Trabajan en tándem y parece que todo va sobre ruedas.

Jia Tan deshabilita alguna funcionalidad, cambia pequeñas cosas por aquí y por allí, hasta que finalmente introduce su puerta trasera. Estos proyectos de código abierto lo que tienen de bueno es que cualquiera puede revisar el código y ver todo lo que hay, por lo que si hay algo malicioso es muy muy fácil darse cuenta, basta con revisar los cambios. Por eso Jia Tan hizo algo muy astuto.

## ¿Cómo funcionó el ataque?

Como este proyecto es de código abierto, para poder usarlo tienes que descargar el código y transformarlo en un programa. Para poder usar el programa hay que compilarlo primero, el proceso que ya te he comentado. Esto es lo que hacen los mantenedores de las distribuciones, por ejemplo, el mantenedor de Debian se descarga xzutils, lo compila y lo sube como paquete para que los usuarios se lo descarguen como una actualización.

Bueno, pues como te conté antes, existe una versión especial preparada para compilar. La diferencia que tiene con el código del repositorio oficial es que hay algunos archivos comprimidos que se usan para hacer pruebas o test. Esta versión la había preparado Jia Tan y estaba subida en formato comprimido a otro servidor aparte. Cuando el programa se compila, para asegurarnos que todo funcione bien, lo que se hace es correr algunas pruebas, como, por ejemplo, descomprimir varios archivos. En este caso Jia Tan había preparado algunos archivos comprimidos de prueba en la versión especial de compilación.

Durante la compilación se ejecuta un script, que es una serie de instrucciones automatizadas. Lo que hace este script es comprobar qué puede hacer el ordenador donde estamos y configurar bien xzutils para que pueda funcionar de la forma más óptima posible en ese ordenador. Pero en esta versión modificada del script en concreto no solo se comprueban cosas, sino que también se descomprime este archivo de test, que es el que lleva el código especial que habilita la puerta trasera.

Entonces lo que hace es insertar ese código malicioso dentro del código que se va a compilar en esa versión de xzutils.

Voy a recapitular, por si te has perdido. El código oficial no tiene nada raro, solo algunas partes algo rebuscadas pero nada fuera de lo normal. La parte de código malicioso viene dentro de uno de los archivos que se usa para hacer las pruebas. Antes de compilar el código al ejecutar las pruebas, el script que ejecuta los test descomprime un supuesto archivo de prueba. Dentro de ese archivo, de forma comprimida y por lo tanto imposible de entender viendo solo el archivo original, hay un código especial. Ese código se mete a la fuerza dentro del código de xzutils, imagínalo como un copiar-pegar, justo antes de pasar a la fase de compilación, cambiando así el código fuente de una manera que es invisible al resto de la comunidad, a todos aquellos que revisan el código directamente en el repositorio.

Este código malicioso modifica una funcionalidad que se usa por el programa SSH, el que dijimos antes que se emplea para conectarse a los ordenadores por remoto, en concreto, una función que se llama RSA_public_decrypt, que es una funcionalidad que está en la base de la seguridad de SSH. La diferencia es que ahora la función, además de hacer operaciones con las claves RSA y lo que ya hacía antes para autentificar al usuario en SSH, permite que la persona que se quiere conectar envíe comandos, que, bueno, los ejecuta, tal cual.

O sea, con esto yo podría enviar una petición de conexión a tu servidor usando el comando SSH y sumarle una serie de comandos, y aunque no me dejes entrar en el servidor, porque desconozco el usuario y la contraseña, los comandos que yo te mando se ejecutan gracias a esa función modificada.

Esto es gravísimo. Gravísimo. No sé si te das cuenta de la magnitud.

## El descubrimiento

Esto es increíblemente astuto porque el código que ejecutaría estos comandos del cibercriminal no está en el repositorio oficial, o sea, ese código de cara al proyecto no existe, sino que está escondido dentro de uno de los archivos de test, los archivos de prueba que a nadie le importan, que nadie va a revisar y que no son ni oficiales, simplemente los añadió Jia Tan con la supuesta intención de mejorar los test. Jia Tan se fue creando una reputación, un perfil de persona meticulosa, a la que le importaban los detalles, que modificaba pequeños detallitos del código para hacerlo más limpio, por eso a nadie le extrañó que de repente se pusiera a mejorar los test de forma tan meticulosa. Nadie se dio cuenta de nada.

Nadie menos Andres Freund, que se percató de ese tiempo extra a la hora de iniciar sesión, esos quinientos milisegundos de más. Ese uso de procesador estaba causado justamente por esa función que ahora, además de comprobar las claves RSA, también miraba si había alguna instrucción para ejecutar por parte del atacante. Y fue el propio Andres quien, como detalla en su correo electrónico, fue desentramando todo el ataque. Y esto lo presentó delante del grupo de correo de Openwall, que es una comunidad que se dedica a tratar temas de ciberseguridad. No te voy a poner el mail entero porque es muy difícil de entender, pero creo que por lo menos ver parte de él suma al efecto dramático de la historia.

```
Message-ID: <20240329155126.kjjfduxw2yrlxgzm@
awork3.anarazel.de>
Date: Vie, 29 mar 2024 08:51:26 -0700
De: Andres Freund <andres@...razel.de>
Para: oss-security@...ts.openwall.com
Asunto: backdoor en upstream xz/liblzma que lleva
al compromiso de servidores ssh
```

Hola:

Después de observar algunos síntomas extraños
relacionados con liblzma (parte del paquete xz)
en instalaciones de Debian sid en las últimas
semanas (logins con ssh consumiendo mucho CPU,
errores de valgrind), descubrí la respuesta:
El repositorio upstream de xz y los tarballs
de xz han sido comprometidos.

Al principio pensé que esto era un compromiso del
paquete de Debian, pero resulta que es upstream.
== Tarball de lanzamiento comprometido ==
Una parte del backdoor está solo en los tarballs
distribuidos. Para referencia fácil, aquí hay un
enlace a la importación del tarball en Debian,
pero también está presente en los tarballs para
las versiones 5.6.0 y 5.6.1:
https://salsa.debian.org/debian/xz-utils/-/blob/
debian/unstable/m4/build-to-host.m4?ref_
type=heads#L63
Esa línea no está en el código fuente upstream de
build-to-host, ni se usa build-to-host en xz en
git. Sin embargo, está presente en los tarballs
lanzados upstream, excepto en los enlaces de
"source code", que creo que github genera
directamente del contenido del repositorio:
https://github.com/tukaani-project/xz/releases/
tag/v5.6.0
https://github.com/tukaani-project/xz/releases/
tag/v5.6.1

Esto inyecta un script ofuscado que se ejecuta
al final de configure. Este script está bastante
ofuscado y extrae datos de archivos "test" .xz
en el repositorio.

```
Este script se ejecuta y, si algunas condiciones
previas coinciden, modifica
$builddir/src/liblzma/Makefile para que incluya

am__test = bad-3-corrupt_lzma2.xz
...
am__test_dir=$(top_srcdir)/tests/files/$(am__
test)
...
sed rpath $(am__test_dir) | $(am__dist_setup) >/
dev/null 2>&1

lo que lleva a
...; sed rpath ../../../tests/files/bad-3-
corrupt_lzma2.xz | tr "      \-_" "      _\-" | xz
-d | /bin/bash >/dev/null 2>&1; ...
```

Rápidamente todos se empezaron a mover, vieron que la versión 5.6.0 y la 5.6.1 de xzutils venían infectadas. Lasse Collin volvió a tomar el control, quitó todos los cambios maliciosos de Jia Tan, al que evidentemente echó del proyecto, sacaron una nueva versión de emergencia y lo corrigieron.

## Las posibles consecuencias

¿Qué hubiese pasado si no? Bueno, realmente no hubiese afectado a todo el mundo. Es verdad que estamos delante de una vulnerabilidad con la máxima puntuación de alerta, alerta nivel 10 según el índice CVSS, el nivel máximo. Vamos, nivel «un tío puede ejecutar código en tu ordenador desde su casa sin que tú instales nada, solo actualizando tu distro de Linux». Pero hay ciertos Linux en los que esto no hubiese funcionado. Esto es así porque realmente SSH no usa xzutils de forma directa, sino que es libsystemd quien usa xzutils, y luego SSH utiliza libsystemd para la autentificación. Hay algunos sistemas Linux que dejan que libsystemd use su propia versión de xzutils, y otros hacen que, cuando instales un nuevo xzutils, libsystemd utilice la nueva versión. Por ejemplo, Debian, Ubuntu y Fedora sí linkean la nueva versión, por lo que sí les afecta, pero otras como Gentoo o Arch Linux no lo hacen, así que ahí no pasaría nada.

El motivo por el que una pequeña utilidad de descompresión de archivos puede afectar de esa manera a otros programas y comprometer un sistema entero con algo tan básico es justamente por el principio de reutilización y modularidad que existe en el software libre. En el capítulo sobre Linux vimos que tiene mucho sentido que si tu programa necesita descomprimir algo, uses la utilidad de descompresión que ya viene instalada en el sistema porque no vas a reinventar la rueda, ¿verdad? (no fue una casualidad que usara ese ejemplo). También es uno de los motivos por los cuales las aplicaciones en Linux suelen ocupar menos espacio en el disco respecto a ciertos programas en Windows, porque en resumidas cuentas aprovechan muchas de las cosas que vienen preinstaladas en la mayoría de las distribuciones, aunque la decisión final de cuál va a ser la versión exacta o cuál es la dependencia entre los varios programas y librerías en una distribución depende de los propios mantenedores de esa distribución. Por eso no en todos los Linux afecta de la misma manera (perdón por llamar Linux a las distribuciones de GNU/Linux, pero creo que ya tenemos confianza).

A día de hoy no se sabe quién es Jia Tan, pero tampoco se ha vuelto a saber nada de él desde que se descubrió el ataque. Se especula con que podría tratarse de una organización con varias personas, o incluso operaciones patrocinadas por estados como Rusia, China o Corea del Norte. También te diré que siempre que pasa algo así se suele culpar a gobiernos enemigos de Estados Unidos, y luego muchas veces resulta ser un adolescente de diecisiete años desde su habitación en casa de sus padres. Pero también te diré que para poder trabajar en un proyecto como xzutils, entender cómo funciona y desarrollar funcionalidades nuevas, o incluso diseñar un ataque como este, hace falta contar con un muy buen nivel de programación, entendimiento de los sistemas Linux y navegar unas cuantas capas de abstracción de las que te hablé en otros capítulos.

En cualquier caso este tipo de ataques se conocen como ataques a la cadena de suministro, porque atacan literalmente al desarrollador o distribuidor del software. La reflexión con la que quiero terminar es la que esta imagen representa a la perfección, una imagen que dice más que mil palabras. Esta es toda la arquitectura digital moderna y la base es un proyecto de un tipo random en el que han metido una puerta trasera.

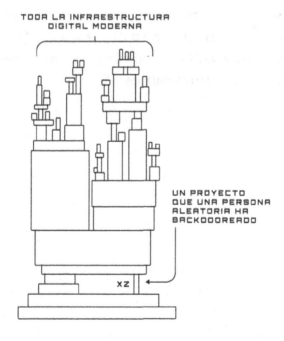

Y lo mismo puede pasar en una empresa, que un trabajador infiltrado pueda meter código malicioso en tu software. Este caso es especialmente grave porque nos habla de cómo realmente no estamos a salvo. Empresas gigantescas como Microsoft o Google dependen muchísimo de estos proyectos hechos por la comunidad, pero también muchas veces tienen equipos que trabajan en estos proyectos. Por ejemplo, el mismo Andres trabaja en PostrgresSQL, como te dije antes, y Postgres es un proyecto de código abierto que no es propiedad de Microsoft, y aun así Microsoft tiene gente trabajando en él. Las mejoras que hagan esos empleados son para toda la comunidad, pero les conviene porque es la manera de asegurarse de que esos proyectos sigan adelante y cumplan con un estándar de calidad.

El mundo del código abierto es increíble y, como ya te he comentado, me parece un milagro y una de las bendiciones más grandes de la informática. Sin embargo, por otro lado, el hecho mismo de que el código de xzutils sea público y que cualquiera lo pueda revisar hace que tengamos una falsa sensación de seguridad, que pensemos que no va a pasar nada, cuando Jia Tan nos ha demostrado que no es tan difícil meter una vulnerabilidad incluso delante de nuestras narices.

# 11

# EL CIBERATAQUE MÁS GRANDE DE LA HISTORIA

Si has tomado alguna clase de redes informáticas, probablemente hayas oído que internet no es más que una red de redes. Una red con un montón de ordenadores conectados que, a su vez, está conectada con otra red y, esa, con otra, y el resultado al final es una red global presente en todo el mundo.

De hecho, cuando entramos en una página web, jugamos online o incluso consumimos servicios de streaming como YouTube o Spotify, estamos descargando contenidos desde otros ordenadores también conectados a internet dentro de esa misma red global y dispuestos especialmente por las empresas para que podamos acceder a ese contenido.

A estos ordenadores se les llama «servidores». Son un poco más sofisticados que el PC de casa pero al fin y al cabo son PC: tienen su RAM, su procesador y todos esos componentes que ya conoces. La diferencia principal es que están en salas especiales con temperatura controlada, alta seguridad y una muy buena conexión a internet para asegurar que ese contenido siempre esté disponible y la conexión sea lo más rápida posible. Un proveedor de servicios, como un centro de datos, un hosting web o un proveedor de cloud, puede tener miles de servidores todos alojados en el mismo edificio o en varios.

## Los límites del servidor

Probablemente te has dado cuenta alguna vez de que los recursos de un ordenador son limitados. A veces, cuando le pedimos que ejecute un programa muy pesado o abrimos un montón de aplicaciones a la vez, el pobre ordenador «se queda pensando», como decían nuestros padres. A veces incluso se congela durante unos segundos. Esto pasa porque el procesador, aunque es muy rápido, necesita tiempo para hacer todos los cálculos que permiten que el sistema funcione. Normalmente las operaciones son tan rápidas que ni te enteras de que el ordenador está trabajando y todo ocurre casi en tiempo real. Pero si le pedimos demasiado, empieza a notarse.

Uno de los problemas más comunes es quedarte sin RAM. La RAM es una memoria muy rápida que hace de intermediario entre el procesador y el disco duro (o almacenamiento; le solemos llamar «disco duro» pero ya casi nadie usa discos duros de verdad). Si el procesador tuviera que leer los datos directamente desde el almacenamiento, sería como ver crecer la hierba... lentísimo. Ahí es donde entra la RAM, que guarda los datos temporalmente mientras usas los programas para que el procesador pueda acceder a ellos rapidísimo.

El problema es que, cuando la RAM se llena, la cosa se complica. Por ejemplo, si abres treinta pestañas en Google Chrome y tu PC no va precisamente sobrado, la RAM se queda corta y el procesador se ve obligado a buscar datos en el almacenamiento principal. Ahí es cuando tu ordenador empieza a ir muy lento. Si al arrancar tu PC funciona bien pero luego, de repente, se pone a pensar durante minutos al abrir muchos programas o pestañas del navegador, es probable que sea porque la RAM está hasta arriba.

Ahora bien, otro problema común es que la red se sature. Cuando hablamos de conexiones de red, básicamente estamos hablando de datos viajando entre dos ordenadores: uno es el cliente (tu PC, por ejemplo) y el otro es el servidor, un ordenador remoto que está en algún centro de datos y tiene todo listo para mandarte lo que pidas, como una página web. Esta comunicación va por internet, pasando por un montón de nodos. Para ti, la salida a internet es tu router, pero después tus datos viajan por varios aparatos más avanzados, hasta llegar al servidor, hacer lo que tengan que hacer y luego volver a tu ordenador.

Lo interesante es que toda esta conexión se realiza a través de cables físicos. Sí, cables reales. Y lo más sorprendente es que hay cables que cruzan océanos enteros, como el Atlántico, llevando el tráfico entre continentes. Son como autopistas de datos que interconectan países y regiones. Y, como en cualquier autopista, hay un límite de «carriles», es decir, un límite de ancho de banda, que es la cantidad de datos que pueden viajar a la vez. Si la autopista está llena, el tráfico se ralentiza.

Por ejemplo, la red de mi oficina tiene una conexión de IGb/s simétrico, lo que significa que podemos descargar y subir datos con ese ancho de banda máximo. Pero ¿qué pasa cuando llegamos al límite? Si estás descargando un archivo grande, una actualización, un juego, una película de Mega (o todo a la vez), podrías acabar ocupando todo el ancho de banda. Cuando eso pasa, las nuevas conexiones irán superlentas o, directamente, no funcionarán. Seguro que alguna vez has vivido esa frustración de que alguien en casa esté saturando la red, ¿verdad?

Los servidores también tienen recursos limitados. Además de estar conectados a internet, tienen un procesador, RAM y almacenamiento, igual que tu PC. Y si uno de estos recursos se satura, la página web o servicio que están ofreciendo se vuelve muy lento o, en el peor de los casos, deja de funcionar. Por eso, gestionar estos recursos es superimportante.

La buena noticia es que la mayoría de los servicios online tienen patrones de tráfico predecibles. Si tienes una web, más o menos sabes cuánta gente entra, gracias a las estadísticas, y puedes ver cuáles son las horas punta o los días de más tráfico. Si sabes cuántos usuarios vas a tener, puedes ajustar los recursos (procesador, RAM, ancho de banda) para que todo funcione bien. Por ejemplo, si tienes una tienda online, es probable que en Navidad o Black Friday haya un pico de visitas, pero si te preparas con antelación, no debería ser un problema.

Además, hoy en día existen servicios de escalado automático. Gracias a la nube y las máquinas virtuales, muchos servidores pueden ajustarse dinámicamente según la demanda. Puedes configurar tu infraestructura para que, si hay demasiada carga, automáticamente se pongan en marcha más servidores para ayudarte a gestionar el tráfico. Incluso puedes tener varios servidores con un balanceador de carga. Imagina que tienes cuatro servidores iguales sirviendo tu página web. Cada uno de ellos tiene la misma información, y cuando un usuario se conecta, el balanceador decide a qué servidor lo manda, según cuál esté menos ocupado. Es como cuando vas a un supermercado y haces cola en la caja. Al final de la cola hay una pantalla que te dice a qué caja debes ir; pues esto es lo mismo, solo que con datos y servidores. Y lo mejor de todo es que, si uno de los servidores falla, tienes otros para seguir funcionando.

Otra opción es geodistribuir tus servidores. Si juegas a videojuegos online, esto te sonará. Para mejorar la experiencia de los usuarios, puedes tener servidores distribuidos por todo el mundo. Así, cuando alguien se conecta, se le asigna el servidor más cercano, lo que reduce los tiempos de respuesta y evita cuellos de botella. Porque, ya sabes, cuanto más lejos tengas que viajar por la autopista de datos, más probabilidades hay de encontrarte con tráfico o accidentes. Lo mismo pasa con internet: cuanto más cerca esté el servidor, mejor.

Estas son algunas de las técnicas que las empresas usan para prevenir que sus servicios se interrumpan y asegurarse de que todo funcione como un reloj, incluso en momentos de mucho tráfico. Y todo esto, claro, tiene un coste. El ancho de banda, el procesador y los recursos de los servidores cuestan dinero, y cuanto más usas, más pagas. Quédate con ese último detalle porque va a ser importante en esta historia.

## Denegación de servicio

Imagina que una mañana decides ir al banco a ingresar algo de dinero. Te subes al coche, conduces, pero al llegar te encuentras con que la calle está cortada por la policía. Resulta que un montón de manifestantes han montado una protesta frente al banco porque no están nada contentos con los intereses de las hipotecas. Así que, claro, es imposible acceder al edificio, por lo menos en ese momento. ¿Cuál es la intención de los manifestantes? Pues evitar que el banco pueda operar, o sea, denegar a los clientes su servicio como forma de protesta.

En internet existe un equivalente a esto: el ataque de denegación de servicio, o DoS. Este ataque consiste en colapsar un servidor para que los usuarios no puedan usarlo, en otras palabras denegar el servicio. ¿Cómo colapsa alguien un servidor a propósito? Fácil: mandando tantas peticiones al servidor hasta saturarlo por completo. La idea sería llevar al límite esos recursos de los que hablamos antes. Al hacer eso, el servidor se vuelve más lento o, directamente, deja de responder. Para conseguirlo necesitarías enviar miles o incluso millones de peticiones a la vez, simulando un ejército de manifestantes virtuales.

Ahora, dentro de los ataques de denegación de servicio hay dos grandes familias. La primera es el flooding, que como su nombre sugiere, es básicamente inundar el ancho de banda del servidor con una cantidad tan grande de tráfico que ya no pueda recibir más peticiones. Como vimos antes, es parecido a cuando en tu ordenador estás descargando demasiadas cosas al mismo tiempo.

La segunda familia son los ataques de agotamiento de recursos, que no saturan la red en sí, sino que atacan los recursos internos del servidor, como el procesador o la RAM. No los dañan físicamente, solo buscan mantener el servidor tan ocupado que no pueda atender las peticiones de los usuarios.

Intentar hacer un ataque DoS eficaz desde tu PC casero es bastante complicado. Se puede hacer en el caso de que la web tenga un fallo de diseño, y exista por ejemplo una página que es excesivamente lenta cargando y hace trabajar mucho al servidor. En ese caso llamándola unas cuantas veces desde un ordenador podríamos tumbar el servidor, pero en una web mínimamente bien diseñada esto no debería pasar. Generar suficiente tráfico para tumbar un servidor que probablemente está preparado para manejar millones de usuarios no es nada fácil. Además, hacerlo tú solo haría que el ataque fuera demasiado obvio y fácil de detener: los administradores del servidor lo tendrían facilísimo para bloquear tu dirección IP y ¡adiós, ataque!

Por eso, se usa una técnica más avanzada llamada DDoS, que en español significa denegación de servicio distribuida. Aquí no es tu ordenador en sí el que hace el ataque, o mejor dicho no es un solo ordenador (no usarías tu ordenador a menos que quieras acabar entre rejas), sino miles o incluso millones de dispositivos repartidos por todo el mundo conectándose al servidor a la vez. Esto no solo aumenta el volumen del ataque, sino que también lo hace más difícil de detectar y bloquear, porque el tráfico viene de muchos sitios a la vez y se mezcla con el tráfico normal de gente que quiere usar el servicio de verdad.

Ahora bien, ¿cómo se consigue este ataque «distribuido»? Convencer a un montón de personas para que se sincronice y ataquen un servidor a la vez suena complicado y bastante poco práctico. Es verdad que a veces, en algunos foros, se organizan boicots en los que todo el mundo se conecta a una página a la misma hora, con la esperanza de que se caiga, pero esto rara vez funciona... a menos que la web sea muy muy básica.

Además, convencer a tanta gente para que se conecte coordinadamente no es nada fácil. Montar una especie de secta digital podría ser una opción, pero mucho más efectivo es «tomar prestados» los ordenadores de los usuarios sin que ellos lo sepan. La idea es bastante sencilla: infectas sus dispositivos, los controlas en remoto, y los conviertes en un ejército de PC zombis que están a tu servicio. Cuando necesitas atacar, les das la señal y todos empiezan a mandar peticiones al servidor objetivo.

Para llevar a cabo este plan de película de terror, lo único que necesitas es infectar esos ordenadores con algún tipo de malware o programa malicioso diseñado para esto. Este programa se ejecuta en segundo plano, en silencio, esperando mi señal. Y cuando llega el momento, ¡zas!, empieza a mandar peticiones a la página web que le he ordenado atacar. Lo más divertido (o inquietante, depende de cómo lo mires) es que el usuario nunca se enterará. Puede estar navegando tranquilamente, jugando a videojuegos, viendo sus memes, mientras mi programa está atacando páginas web de fondo, y no se dará cuenta de absolutamente nada.

## LOS VIRUS CADA VEZ SE EXPANDEN MÁS

El primer virus, llamado Creeper y creado por Robert Thomas Morris en 1972, infectó un IBM Serie 360 mostrando el mensaje «Soy una enredadera, atrápame si puedes». Se contrarrestó con el primer antivirus, Reaper. Desde entonces, el número de virus informáticos ha crecido exponencialmente, impulsado por la proliferación de ordenadores y conexiones a internet.

Fred Cohen acuñó el término «virus informático» en 1983, refiriéndose a códigos autorreproducibles. La era de la creación masiva de virus comenzó tras la publicación del libro *Neuromante*, de William Gibson, fuente de inspiración para muchos creadores de virus. En la década de los noventa, la evolución de las redes de área local a redes de área amplia facilitó una propagación sin precedentes de virus.

Hoy, los virus pueden difundirse mundialmente en horas o minutos, incrementando significativamente el riesgo de infección: de 1 en 10.000 en 1990, a 1 en 10 en 2002.

¿Y cómo infectaríamos esos ordenadores? Bueno, hay varias maneras. Podríamos, por ejemplo, crear una página web donde se ofrezca una versión pirata de Photoshop con su crack incluido, el típico post de «Adobe Photoshop CS5 Extended [Multilenguaje] [con medicina]». El usuario lo descarga, lo instala, y todo parece ir de maravilla: ¡ya tiene su Photoshop gratis! Lo que no sabe es que, en realidad, también se ha descargado un regalito extra en forma de malware. Otra opción sería ofrecer juegos gratuitos, programas para adultos (ya sabes, con esos anuncios sospechosos), o incluso el clásico falso botón de descarga. Te metes en una web, ves el botón que dice «¡Descarga aquí!», haces clic, se descarga algo, lo ejecutas y... ¡sorpresa! No pasa nada, o al menos eso crees. Lo que realmente ha pasado es que acabas de instalar un malware en tu ordenador, que se queda ahí, calladito, esperando a recibir órdenes del atacante.

En ese momento, tu PC pasa a formar parte de una red de ordenadores zombis, un ejército de dispositivos dormidos que está controlado por un atacante. Ese atacante puede usar esta red de bots para tirar abajo páginas web, saturar nodos de internet o, si se lo propone, desconectar a todo un país de internet (sí, esto puede pasar, y más adelante te cuento cómo). Estas redes se llaman botnets y, aunque suene a película de ciencia ficción, son bastante comunes. De hecho, puede que ahora mismo tu ordenador sea parte de una botnet y tú no tengas ni la más mínima idea.

## Mirai: la botnet que los dejó boquiabiertos

Mirai hizo su aparición en 2016, y no pasó mucho tiempo antes de que captara la atención del mundo. Su primer gran movimiento fue un ataque dirigido contra OVH, una empresa francesa de servidores de la que probablemente hayas oído hablar. De hecho en el canal de YouTube tenemos un vídeo llamado «La cara oculta de la informática... Dentro de un DATACENTER», visitando los centros de datos de OVH, que posiblemente te interese ver para entender mejor todo este mundo de los servidores.

OVH aloja miles de servidores que gestionan páginas web, aplicaciones, juegos y servicios muy conocidos. Entre sus clientes se encuentran veinte de las quinientas empresas más grandes del mundo, así como unos dieciocho millones de aplicaciones. Como una de las mayores empresas de servidores de Europa, OVH está muy bien preparada para frenar cualquier tipo de ataque. De hecho, según sus propios datos, reciben unos 1.200 ataques DDoS al día, y ninguno logra causarles problemas graves. Pero todo cambió el 18 de septiembre de 2016.

Ese día, OVH sufrió un ataque distribuido de una magnitud nunca antes vista. El tráfico alcanzó un pico de un terabit por segundo, generado por 145.000 dispositivos «zombis» que atacaron al unísono desde países como Brasil, Colombia, Vietnam y China. El ataque superó la capacidad de respuesta de OVH, desconectando varios de sus servidores, algo que jamás había sucedido hasta ese momento.

Naturalmente, OVH no tardó en ponerse a investigar. Querían identificar al culpable, pero dado que parecía tratarse de un caso aislado, muchos lo consideraron solo una curiosidad en el vasto universo de internet, un incidente aislado sin demasiadas consecuencias.

Pero tres días después, Mirai volvió a golpear, esta vez contra un objetivo diferente: la web del periodista de ciberseguridad Brian Krebs, conocido por su sitio Krebs on Security. El ataque fue brutal, alcanzando un ancho de banda de 623 gigabits por segundo y utilizando alrededor de 600.000 dispositivos conectados al mismo tiempo. El sitio de Krebs contaba con la protección de Akamai. Akamai es un servicio que justamente sirve para estos casos: aligerar la carga de la página web y contrarrestar posibles ataques DDoS. Por lo que al principio el ataque parecía que estaba contenido.

Sin embargo, la magnitud del ataque fue tal que, a pesar de su capacidad, Akamai se vio obligada a desactivar la web de Krebs, debido a los elevados costos que suponía mantenerla operativa bajo ese nivel de agresión. Como te conté antes, el ancho de banda tiene un precio, y poner procesadores y servidores a trabajar también cuesta dinero, por lo que el ataque estaba empezando a hacer un agujero importante. Akamai admitió que el ataque fue el doble de grande que el mayor que habían enfrentado hasta entonces.

Este segundo ataque no pasó desapercibido. Inmediatamente se lanzó una investigación para recopilar toda la información posible. OVH también participó en el análisis de lo sucedido. Incluso el FBI mostró interés en el caso. A pesar de todo, no fue hasta después de un tercer ataque cuando el mundo empezó a comprender la verdadera amenaza que representaba Mirai.

## AKAMAI

Una cuarta parte del tráfico de internet está controlada por Akamai, una compañía de Massachusetts especializada en almacenamiento en caché, que sorprendentemente permanece casi anónima. De forma contraria a la creencia popular de que internet es una entidad abstracta e inmaterial, alojada en una «nube» lejana, la realidad es mucho más física y geográfica. Internet depende de cables físicos y hardware tangible, donde la disposición de los componentes es crucial debido a la velocidad de los procesadores, que operan en fracciones de nanosegundos.

A gran escala, la ubicación geográfica es fundamental para la red. Las «redes de distribución de contenido» (CDN) juegan un papel vital, albergando copias de sitios web populares en todo el mundo. Esto permite a los usuarios acceder a los datos desde un lugar cercano, en vez de recorrer largas distancias hasta el servidor original. Akamai, líder en este campo, optimiza el rendimiento de los sitios web mediante sus servicios, haciendo que el contenido esté más accesible y rápido para los usuarios globales.

El 21 de octubre de 2016, se produjo un ataque coordinado a varios servidores de la empresa Dyn, y la cosa fue seria. Varios de sus servidores clave fueron atacados simultáneamente, lo que dejó inaccesibles a un montón de páginas web en Estados Unidos y Europa.

Dyn tiene unos servidores muy importantes: es la que traduce los nombres de las páginas web en direcciones IP. Cuando en tu ordenador navegas a una página web, escribes en la barra del navegador lo que se conoce como el nombre del dominio. Por ejemplo «google.es». Pero tu ordenador no puede acceder a «google.es», porque en internet todo funciona por direcciones IP, por ejemplo 142.250.201.67 (esta es una de las direcciones IP de Google). El ordenador necesita una manera de traducir ese «google.es» en «142.250.201.67». Para ello usa un servidor DNS, como los de Dyn. Al caer el servicio de Dyn, muchos usuarios alrededor del mundo dejan de poder acceder a servicios web.

El primer ataque empezó bien temprano, a las siete de la mañana, y dejó a los usuarios sin servicio durante aproximadamente dos horas y veinte minutos. Luego, a lo largo del día, llegaron dos ataques más para rematar. Entre las webs afectadas estaban Spotify, Amazon, GitHub, PayPal, Airbnb, Netflix, Twitter, Reddit y muchas otras que probablemente usas a diario. Así que ya te puedes imaginar el caos.

Todo esto a ojos de los expertos parecía un testeo a gran escala de las defensas de las empresas encargadas de gestionar las partes más críticas de internet. Los expertos empezaron a levantar la ceja: esta red de bots no era la típica de siempre, era mucho más peligrosa, con la capacidad de atacar desde una amplia gama de direcciones IP. Por la magnitud del ataque y la cantidad de dispositivos involucrados, las teorías no tardaron en aparecer, señalando a posibles gobiernos detrás del ataque (como siempre...). Los sospechosos principales: Rusia y China.

## ¿Qué era realmente Mirai?

Los primeros en detectar la red Mirai fueron un grupo de expertos en seguridad llamado Malware Must Die, allá por agosto de 2016. ¿Y qué descubrieron? Que esta red estaba formada casi exclusivamente por dispositivos del famoso internet de las cosas (IoT). Estamos hablando principalmente de cámaras IP de vigilancia que se pueden manejar remotamente. Pero no solo eso, también había DVR (esas grabadoras digitales que los estadounidenses usan mucho para grabar televisión), routers y todo tipo de dispositivos inteligentes. Incluso impresoras conectadas a wifi formaban parte del batallón.

El programa que infectaba estos equipos se llamaba Mirai, un malware tipo gusano, lo que significa que, una vez que infectaba un dispositivo, se replicaba a sí mismo y seguía avanzando. Mirai se especializaba en dispositivos con Linux y arquitectura ARM. Sí, has leído bien: ¡un virus para Linux!

## IOT

El concepto de internet de las cosas (IoT, por sus siglas en inglés), propuesto por Kevin Ashton en 1999, representa una evolución significativa en el mundo de la tecnología y la comunicación. Ashton, trabajando en el Auto-ID Center del MIT, imaginó un futuro en el que objetos cotidianos estarían equipados con capacidades de identificación y comunicación similares a las de un smartphone. Este concepto se basa en la integración de dispositivos pequeños, económicos y eficientes, capaces de transmitir y recibir datos a través de internet.

La idea central del IoT es que los objetos de uso diario, como una taza de café o un paquete de hilo dental, pueden estar equipados con sensores, microprocesadores y conectividad inalámbrica. Esto les permite recopilar y transmitir datos, así como recibir instrucciones o información desde una red central o dispositivos conectados. Por ejemplo, una taza de café podría ser capaz de informar sobre su temperatura, cantidad de líquido restante o incluso la calidad del café, mientras que un paquete de hilo dental podría monitorizar la frecuencia y la duración de su uso.

Estas capacidades abren un sinfín de posibilidades para la automatización, el monitoreo remoto, la recolección de datos y la interacción inteligente entre objetos.

Mirai comenzó su andadura desde un único servidor en Estados Unidos, infectando un solo punto inicial. Lo que hace Mirai una vez que ha infectado el dispositivo es «probar» todas las direcciones IP que puede. Está programado para ir dirección por dirección viendo si detrás hay un dispositivo infectable. Así que este primer dispositivo empezó a probar direcciones IP de todo el mundo de manera completamente aleatoria. Es como si empezara a tocar puertas de casas al azar por todo el planeta, esperando a ver quién abre. Cuando Mirai detectaba un dispositivo inteligente, intentaba un truco bastante sencillo: se conectaba a través de telnet usando el nombre de usuario y la contraseña que venían de fábrica con esos aparatos. Sí, así de simple.

El código de Mirai incluía una lista de unas sesenta combinaciones de usuarios y contraseñas que suelen venir por defecto en un montón de dispositivos inteligentes. Todo lo que hacía era probar esas credenciales, una tras otra, a través de telnet, un protocolo de conexión remota que muchos fabricantes dejan abierto para que los usuarios o ellos mismos puedan configurar y hacer pruebas. Si el dispositivo aceptaba la conexión, es decir, si el usuario y la contraseña seguían siendo los que venían de fábrica y el puerto telnet estaba abierto, ¡bingo! Tenemos un dispositivo vulnerable. Entonces, la información de su IP y del tipo de aparato, procesador y arquitectura (ya sea x86, ARM, Motorola, etc.) se enviaba a un servidor de reportes.

A partir de ahí, una segunda máquina entraba en acción, conectándose por telnet como administrador y subiendo un archivo diseñado especialmente para el dispositivo en cuestión. Una vez subido, este pequeño programa malicioso se ejecutaba en el aparato, por ejemplo, un router, y lo primero que hacía era borrarse a sí mismo del almacenamiento. De esa manera ocultaba sus rastros: si alguien venía a revisar, no encontraría ningún archivo sospechoso.

Pero no te engañes: aunque desaparecía, el programa seguía activo en la RAM. Como te conté antes, al ejecutar un programa lo que hacemos es cargarlo en la RAM, así que ya no necesitamos el archivo para que el programa se siga ejecutando. Con un reinicio del aparato el gusano se elimina por completo, porque al apagar el router los programas dejan de ejecutarse y la RAM se borra, eliminando todo rastro de lo que haya podido pasar. Sin embargo, como el atacante ya tenía la IP registrada en una base de datos, cada cierto tiempo volvía a revisar si el dispositivo seguía infectado. Si no lo estaba, lo atacaba de nuevo.

Una vez infectado, tu router pasaba al siguiente nivel: ahora, él se encargaba de infectar a otros dispositivos inteligentes de la misma manera, probando direcciones IP al azar, una tras otra, sin descanso. Además, todos estos dispositivos zombis estaban bajo el control de una máquina central, conocida como servidor de comando y control (C2). Este servidor, manejado por el atacante, era el que enviaba las órdenes a todos los dispositivos zombis, diciéndoles cuándo y a quién atacar. Así es como se coordinaban los ataques DDoS: desde una sola máquina, el atacante mandaba un mensaje, los zombis lo recibían y todos atacaban al mismo tiempo, como una pandilla bien organizada.

Mirai realizaba varios tipos de ataques DDoS, principalmente del tipo flooding, es decir, saturaba el ancho de banda de la red con un volumen de tráfico tan grande que el servidor no podía comunicarse con nuevos ordenadores. Los ataques más comunes eran los de UDP flood, que consistían en enviar paquetes UDP de manera masiva, y los de SYN flood, que explotaban el proceso de conexión TCP, dejando al servidor esperando infinitas conexiones sin respuesta.

Pero eso no era todo. Mirai también utilizaba técnicas más avanzadas como el GRE flood, que encapsulaba grandes cantidades de datos y sobrecargaba al servidor con procesamiento adicional, y el DNS Water Torture, que bombardeaba los servidores DNS con tantas solicitudes de resolución que los hacía colapsar.

## ¿Por qué era tan difícil de detener?

La razón por la que Mirai era tan complicado de mitigar es porque infectaba miles de dispositivos distribuidos por todo el mundo, lo que hacía que los ataques fueran extremadamente distribuidos. Era difícil bloquear a los atacantes sin bloquear a usuarios legítimos, ya que el tráfico malicioso provenía de dispositivos muy variados.

Además, la seguridad en muchos de estos dispositivos IoT era prácticamente inexistente: contraseñas predeterminadas, falta de actualizaciones y en general poca atención. Si bien para los ordenadores y smartphones tenemos bien en cuenta que actualizar es importante para nuestra seguridad, e incluso en nuestros PC muchos tenemos antivirus, el router, la cámara de seguridad, la impresora o ese aparato inteligente de turno es algo en lo que rara vez piensas.

Los ataques de Mirai no solo interrumpían los servicios de empresas gigantes como Dyn, Amazon o Spotify, sino que también costaban millones debido al precio de mitigar ataques de esta magnitud. En el caso de Mirai, el tráfico generado podía llegar a 1 terabit por segundo. Este nivel de tráfico requería una capacidad enorme para mitigarlo, lo que disparaba los costos.

Además, durante el tiempo que duraba el ataque, muchas plataformas no podían operar, lo que resultaba en pérdidas económicas masivas en términos de ventas, publicidad y daños a la reputación. Así que no era solo el coste directo de defenderse, sino también las pérdidas indirectas las que convertían a Mirai en una pesadilla millonaria para las empresas afectadas.

## Anna Senpai

El 30 de septiembre de 2016, cuando aún Mirai no estaba en el punto de mira de todas las agencias y cuando recién se había empezado a hablar del tema (prácticamente después del primer ataque a OVH), sus creadores publicaron un post en el foro hackforums.net, uno de los sitios favoritos de los ciberdelincuentes para intercambiar conocimientos. El post lo firmaba alguien bajo el pseudónimo Anna Senpai.

Anna empezó diciendo que, al entrar en la industria de los DDoS, no tenía intención de quedarse mucho tiempo. Básicamente, ya había hecho su dinero, y ahora que había muchos ojos puestos sobre los dispositivos del internet de las cosas, era el momento perfecto para desaparecer. Se daba por satisfecho. Luego, se permitió el lujo de burlarse del grupo Malware Must Die, criticando su análisis y mostrando una buena dosis de arrogancia. Finalmente, como si fuera poco, explicó paso a paso cómo montar toda la red y, como golpe final, liberó el código fuente de Mirai, permitiendo que cualquiera creara su propia red de dispositivos zombis.

Ese mismo día, empezaron a aparecer versiones modificadas de Mirai, algunas incluso mejoradas para evitar ser detectadas. Gracias a esto, los forenses pudieron identificar estas nuevas versiones y reconstruir la línea temporal de las modificaciones, principalmente observando los cambios en la lista de contraseñas. Recuerda que te mencioné esa lista de combinaciones de usuarios y contraseñas predefinidas: es justo eso lo que usaron los forenses para seguir el rastro de las mutaciones del malware.

Estas nuevas variaciones fueron las que realmente hicieron daño. De hecho, quien atacó a Dyn no fue el creador original de Mirai, sino otro atacante que utilizaba su propia red Mirai con una versión modificada del gusano.

Al final, el FBI atrapó a los culpables: Paras Jha, Josiah White y Dalton Norman. El cabecilla de todo el asunto era Paras Jha, un estudiante de la Universidad de Rutgers en New Jersey. Y, como dato interesante, el primero en identificarlo fue el propio Brian Krebs, el mismo del blog que fue atacado por Mirai.

## ACLARACIÓN DE TÉRMINOS

- Malware: un término general que abarca todo tipo de software diseñado para dañar o explotar cualquier sistema informático o red. Incluye virus, gusanos, troyanos, ransomware, spyware, adware, entre otros.
- Virus informático: un tipo de malware que se caracteriza por su capacidad de replicarse a sí mismo e infectar otros programas y archivos en un ordenador. Un virus informático necesita de un archivo anfitrión (como un documento o programa ejecutable) para propagarse y suele activarse al abrir el archivo infectado.
- Gusano: a diferencia de un virus, un gusano es un tipo de malware que puede replicarse y propagarse por sí mismo sin necesidad de un archivo anfitrión. Se distribuye a través de redes, aprovechando vulnerabilidades de seguridad o utilizando sistemas de mensajería y correos electrónicos para enviar copias de sí mismo a otros ordenadores.
- Troyano: un tipo de malware que se disfraza como un software legítimo o se incrusta en uno. Una vez que el usuario lo instala o ejecuta, el troyano puede realizar diversas acciones maliciosas, como robo de datos, instalación de otros malwares o control remoto del sistema infectado.
- Ransomware: un malware que cifra los datos del usuario y exige un pago (generalmente en criptomonedas) para desbloquearlos. A menudo se distribuye mediante técnicas de phishing o explotando vulnerabilidades de seguridad.

- Spyware: este tipo de malware está diseñado para espiar las actividades del usuario, recopilando información como datos de navegación, contraseñas y otros datos personales o confidenciales.
- Adware: aunque no siempre es malicioso, el adware es un software que muestra anuncios no deseados al usuario. Puede ralentizar el ordenador y, en algunos casos, incluir componentes de spyware.

## Todo empezó con *Minecraft*

Uno de los datos más curiosos de Mirai es que, en el ataque original contra OVH en Francia, la mayoría de las direcciones IP atacadas pertenecían a servidores de *Minecraft*. Ahora bien, por si no estás muy familiarizado con el tema, te explico rápidamente qué es *Minecraft*. Se trata de un videojuego de mundo abierto donde los jugadores pueden explorar, recolectar recursos, construir estructuras y, sobre todo, interactuar con otros jugadores. Aunque se puede jugar de manera individual, una de las características más populares de *Minecraft* es su modo multijugador, donde los usuarios se conectan a servidores para jugar juntos.

Estos servidores multijugador no siempre son oficiales, es decir, creados por la empresa que desarrolla *Minecraft*, sino que muchos son gestionados por los propios jugadores, lo que les permite personalizarlos a su gusto. Cada servidor puede tener modos de juego diferentes, sus propias reglas y comunidades únicas. Algunos servidores son gratuitos, mientras que otros ofrecen cuentas premium o venden objetos especiales dentro del juego, lo que los convierte en una fuente de ingresos bastante rentable. Para que te hagas una idea, algunos de los mejores servidores de *Minecraft* llegan a generar más de 100.000 dólares al mes.

Ahora que tienes una imagen más clara de lo que es *Minecraft* y sus servidores, resulta que Brian Krebs se dio cuenta de que los atacantes de Mirai probablemente eran dueños de uno de estos servidores y estaban utilizando el malware para una táctica bastante conocida: derribar los servidores de la competencia para atraer a los jugadores a los suyos. Es decir, eliminar a la competencia a lo bruto.

Este tipo de ataques no era nada nuevo en el universo de *Minecraft*. De hecho, es la razón por la que OVH y otras empresas que alojan estos servidores tienen protecciones anti-DDoS tan avanzadas. Como ya mencioné antes, OVH estaba acostumbrada a este tipo de ataques.

¿Y cómo llegó Krebs a Paras Jha? Aquí la historia se pone interesante. Krebs empezó a investigar y descubrió que una de las empresas americanas que había sufrido ataques DDoS relacionados con Minecraft era Proxypipe, una empresa que ofrece protección anti-DDoS específicamente para servidores de videojuegos.

Proxypipe sufrió un ataque brutal en 2014, con un pico de 300 gigabits por segundo, que se repitió en 2015. Los ataques venían acompañados de mensajes amenazantes firmados por un tal Christopher Sculti, un adolescente que, según su perfil de LinkedIn, era el único empleado de una empresa llamada DataWagon, que curiosamente competía directamente con Proxypipe en servicios anti-DDoS.

DataWagon tenía sus servidores de Minecraft alojados en Protraf Solutions, otra empresa que vendía protección para servidores de Minecraft. Y aquí es donde entra Paras Jha, quien era nada más y nada menos que el presidente de Protraf Solutions. Aunque, al parecer, también era el único empleado de la empresa.

El perfil de Paras en LinkedIn detallaba sus habilidades de programación y su trabajo en Minetime, uno de los servidores de *Minecraft* más populares. Lo más curioso es que esa lista de habilidades se parecía mucho a la que Anna Senpai (el alias del creador de Mirai) tenía en Hackforums.

Tirando del hilo, Krebs encontró que Paras tenía una cuenta en GitHub bajo el alias Dreadiscool, donde subía código y, curiosamente, ese mismo alias lo usaba en un foro de Minecraft, donde hablaba sobre programación y ataques DDoS. También tenía una cuenta en MyAnimeList, y entre sus animes completados figuraba nada más y nada menos que... ¿Estás preparado? Mirai Nikki. Así es, Paras tomó el nombre para la botnet más letal de la historia de uno de sus animes favoritos.

Finalmente, Krebs y Robert Coelho, vicepresidente de Proxypipe, notaron que el código de Mirai publicado en el foro era muy similar al que DreadisCool había subido a su GitHub. Todo apuntaba a que habían dado con el culpable. Krebs acusó públicamente a Paras en su blog, aunque eso no fue suficiente para que el FBI actuara de inmediato: hacían falta pruebas.

El proceso fue complicado. Siguiendo los rastros forenses de las distintas conexiones e interacciones entre servidores, llegaron al ordenador de un niño en Francia quien fue el primer presunto culpable. No solo todos los ataques parecían salir de su ordenador, sino que también era fan de *Minecraft* y el anime. Pero más tarde se descubrió que Paras y sus amigos habían hackeado el dispositivo del niño para dirigir los ataques desde allí. Después de rastrear direcciones IP, revisar archivos de log y mucho análisis forense, consiguieron llegar a los autores originales del ataque.

En el juicio, se demostró que Paras, junto con Josiah White y Dalton Norman, crearon Mirai y fueron responsables de los ataques a OVH y Krebs on Security. El ataque a OVH tenía como objetivo los servidores de *Minecraft* de la competencia, y el de Krebs on Security fue simplemente por diversión.

El ataque que dejó a Estados Unidos y Europa sin acceso a varias páginas web durante algunas horas fue obra de otra persona, y estaba dirigido principalmente a los servidores de PlayStation y Xbox Live, pero fue tan masivo que terminó derribando todo.

## OTROS ATAQUES MUY DAÑINOS

A lo largo de la historia de la informática, han existido varios virus y malwares notorios que han causado un gran impacto tanto en sistemas individuales como en redes a nivel global. Algunos de los más famosos son estos:

1. **ILOVEYOU**: este malware, también conocido como Love Bug o Love Letter, se propagó en el año 2000 mediante correo electrónico. Infectó millones de computadoras a nivel mundial, enviándose automáticamente a todos los contactos del correo electrónico de la víctima. Causó daños estimados en miles de millones de dólares.
2. **Mydoom**: lanzado en 2004, es considerado uno de los gusanos de correo electrónico más rápidos jamás creados. Se difundió mediante archivos adjuntos de correo electrónico y causó interrupciones significativas en las redes de empresas grandes, incluyendo Google.
3. **Conficker**: aparecido en 2008, infectó millones de computadoras en todo el mundo, incluidas las de gobiernos y negocios. Este gusano explotaba una vulnerabilidad en los sistemas operativos Windows y formaba una botnet masiva.
4. **Stuxnet**: descubierto en 2010, es conocido por ser uno de los primeros ejemplos de una ciberarma. Fue diseñado para atacar software industrial específico y se cree que tuvo como objetivo el programa nuclear iraní, dañando significativamente sus centrifugadoras de enriquecimiento de uranio.
5. **CryptoLocker**: surgido en 2013, es un tipo de ransomware que cifraba los archivos de la víctima y luego exigía un rescate para desbloquearlos. Fue uno de los primeros casos ampliamente difundidos de ransomware que afectó a usuarios individuales y empresas.

6. **WannaCry**: en 2017 afectó a cientos de miles de ordenadores en más de 150 países. Este ransomware explotaba una vulnerabilidad en Windows y causó interrupciones masivas, especialmente en el sistema de salud del Reino Unido.

7. **Petya/NotPetya**: en 2016 y 2017, Petya y su variante más avanzada NotPetya causaron estragos. Aunque Petya era originalmente un ransomware, NotPetya fue diseñado más como un ciberataque destructivo, afectando sobre todo a Ucrania pero con impacto global.

8. **Melissa**: un gusano de macro de 1999 que se propagó a través de documentos de Word infectados enviados por correo electrónico. Fue uno de los primeros ejemplos de virus que se difundieron rápidamente a través de correo electrónico.

## Las consecuencias

El código de Mirai se liberó en septiembre, y para finales de noviembre ya había veinticuatro variantes del gusano. Incluso antes de que se descubriera a los autores, una de esas variantes se usó para atacar a Liberia, desconectando al país de internet durante varias horas. Otro ataque famoso fue el que afectó a Deutsche Telekom.

En Alemania, otro atacante decidió modificar Mirai para tomar el control de varios modelos de routers, pero algo le salió terriblemente mal y los routers empezaron a fallar. El resultado: 900.000 routers quedaron inoperativos durante un domingo, un lunes y un martes completos. Eso significó que 900.000 usuarios se quedaron sin teléfono fijo, sin internet y sin televisión durante tres días. Lo más irónico de todo esto es que, en ese momento, las culpas se lanzaron hacia Rusia y China, acusándolos de intentar interferir en procesos democráticos. Todo esto ocurrió antes de que se supiera realmente lo que era Mirai.

Al final, la policía del Reino Unido arrestó al verdadero culpable, quien, sorpresa, no tenía nada que ver ni con los rusos ni con los chinos. Solo era otro hacker que quería tener su propia botnet y vender servicios de DDoS en la Dark Web. Lo que pasó es que cometió un error en el código y, accidentalmente, se cargó los routers por completo.

Lo interesante de todo esto, más allá de lo absurdo que fue ver a gobiernos pensando que eran ciberterroristas iniciando una guerra internacional, cuando en realidad eran chicos de veintiún años que querían tumbar servidores de *Minecraft*, es lo increíblemente fácil que resulta hackear dispositivos inteligentes. Y cómo algo tan sencillo puede llegar a cambiar el mundo para siempre.

# 12

# EL PRIMER MACINTOSH DE LA HISTORIA

En este capítulo quiero hablarte del primer Mac de la historia, el Macintosh original. Tengo uno aquí a mi lado mientras escribo estas palabras. Bueno, en realidad este no es exactamente el Mac original, no es el primero primero. Este es el Macintosh Plus, que sería un poco como la versión S del iPhone de hoy en día. Es una caja de color crema con un monitor en blanco y negro integrado. Justo debajo del monitor tiene una ranura para insertar disquetes a la derecha y a la izquierda, el famosísimo logo de la manzana en su versión multicolor.

A pesar de haber sido un raro producto en su época, con un diseño que se alejó de lo que originalmente se quería vender y una mala compra en general, se trata de uno de los ordenadores más importantes de la historia de la informática moderna.

## Al principio, todo era IBM

Antes de que el ordenador doméstico existiese, IBM dominaba totalmente el mercado de la informática. Los ordenadores eran aparatos muy caros que solo las grandes empresas se podían permitir. La gente sabía que existían, sobre todo gracias a las películas de Hollywood, pero muy pocos sabían qué eran o para qué servían.

## IBM NO SIEMPRE VIO EL FUTURO

Fundada en 1911, IBM ha desempeñado un papel crucial en la evolución de la computación y la tecnología de la información a lo largo del siglo XX y principios del XXI. Sin embargo, no siempre tuvo fe en los ordenadores personales.

En 1943, Thomas John Watson, presidente de IBM en aquel entonces, hizo una audaz predicción al afirmar: «Pienso que el mercado mundial podría absorber alrededor de cinco ordenadores». Por su parte, Bill Gates también realizó comentarios sorprendentes. Dijo, por ejemplo, que «nunca desarrollaríamos un sistema operativo de 32 bits» y que «640 Kb de memoria deberían ser suficientes para cualquier usuario». No fueron los únicos: en 1977, Ken Olsen, uno de los fundadores de Digital Equipment Corporation, expresó su opinión con estas palabras: «No veo motivo alguno para que alguien tenga un ordenador personal en su hogar».

Estas visiones, aunque hoy puedan parecernos limitadas, eran coherentes con el contexto de su tiempo. Esto queda patente en proyecciones como la publicada en 1949 por la revista *Popular Mechanics*, que auguraba: «Los ordenadores del futuro podrían no pesar más de una tonelada y media».

Estamos hablando de los años setenta, la misma década en la que los dos Steve, Wozniak y Jobs, fundaron Apple. Uno había inventado un ordenador casero, hecho con piezas que consiguió por ahí, soldado totalmente a mano, que tenía un teclado y se podía conectar a la tele para programarlo. El otro creía que lo mejor que podían hacer era fabricar tantos como fuese posible y venderlos en tiendas de electrónica locales.

Esa es la historia detrás del Apple I, el primer ordenador personal que combinaba un microprocesador con un teclado y un monitor. Un producto del que no se sabía si realmente iba a funcionar, porque la mayoría de los expertos no tenían claro que alguien llegase a necesitar un aparato de este tipo en su casa. De hecho, Steve Wozniak, que en ese momento trabajaba para HP, estaba obligado a presentarles todas sus ideas. Así que les mostró la idea del Apple I, pero HP le dijo que era una mala idea y que no les interesaba, ya que no veían sentido en un producto como ese.

Al final, se fabricaron doscientos a mano, que se vendían por 666,66 dólares, una cifra que, ajustada a la inflación, equivaldría a unos 3.000 dólares actuales. En aquella época, eso era relativamente poco dinero por un producto de este tipo.

Con los beneficios que habían ganado vendiendo el Apple I, los dos Steve decidieron ir a por el siguiente. Así que Steve Wozniak diseñó el Apple 2. Este fue el que llevó a Apple a la gran fama. No fue el único en su época; había más microordenadores personales, pero este era el más famoso de todos y se siguió vendiendo durante más de diez años.

El Apple 2 fue tan exitoso que IBM, empresa que durante todos estos casi veinte años desde la aparición de los primeros ordenadores personales había renegado totalmente de este tipo de producto, decidió meterse en el mercado con su IBM PC, el computador barato de IBM.

Los ojos de los colegios, universidades, pequeñas empresas y usuarios domésticos estaban puestos en el Apple 2. Este fue el producto que enseñó a la gente qué era un ordenador; que los ordenadores podían ser coloridos, agradables, personales; que en un ordenador se podía ser creativos, hacer y jugar a videojuegos, visualizar gráficos y todo este tipo de usos que estaban bien lejos de la imagen de máquinas para hacer negocios que transmitía IBM, que, por cierto, significa literalmente «máquinas de negocios internacionales» (*International Business Machines*).

## ¿IBM ES HAL?

Corre un rumor relacionado con HAL 9000, la inteligencia artificial que aparece en la famosa película de ciencia ficción *2001: Una odisea del espacio*, dirigida por Stanley Kubrick y basada en la novela de Arthur C. Clarke. El rumor sugiere que el nombre HAL fue elegido porque cada una de sus letras precede a las de IBM en el alfabeto (H precede a I, A precede a B y L precede a M).

Sin embargo, tanto Arthur C. Clarke como Stanley Kubrick negaron que esta semejanza fuera intencional. Clarke mencionó en varias ocasiones que el nombre HAL proviene de Heuristically programmed ALgorithmic computer, y que cualquier relación con IBM es pura coincidencia. De hecho, Clarke estaba preocupado por este rumor porque tenía una alta estima por IBM, una empresa que había apoyado mucho la tecnología informática en su época, y no quería que se interpretara como un comentario negativo sobre la compañía.

Aunque el Apple 2 fuera el ordenador más carismático en su época, IBM no paraba de acumular ventas, vendiendo miles de sus PC a las empresas que tenían mucho poder adquisitivo y compraban las máquinas para sus puestos de trabajo de cien en cien.

Por eso, a finales de los setenta, Apple e IBM eran las empresas más exitosas en el mercado de ordenadores domésticos. La típica historia de David contra Goliat: Apple había nacido de dos chicos en su garaje que crearon un producto revolucionario, en contraste con una gran corporación con inversiones millonarias que había decidido entrar en el sector simplemente porque sus analistas decían que los números eran buenos.

Lo cierto es que, enfrentándose a un gigante de ese calibre, Apple tenía miedo de perder la posición de ventaja que llevaba. El éxito del Apple 2 no iba a durar para siempre, aunque duró unos cuantos años, la verdad. Por eso mismo, Apple, para seguir estando en lo más alto a finales de los años setenta, planificó tres lanzamientos clave de tres productos distintos que saldrían a lo largo de la siguiente década.

El primero, cómo no, fue el Apple 3, pero tenían tanta prisa en diseñarlo y sacarlo al mercado que cometieron varios errores en el diseño. Steve insistió en que este ordenador no tenía que tener ningún ventilador para que fuera lo más silencioso posible. Para resolver esto, los ingenieros diseñaron un disipador de aluminio que estaba en la base del ordenador, pero era muy problemático porque hacía que toda la placa se sobrecalentara hasta el punto incluso de derretir las soldaduras de los componentes que estaban en la placa.

El resultado fue que Apple tuvo que reemplazar un 20 por ciento de los Apple 3 vendidos, que de todos modos tampoco fueron muchos, por lo que fue un fracaso comercial total.

El segundo ordenador era el Lisa, pensado para el mercado empresarial, y también fracasó estrepitosamente porque este mercado estaba siendo dominado por el PC de IBM, que era cuatro veces más barato, ya que Lisa costaba 10.000 dólares, que equivalen a 31.000 dólares de hoy en día ajustado a inflación. Pero Lisa tenía algo muy especial: era el segundo ordenador de la historia en tener una interfaz gráfica.

Verás, en aquella época, si querías usar el ordenador, tenías que interactuar con una consola de comandos: una pantalla negra donde escribías texto y el ordenador te contestaba con más texto; no existían las ventanas, ni el escritorio, ni el mouse, tal y como los conocemos en la actualidad. Y, de hecho, Apple copió esta idea de Xerox.

## Xerox y Silicon Valley

¿Quiénes son Xerox? Pues la empresa que inventó la fotocopiadora. En aquel momento, Xerox era una de las empresas más ricas de Silicon Valley, ya que había tenido el monopolio de los productos relacionados con la impresión durante varios años, hasta que caducaron las patentes.

Como es natural, al caducar las patentes nació un montón de competencia. Con el objetivo de inventar la próxima gran tecnología, Xerox creó un laboratorio con algunas de las mentes más brillantes del momento: el Laboratorio de Investigación de Palo Alto de Xerox, abreviado como Xerox PARC. El PARC era una instalación tecnológica sumamente secreta a la cual cualquier empresario tecnológico o ingeniero hubiese matado por entrar. Allí se desarrollaron en secreto tecnologías como la impresora láser, el Ethernet y la programación orientada a objetos. Bueno, y la interfaz gráfica, como veremos enseguida.

A finales de los setenta, cuando Apple estaba en la cresta de la ola con su Apple II y a punto de salir a bolsa, todas las empresas de Silicon Valley querían un trozo de la tarta. Por eso, Steve Jobs hizo un acuerdo especial con Xerox en el que Xerox iba a poder comprar un gran número de acciones y, a cambio, Steve Jobs tendría acceso al misterioso Laboratorio de PARC.

Finalmente, cuando Steve visitó el laboratorio, le mostraron tan solo tres tecnologías que, según Xerox, tampoco eran precisamente las más prometedoras, o sea, que le engañaron un poco. Una de ellas fue el ordenador personal de Xerox, bastante estándar para la época pero con un concepto único: en lugar de tener el típico sistema basado en la línea de comandos que se usaba en aquel entonces, en el que el usuario escribe un comando, le da a enter y el ordenador te escupe un resultado, Xerox había pensado en un sistema en el que se mostraban los archivos y carpetas de forma visual en la pantalla.

Para interactuar con este nuevo sistema se utilizaba un mouse, que, bueno, ya sabes cómo es, pero básicamente era un aparato que estaba inspirado en el trackball. Seguramente hoy en día se sepa mejor lo que es un ratón que un trackball, pero de todos modos, tenía botones y se movía por la mesa, igual que los ratones que conocemos en la actualidad, solo que ese fue el primero de la historia.

## THE MOTHER OF ALL DEMOS

El invento del mouse o ratón, tal como lo conocemos en la actualidad, se atribuye a Douglas Engelbart, un ingeniero e inventor estadounidense. Engelbart ideó el primer prototipo del ratón en 1964 como parte de su trabajo en el Instituto de Investigación de Stanford (SRI International). Este primer ratón estaba hecho de madera y tenía un solo botón.

La idea de Engelbart era mejorar la interacción entre los humanos y las computadoras, facilitando la navegación y el control en las interfaces gráficas. El ratón fue presentado públicamente por primera vez en 1968, durante la famosa The Mother of All Demos, una presentación en la que Engelbart demostró varias tecnologías innovadoras, incluyendo el ratón, la edición de texto en tiempo real, los hipervínculos y las videoconferencias.

Steve Jobs se escandalizó al saber que el proyecto no estaba siendo demasiado tenido en cuenta. Después de esa visita, al volver a Apple, se puso manos a la obra e ideó su propia versión de este sistema.

Steve Jobs, que en aquel momento estaba al mando del proyecto de Lisa, se obsesionó totalmente con conseguir una interfaz de usuario, complicando muchísimo el desarrollo del producto. La interfaz de Lisa se llamaría Apple Lisa Office System I y tenía unos cuantos cambios respecto a la versión de Xerox; de hecho, se parecía mucho más a lo que estamos acostumbrados a ver hoy en día. Y también, cómo no, traía su mouse.

Recuerda que Lisa estaba hecho para el mercado corporativo, mercado dominado por IBM, y no tuvo mucho éxito comercial. No solo eso, sino que un año más tarde, IBM lanzó su propio sistema de ventanas, el VisiCorp VisiOn, que era, bueno, un sistema de ventanas, nada espectacular, pero al menos las ventanas no eran ya una exclusiva de Apple.

## El proyecto bajo la manga

En fin, de tres ordenadores que Apple tenía planificados, dos habían sido un fracaso, tanto el Apple 3 como el Lisa no cumplieron las expectativas y resultaron en pérdidas para la empresa. Tan solo quedaba una bala en la recámara: el Macintosh. Macintosh era un proyecto secreto dentro de la compañía, ideado por Jeff Raskin. La visión de Jeff era la de crear un ordenador que fuese un todo en uno, que tuviese un monitor integrado, que no llevase cables y que fuese lo más amigable, minimalista, pequeño y ligero posible. Como curiosidad, Jeff llamó a este proyecto «Macintosh» porque era su tipo de manzanas preferido.

### MANZANAS

Jeff Raskin, uno de los empleados de Apple en los primeros años de la compañía, nombró al proyecto Macintosh en honor a su variedad favorita de manzanas, la McIntosh. Es una manzana conocida por su sabor dulce y ligeramente ácido, muy popular en América del Norte. Raskin tenía un interés en nombrar los productos de Apple con nombres de frutas, como una forma de hacerlos más amigables y accesibles al público general. Este enfoque encajaba con la visión de Apple de hacer que la tecnología fuera más personal y cercana a los usuarios. La elección del nombre Macintosh (con una ligera variación en la ortografía) resultó ser icónica y ha perdurado como una de las líneas de productos más reconocibles de Apple.

Por otro lado, el logo de Apple, una manzana mordida, fue diseñado por Rob Janoff en 1977. La elección no tenía la intención de hacer referencia directa a la anécdota de la manzana, la gravedad e Isaac Newton, sino que, según Janoff, el mordisco se incluyó para asegurarse de que la manzana se reconociera como tal y no se confundiera con una cereza u otra fruta pequeña. Además, el mordisco en inglés (*bite*) también jugaba con la palabra *byte*, un término informático. A lo largo de los años, ha habido varias interpretaciones y leyendas sobre el significado del logo, incluyendo referencias a la manzana de Newton, e incluso a la manzana de la historia bíblica de Adán y Eva, o un homenaje al padre de la computación Alan Turing (que murió comiendo una manzana envenenada con cianuro).

Steve Jobs, que en aquel entonces no paraba de dar tumbos dentro de la empresa, había pasado de trabajar en el fracaso del Apple III a trabajar en Lisa, pero acabó discutiendo con el jefe del proyecto, John Couch.

Por eso, se buscó otro proyecto en el cual centrarse. Steve, en ese momento, estaba sumamente motivado por todo lo que había visto en Xerox: la interfaz gráfica, y estaba inspirado en plasmar su visión. Cuando se topó con Macintosh, que, como te dije antes, era un proyecto del que muy poca gente estaba al corriente dentro de la empresa, vio la oportunidad para conseguir el computador definitivo basado en la interfaz gráfica. De hecho, hizo una apuesta de 5.000 dólares de que el Macintosh saldría antes que Lisa, apuesta que, por cierto, perdió.

Macintosh iba a ser el hermano pequeño de Lisa, más económico, con un procesador bastante limitado. De hecho, inicialmente, Raskin quería meter un Motorola 6809. Sí, en esa época, los procesadores de Apple eran de Motorola. El problema era que con ese procesador, el Macintosh no iba a ser capaz de correr la interfaz gráfica de Jobs, así que lo cambiaron por el mismo procesador que llevaba Lisa de 10.000 dólares. Poco a poco, Steve Jobs se fue imponiendo por encima del concepto original de Raskin, hasta adueñarse completamente del proyecto. De hecho, Raskin dejó la empresa.

Steve no caía muy bien en aquella época, pero era el jefe, y eso era lo que había. La obsesión de Steve Jobs con la interfaz gráfica es fácil de entender hoy en día, pero en aquel momento no era tan obvia. Steve había visto que el Apple II había cambiado la historia de la informática para siempre, por haber llevado los ordenadores a más gente que nunca, ya que era amigable. Tenía claro que para hacer un producto aún más exitoso tenía que hacer algo que fuera muy fácil de usar y, según él, la interfaz gráfica era el futuro. Pero muchas otras personas pensaban que ejecutar comandos en una consola era lo más rápido y fácil, además de lo más obvio en esa época.

El diseño también fue todo un drama. Probaron distintas líneas, pero Steve quería algo que realmente rompiera con lo que se llevaba en esos días. Al final, se inspiraron en la escuela alemana Bauhaus, que en esa época gozaba de una renovada popularidad. El estilo de Bauhaus se basa en líneas limpias, geométricas y sencillas; diseños disruptores que sean distintos a lo que tradicionalmente estamos acostumbrados a ver, y sobre todo, la funcionalidad prevalece por encima de la forma.

Pero lo más importante era la interfaz gráfica basada en formas geométricas para que fuera fácil de entender. Fue obra de una amiga de la universidad de uno de los programadores a la que llamaron una tarde para que hiciera los diseños de los distintos elementos del sistema operativo, incluidos la papelera, la carpeta y la cara sonriente de Macintosh. Todos los elementos que incluso hoy en día seguimos viendo en todos los ordenadores de Mac.

Además, Steve Jobs estaba obsesionado con otra cosa: las tipografías. En otras palabras, que los ordenadores pudieran tener distintos tipos de letra. En aquel momento, nadie le veía realmente sentido a que un computador doméstico pudiera tener esta opción, pero gracias a eso también consiguieron atraer a un nuevo nicho de mercado: las artes gráficas para pequeñas empresas y particulares. Es que, de hecho, en esa época no había una forma fácil ni un sistema barato para hacer diseño gráfico en tu casa desde un ordenador; tenías que hacerlo todo a mano.

En 1984, todo estaba listo para lanzar el Macintosh, solo faltaba la campaña de marketing perfecta.

*1984*, de George Orwell, una novela distópica que probablemente conozcas, está ambientada en una sociedad futura en la que todo está controlado por un Gobierno que vigila a los ciudadanos las veinticuatro horas del día usando una red de cámaras a través de la figura del Gran Hermano. Sí, de ahí es de donde sale el nombre del reality *Gran Hermano*. El protagonista trabaja en el Ministerio de la Verdad, que es un organismo que se dedica a reescribir la historia según la conveniencia de este Estado. En el mismo año, 1984, salió una adaptación al cine de esta novela. Y Apple aprovechó la popularidad de esta película para crear su campaña de marketing.

Todo comienza en blanco y negro, con un ambiente distópico que te recuerda al mismísimo universo del *1984* de George Orwell. En una especie de fábrica o centro de adoctrinamiento, un grupo de personas marcha uniformemente por un oscuro pasillo. Todos están vestidos de forma idéntica, cabizbajos, caminando al ritmo de una voz omnipresente que suena desde una gigantesca pantalla, donde se proyecta la imagen de un hombre que representa la figura del Gran Hermano orwelliano.

Este personaje, desde la pantalla, arenga sobre el control absoluto y la obediencia, mientras los caminantes parecen perderse en una rutina sin fin. La estética es fría, casi opresiva, y la atmósfera te hace sentir que todo lo que ves es un mundo donde no existe ni la individualidad ni la libertad de pensamiento.

Pero, de repente, algo irrumpe en esa monotonía. Entra en escena una mujer corriendo, vestida con una camiseta blanca y pantalones cortos rojos, diferente al resto en todo sentido. Lleva un gran martillo en sus manos, y su presencia, en contraste con el mundo gris, es como un soplo de aire fresco en una habitación cerrada. Mientras corre, los guardias del régimen intentan detenerla, pero ella sigue corriendo con determinación. Sus pasos resuenan en el eco de ese ambiente opresivo hasta que llega frente a la enorme pantalla donde el Gran Hermano continúa su discurso.

Sin pensárselo dos veces, la mujer lanza el martillo con todas sus fuerzas hacia la pantalla. Y, en un destello de luz y color, la pantalla estalla en mil pedazos, rompiendo la opresión y la monotonía. En ese preciso momento, aparece el mensaje que hizo historia: «El 24 de enero, Apple Computer presentará el Macintosh. Y verás por qué 1984 no será como *1984*».

Con esto, Apple se posicionaba como la rebelión, el cambio frente a un mundo dominado por la gran corporación IBM, que para ellos representaba el Gran Hermano de la informática, ese poder monolítico que controlaba el mercado.

El anuncio, dirigido por Ridley Scott (el genio detrás de *Blade Runner* y *Alien*), se emitió una única vez en la Super Bowl del 22 de enero de 1984. Se cuenta que este anuncio dejó a todos boquiabiertos. No era simplemente un comercial de tecnología, era una declaración de guerra, una postura contra la conformidad y el control que muchas empresas tecnológicas representaban. Fue algo completamente diferente a todo lo que se había visto en publicidad hasta entonces.

El anuncio fue percibido como revolucionario, no solo por su creatividad, sino también por el mensaje: Apple era la libertad, la innovación frente al estancamiento. Este anuncio se sigue estudiando y explicando como caso de éxito hoy en día.

## LA ORIENTACIÓN DEL LOGO DE APPLE

En los primeros años después de su fundación, Steve Jobs mantenía reuniones bisemanales con el equipo de Ken Segall, quien era su mano derecha y director de su agencia publicitaria. En estas reuniones se abordaban diversos temas, desde ideas prometedoras hasta nuevos contenidos y diseños. Fue en una de estas reuniones donde Jobs presentó a Segall un dilema particular.

Este dilema se centraba en el diseño del nuevo PowerBook G4, que estaba destinado a ser el portátil más delgado fabricado hasta esa fecha. A Jobs le preocupaba especialmente la orientación del logo de Apple en la tapa del portátil.

Hasta ese momento, el logo estaba orientado de manera que se viera correctamente desde la perspectiva del usuario del portátil. Sin embargo, al abrir el portátil, el logo quedaba invertido, es decir, boca abajo, desde la perspectiva de otras personas alrededor. El dilema residía en decidir qué era más importante: que el usuario viera correctamente el logo o que los demás lo hicieran.

El primer Macintosh tenía unos asombrosos 128 kilobytes de RAM. Sí, has leído bien: kilobytes, no megas, no gigas. Y… no, no tenía disco duro. En esa época, los discos duros eran como unicornios: raros, misteriosos y solo los veías de vez en cuando. Entonces ¿dónde estaban los programas? Cada vez que querías usar un programa, tenías que meter un disquete. Sí, uno de esos cuadraditos de plástico que algunos solo han visto en memes. El Mac cargaba su sistema operativo, llamado Macintosh Operating System, desde ese disquete, lo volcaba en los 128 kilobytes de RAM y ya lo podías usar. Pero si querías hacer algo más, como abrir otro programa, tenías que insertar otro disquete y también cargarlo en memoria.

Estos disquetes son complicados de manejar hoy en día porque eran de 800 kilobytes, o mejor dicho, eran del formato MF2DD (Micro Floppy Dual Side Double Density), muy popular en los años ochenta, pero ahora son casi reliquias. Los puedes encontrar en eBay, pero si quieres que el Macintosh los lea, tienen que estar formateados de una manera muy específica. Y para hacerlo necesitas un Mac clásico, porque las disqueteras de Macintosh leían a una velocidad distinta a las de los PC. Por eso, los disquetes en PC tenían 1 MB, mientras que en el Macintosh solo tenían 800 KB. Las disqueteras modernas, lamentablemente, no son compatibles con los viejos Macs.

Actualmente, poner en marcha uno de estos Macintosh sin el disquete del sistema operativo es una auténtica pesadilla. Y si lo consigues, prepárate para un sistema operativo lento y básico. Además, no era multitarea, así que solo podías usar un programa a la vez. La potencia del Mac estaba muy limitada, y el monitor también era un tanto peculiar para su época: pequeño y en blanco y negro, a pesar de que ya había monitores a color en el mercado. Decidieron hacerlo así para reducir costes y ahorrar espacio.

Aun así, lo de ahorrar costes no les salió del todo bien. El Macintosh costaba 2.495 dólares, que ajustados a la inflación serían unos 6.194 dólares actuales. No era tan caro como el Lisa, pero tampoco era el ordenador barato que prometían. De hecho, al principio se estimaba que costaría 500 dólares, pero por culpa de la ambición de Steve Jobs con la interfaz gráfica, tuvieron que mejorar el procesador, la memoria RAM y algunos detalles extra, lo que disparó el precio final.

## El Macintosh Plus

Un par de años más tarde apareció el Macintosh Plus en 1986, con un procesador Motorola 68000 de 8 MHz. ¡Ojo! ¡8 MHz! Este procesador, que era caro en su época, es muchísimo peor que un smartphone de gama baja de hoy en día.

También, la carcasa era exactamente la misma que tenía el Macintosh original de 128 K, la misma pantalla en blanco y negro de 512 × 342, solo que esta vez tenía 1 MB de RAM ampliable hasta 4, y de hecho, el Macintosh original se podía actualizar para que fuera Plus.

Los primeros modelos, como no tenían ventiladores, sufrían de sobrecalentamiento a la mínima de cambio. El Macintosh Plus tampoco tiene ventiladores, pero Apple ya tenía la técnica un poquito más refinada y fallaban menos. Se enciende con un botón que tiene en la parte de atrás y, nada más encenderse, nos empieza ya a pedir sus discos para funcionar. Solo que el Plus, a diferencia de los otros, traía un puerto para conectarle un disco duro externo y esto lo cambiaba todo. Ahora podíamos instalar programas y guardar archivos, como lo hacemos en nuestros ordenadores de hoy en día.

Además, el que tengo aquí a mi lado es de la primera tirada de producción porque lleva un pequeño *Easter egg* en su interior: las firmas de todas las personas que participaron en su diseño, que no son muchas: 46 en total. Para fabricar un PC en la actualidad hace falta un número mucho mayor de ingenieros, con unos miles empezaríamos a ir bien.

Por desgracia, no tengo el teclado original; tengo uno que está adaptado para funcionar con una ficha muy parecida a la del cable de teléfono, que es la que el Macintosh utilizaba en su momento. Y el mouse original solo tiene un botón, ya que Apple, y principalmente Steve, pensaban que demasiados botones serían confusos para los usuarios.

## Para que servía el Macintosh

Y ¿qué podías hacer con esto en los años ochenta? Bueno, había algunos programas, aunque este no era el ordenador con más variedad de software del mercado. Uno de los más importantes, de hecho, era Microsoft Excel.

Es cierto que, en esa época, Microsoft era la empresa que había traído al mercado el popular sistema operativo MS-DOS, que venía con todos los IBM PC, y luego Windows, que era una copia del sistema de Apple. Pero, al principio, era una empresa dedicada a hacer software para Apple. Y también es cierto que en esa época quizá Apple ya no era tanto el foco de la empresa, pero la primera versión de Excel fue muchísimo más popular en el Macintosh a nivel mundial que en cualquier otro tipo de computador. También se podía hacer dibujos y diseñar algunas cosas usando Macworld y Macpaint. Tenías tipografías, podías hacer panfletos, maquetaciones. Incluso había algunos videojuegos y también podías hacer tus propios programas porque tenía un compilador de Turbo Pascal.

Pero lo cierto es que tanto el Macintosh original como las versiones posteriores, como el Plus, no eran buenos productos. Les faltaba software, les faltaban ventiladores, les faltaba incluso potencia para ser un ordenador con interfaz gráfica... y eran excesivamente caros. No fue nada bien en cuanto a ventas y todas sus versiones sufrieron de problemas técnicos. El Apple II seguía siendo el preferido del público y, de hecho, a la vez que salió a la venta el Macintosh Plus, Apple sacó el Apple IIGS, una evolución del Apple II que seguía siendo mucho más asequible que el Macintosh y con mejores características. Por cierto, esa nomenclatura de «GS» es la misma que usaron años más tarde para el iPhone 3GS, como pequeña curiosidad.

El Apple IIGS tenía peor procesador, pero podías ponerle una pantalla a color. No venía con pantalla, pero aun así, comprando la pantalla aparte, seguía siendo más barato que el Macintosh Plus. No tenía interfaz gráfica al principio, pero sacaron una versión al poco tiempo.

En fin, el IIGS era tan bueno que se rumorea que el procesador fue limitado a propósito para que no pudiese competir con el Macintosh Plus. Y, probablemente, si el nombre Macintosh no se hubiese usado tanto para los nuevos productos, como luego el Macintosh II (y más adelante para los MacBooks, iMac y todo tipo de Macs de hoy en día), y si tanto su diseño como los elementos de interfaz de usuario no hubiesen sido tan innovadores, sería un producto que hubiese quedado en el olvido.

De hecho, Apple no consiguió replicar el éxito del Apple II hasta mucho tiempo después con el iMac en 1998. Ese fue el primer gran éxito de la empresa después de tantos años viviendo del Apple II, y como podrás ver lleva ese «Mac» en el nombre, heredado el Macintosh original.

No obstante, lo que más me gusta de este pequeño ordenador y de su historia es la lección que nos enseña. Apple ha cometido muchos errores, ha invertido miles de horas y recursos en crear proyectos que finalmente han fracasado estrepitosamente, y ha perdido no solo muchísimo dinero, sino también grandes genios. Ha pasado por más de una crisis y ha estado cerca de la quiebra.

## EL LOGO DE LA CREATIVIDAD

Si buscamos estimular nuestra inventiva, no hay nada mejor que exponernos a un símbolo que encarne el ideal de creatividad: el famoso logotipo de la manzana mordida de Apple. Esto es lo que sugieren los experimentos realizados por Gráinne M. Fitzsimons y colaboradores, publicados en 2008 en el *Journal of Consumer Research*.

Al parecer, el logo de Apple está tan asociado a la creatividad y la audacia que simplemente exponiéndonos a él podemos ser un poco más creativos y audaces. Siguiendo una lógica asociativa similar, se ha observado que las banderas nacionales pueden fomentar un sentimiento de unidad. En el fondo, es lo que le sucede a Dumbo cuando usa una pluma para sentir que puede volar.

Sin embargo, actualmente es una de las empresas tecnológicas más exitosas del mundo. Y muchos de estos fracasos, aunque no hayan vendido bien y no hayan hecho más que perder dinero y reputación a la empresa, han sido innovadores y atrevidos, y por eso hoy en día los recordamos.

En otras palabras, el fracaso es parte del proceso. Pero en el próximo capítulo veremos otra cara del fracaso, veremos cómo la arrogancia y la inexperiencia a veces pueden cegarnos hasta llevarnos a situaciones límite, especialmente cuando todos creen que eres un genio.

# 13

# LA ETAPA MÁS OSCURA DE STEVE JOBS

Llevar una empresa no es simplemente contratar a un montón de gente y hacer que todo funcione. Hay un sinfín de factores complicados que pueden marcar la diferencia entre el éxito total o el más estrepitoso de los fracasos.

La idea clave es que una sola persona no puede hacerlo todo. No importa cuánto tiempo, conocimientos o habilidades tengas, nunca podrás competir con lo que un equipo diverso de expertos puede aportar. Cada uno tiene su especialidad, y ahí es donde está la verdadera magia.

Uno de los primeros desafíos para un director es formar un buen equipo, lo que no es tarea fácil. Puedes juntar en una sala a los cien mejores ingenieros del mundo, pero si no hay una buena organización, una dirección clara, o si no has escogido a las personas adecuadas para el proyecto, todo se puede ir por la borda. No importa cuán impresionante sea su currículum.

Pensemos en grandes corporaciones como Meta o Google. Desde fuera, parece que lo tienen todo para triunfar: dinero, recursos y equipos enormes de ingenieros brillantes. Y aun así, de vez en cuando, lanzan productos que son auténticos fracasos.

Las responsabilidades de un director son muchas. Hay que decidir qué productos lanzar, qué características tendrán, cómo manejar crisis económicas o de reputación, y planear cómo crecer en los próximos años. Y tal vez lo más complicado de todo: saber cuándo tirar la toalla y cancelar un proyecto que no está funcionando. Reconocer ese momento es crucial.

Incluso para gigantes como Google, Microsoft o Spotify, el dinero no es infinito. Claro, puedes tener un jefe de producto, un director financiero, y un equipo de asesores que te ayuden a tomar decisiones, pero la responsabilidad final sobre el destino de la empresa siempre cae en su director.

Uno de los mayores logros de Steve Jobs fue convertirse en un icono de la gestión empresarial. Su manera de tomar decisiones y trazar caminos estaba guiada por su propia filosofía personal, lo que lo llevó a fundar uno de los imperios tecnológicos más grandes de la historia.

Ahora, una crítica común que se le hace a Steve es que, en realidad, no inventó nada. Es cierto, los productos más famosos creados bajo su liderazgo no fueron diseñados ni programados por él directamente. Pero lo que sí hacía, y muy bien, era tomar decisiones clave. Elegía en qué trabajar, decidía qué producto tenía sentido desarrollar y cuál no, visualizaba qué había detrás de cada producto y tenía claro a quién iba dirigido. Todo esto sonaba simple, pero en realidad era lo que marcaba la diferencia.

Esto, sin ejemplos concretos, puede ser difícil de comprender porque no es algo tangible. Por eso vale la pena profundizar en una historia. La historia de uno de los mayores fracasos de Steve Jobs. Las decisiones que tomó, que iremos repasando a lo largo de esta historia, podrían parecer totalmente surrealistas sobre todo con la información que tenemos hoy en día. Pero que en aquel momento, dentro de la historia y su contexto, eran bajo su punto de vista las mejores que podía tomar.

Todo comenzó con una decisión acertada.

## El día que conoció al otro Steve

Cuando Steve Jobs conoció a Steve Wozniak y empezaron a armar ordenadores personales casi desde cero en el garaje de la casa, nadie a su alrededor pensaba que ese proyecto fuera a ser más que un simple hobby de fin de semana. Ni siquiera HP, la empresa donde Wozniak trabajaba en ese momento, como vimos en el capítulo anterior. De hecho, Wozniak llegó a suplicarles que comercializaran su ordenador, pero lo rechazaron cinco veces.

Pero Steve Jobs tenía una fe ciega en la idea y estaba tan convencido de su potencial que puso todo su esfuerzo en convertirla en un producto exitoso. Probó de todo, incluso llegó a cambiar su apariencia física para ganar más credibilidad: pasó de tener el pelo largo y el típico look de hippie que se llevaba en aquella época a usar traje y corbata con un corte de pelo más «tradicional». Al final, lo consiguió.

En esta primera etapa, ninguno de los dos Steve habría llegado lejos sin el otro. Ambos aportaban algo único: Wozniak creó la tecnología y Steve se encargó de transformarla en un negocio.

El resultado fue el nacimiento de Apple Computer.

### EL RED SNEAKER EFFECT

Dentro del entorno laboral y social, se ha producido un giro interesante en la percepción de la vestimenta formal e informal. Actualmente, adherirse a un código de vestimenta estricto y elegante no es necesariamente sinónimo de competencia profesional o de poseer un estatus alto.

Este cambio de paradigma también se refleja en figuras públicas como Steve Jobs, cuya imagen casual, incluso en eventos tan significativos como la presentación de un nuevo iPhone, no solo era aceptada sino que también formaba parte de su identidad distintiva.

Investigaciones realizadas por instituciones académicas de renombre, como la Harvard Business School, aportan evidencia a esta transformación en la percepción de la vestimenta. Un estudio en particular destaca que los estudiantes tienden a percibir a los profesores que adoptan un estilo más relajado y menos formal en su vestir como figuras más prestigiosas. Este fenómeno se conoce como el «efecto zapatillas rojas», o *red sneaker effect*, que sugiere que ciertas desviaciones de la norma, especialmente en contextos donde se espera formalidad, pueden interpretarse como señales de autonomía y status, sugiriendo que la persona tiene la confianza y el prestigio suficientes como para romper con las convenciones establecidas sin repercusiones negativas.

## El Apple II y III

En los años ochenta, Apple experimentaba un crecimiento espectacular. Tras lanzar el primer Apple, que era poco más que un artefacto casero, presentaron el Apple II, que se convirtió en el preferido de muchos: era fácil de usar, relativamente económico, contaba con un buen manual y, en general, era un producto superior al de la competencia. Gracias a él, Apple dominó la primera era de los ordenadores personales. Según muchos, el Apple II es la obra maestra de Wozniak, quien realizó prácticamente todo el trabajo.

Con las ganancias obtenidas, Apple decidió contratar a varios ingenieros para desarrollar el Apple III. Esta vez, el proceso de diseño fue un poco caótico: en lugar de seguir la visión unificada de Wozniak, cada ingeniero aportaba ideas sobre cómo les gustaría que fuera el producto. Pero quien terminó tomando el control fue Jobs, que estaba obsesionado con el diseño. Insistió en que el Apple III tuviera unas especificaciones exactas en cuanto a forma y tamaño. Apple puso muchas esperanzas en este proyecto, pero, para su desgracia, fue un fracaso absoluto.

Es difícil culpar a una sola persona; a veces las cosas simplemente no salen como se espera. Quizá, si Wozniak hubiera estado a cargo del diseño o hubiera tomado todas las decisiones, el resultado habría sido otro. Woz tenía una filosofía diferente: él prefería que los ordenadores fueran abiertos, ampliables, algo que los usuarios pudieran modificar a su gusto, lo cual chocaba con la visión más cerrada de Steve.

Por suerte, la situación financiera de Apple seguía siendo estable, gracias a las ventas continuas del Apple II, que mantenían a la compañía a flote. Pero era obvio que necesitaban otro producto exitoso para asegurar el futuro de la empresa.

Con dos directivos muy jóvenes, menores de treinta años, que empezaban a tener discrepancias sobre la dirección a tomar y bajo la presión de desarrollar un nuevo producto, Apple se encontraba en un momento de máxima tensión, a punto de estallar.

Steve Jobs tenía una imagen pública de líder carismático, pero también era conocido por su perfeccionismo, su necesidad de control y su exigencia. Ascendido a jefe prácticamente de la noche a la mañana, le resultaba difícil delegar y ejercía una gran presión sobre sus empleados, no solo debido a su obsesión por la perfección, que le robaba el sueño, sino también por tener una visión muy clara de cómo debían ser las cosas.

Esta forma de ser y de pensar de Steve Jobs fue clave para el éxito de muchos productos años más tarde, pero también provocó muchos conflictos internos. Hay muchas historias de Jobs comportándose como un tirano con sus empleados y estableciendo plazos de entrega que rozaban lo imposible. Para Jobs en los años ochenta dirigir Apple era algo que se le quedaba muy grande.

Por eso, se tomó la decisión de contratar a un CEO. El CEO, o director ejecutivo, es el responsable de tomar las decisiones importantes y es la cara visible de la empresa. Es un puesto que requiere experiencia: mantener la calma, ser disciplinado, conocer bien las distintas áreas del negocio y tomar decisiones basadas en la realidad del momento. Estas son habilidades que no se aprenden en un aula, sino con años de práctica. Por eso, normalmente, los puestos de CEO se ofrecen a personas con una larga trayectoria en el mundo empresarial.

El elegido fue John Sculley, quien por entonces era el CEO de PepsiCo.

## EL HIPPY CONTRACULTURAL AL QUE LE GUSTABAN LAS TRAVESURAS

Steven Wozniak se identificaba con la cultura hippy y lucía barba y pelo largo, aunque su estilo de vestir era el de un chico común. Pronto conoció a Steve Jobs, un joven que vivía cerca y que aún estaba en el instituto, mientras Wozniak ya estudiaba en Berkeley. Jobs reconocía que Wozniak sabía más de electrónica que él. Juntos, en 1971, crearon un aparato para hacer llamadas de larga distancia gratis. Decidieron probarlo con una broma, llamando al Vaticano y fingiendo ser Henry Kissinger para hablar con el papa. Aunque tardaron un poco, en el Vaticano se dieron cuenta de que era una broma antes de molestar al pontífice.

## John Sculley

Sculley tenía un buen historial en ventas, habiendo comenzado su carrera como vendedor para luego ascender a puestos ejecutivos hasta alcanzar la posición de CEO. Su perfil parecía adecuado ya que, mientras Steve Jobs se centraba intensamente en el aspecto creativo, en los detalles de los productos y sus especificaciones, Sculley podría aportar un enfoque complementario, enfocándose en incrementar las ventas y maximizar los ingresos por cada una de ellas.

Inicialmente, Jobs y Sculley mantenían una relación cercana, casi como mejores amigos, pero con el tiempo, sus diferencias se hicieron más evidentes y comenzaron a chocar.

Steve estaba obsesionado con crear el ordenador perfecto. Aspiraba a desarrollar productos innovadores y revolucionarios que transformaran el mercado de manera definitiva. Se caracterizaba por ser rebelde, arrogante, temperamental y estaba convencido de que Apple debía ser una empresa de innovación donde aferrarse al pasado significaba condenar a la compañía.

Hoy en día, esta filosofía puede parecer evidente y es considerada la fórmula del éxito de Apple. Mirando atrás, es fácil decir: «Wow, Steve sabía lo que hacía». Sin embargo, en aquel momento, la empresa dependía del Apple II, y los nuevos proyectos no lograban igualar su éxito, como vimos en el capítulo anterior con el Lisa y el Macintosh.

Por su parte, Sculley adoptaba una visión más conservadora. Prefería centrarse en la línea de productos existente, desarrollar accesorios, servicios posventa, mejoras y ampliaciones para aprovechar al máximo lo que ya estaba en el mercado y había demostrado ser exitoso. No veía justificación ni comprendía el gasto de recursos de Steve en su empeño por innovar.

En un determinado momento, de hecho, Steve decidió que Sculley se tenía que ir.

Verás, la empresa, además del CEO, tiene un consejo que vota para tomar decisiones. Este consejo está formado por los accionistas, o sea, personas que son en parte propietarias de la empresa. El jefe del consejo era Jobs, pero las decisiones se tomaban entre todos. Un día, Steve se presentó en el consejo con la idea de echar a Sculley, alegando que no encajaba ni era la persona correcta para dirigir Apple. En ese momento Steve tenía veintinueve años, era joven, impaciente y temperamental, y si habían contratado a Sculley era justamente para evitar que su falta de experiencia y su personalidad impulsiva acabaran con la empresa. Por eso, la junta pensó que si tenían que elegir entre un chico inexperto y un CEO de fama reputada para dirigir Apple, por mucho que Steve fuese colega y hubiese creado la empresa... se tenía que ir. Y así le echaron de Apple.

Fue un golpe durísimo. Pero enseguida se dio cuenta de que era millonario, tenía menos de treinta años y la opinión pública en general le consideraba un genio. Tenía que volver a empezar. Por eso decidió montar una nueva empresa. Pero esta vez sin tener a un Sculley ni una junta directiva, ni a nadie que pudiese sabotear sus ideas ni que le dijese cómo hacer las cosas.

Era su oportunidad de llevar a cabo su plan maestro y demostrarle al mundo que tenía razón. La idea salió de una conversación que tuvo en 1985 con Paul Berg, un bioquímico de la Universidad de Stanford que estaba trabajando en proyectos de genética pero que tenía bastantes problemas a la hora de hacer ciertos experimentos. En aquella época tenías por una parte ordenadores caseros, que eran menos potentes que las calculadoras científicas que tenemos hoy en día, y ordenadores empresariales de cientos de miles de dólares, pero no había nada en medio. Las universidades tenían algunos de estos, pero había cola de espera para poder usarlos, y a Paul en su departamento de Stanford le faltaba el dinero para comprar un ordenador de alto rendimiento solo para él.

Cuando Steve trabajaba en Apple se reunió con Paul y le mostró el Macintosh, que era el ordenador que acababan de sacar a la venta en aquel momento. Pero Paul le dijo que, para sus investigaciones, con eso no tenía ni para empezar, que se quedaba cortísimo en potencia.

## EL ADN DE JOBS

Steve Jobs, al enfrentarse a su cáncer, no optó por un análisis genético común. A diferencia de servicios como 23andMe, que solo examinan partes específicas del ADN relacionadas con ciertas predisposiciones genéticas, Jobs decidió ir mucho más allá.

En lugar de conformarse con un enfoque parcial, Jobs invirtió en secuenciar completamente tanto su ADN como el de su tumor, un proceso mucho más costoso que los análisis genéticos estándar, pagando una cantidad considerablemente alta. Esta inversión le proporcionó un archivo completo de su información genética, no solo un conjunto limitado de indicadores.

Esta información detallada permitió a su equipo médico personalizar su tratamiento con mucha más precisión que lo que se podría hacer en casos típicos, donde los tratamientos se basan en la esperanza de que el ADN del paciente se parezca lo suficiente al de los sujetos de los ensayos clínicos.

Aunque al final Jobs no superó la enfermedad, este enfoque personalizado le ayudó a prolongar su vida más allá de lo que hubiera sido posible con métodos menos específicos.

Por eso, antes de irse de Apple, Steve había empezado a trabajar en un proyecto que se llamaba, por lo menos a nivel interno, Big Mac (sí, como la hamburguesa). El Big Mac tenía que ser como un Macintosh pero con la potencia suficiente para hacer cálculo científico.

Otra cosa importante para los científicos era que tuviese un sistema operativo un poco más parecido a Unix, que es lo que se usaba en los ordenadores de gran tamaño en esa época. Con una versión en miniatura con la suficiente potencia, los laboratorios de las universidades podrían hacer mucho más sin tener que esperar para poder usar el poder computacional de los grandes ordenadores centrales.

Steve tenía la idea para su nueva empresa: seguir con el Big Mac. Solo le faltaba el equipo de personas.

Aunque Steve ya no trabajaba en Apple, o sea, no tenía un cargo específico dentro de la empresa, seguía siendo el presidente de la junta directiva, por lo que podía ir a las reuniones. Pero desde que le echaron ya no había vuelto a pisar la sala ni una sola vez.

Un día de forma totalmente inesperada avisó a Sculley, con el que no se hablaba desde hace meses, que asistiría a la próxima reunión. Sculley dio por hecho que vendría a criticar toda la reorganización y cambios que estaban haciendo en Apple, pero el día de la reunión, cuando le tocó hablar, dijo: «Estoy pensando en crear una nueva empresa, lo he estado pensando mucho, solo tengo treinta años y algo tendré que hacer con mi vida. Así que voy a crear una empresa con el foco de crear ordenadores para universidades». Les prometió que la empresa no sería competencia, y que probablemente se llevaría con él algunos perfiles de Apple pero nadie importante, ningún perfil clave.

También se despidió como jefe de la junta directiva diciendo que esperaba que Apple y su nueva empresa pudieran trabajar juntos. Incluso que a lo mejor a Apple le interesaba comprar los derechos de distribución de su nuevo ordenador o hasta licenciar el software de Macintosh.

Uno de los directivos le replicó así: «¿Cómo que te vas a llevar empleados de Apple?». La respuesta de Jobs fue: «Tranquilo, son gente muy poco importante para la empresa. No los vais a echar de menos y, de todos modos, están pensando en irse».

En general, no se lo tomaron mal, y se plantearon proponerle a Steve que siguieran en la junta y que Apple fuese dueño de un 10 por ciento de esta nueva empresa.

## Empieza la guerra

Al día siguiente, Jobs se presentó a las 7.30 de la mañana, antes de la reunión diaria del personal, con una lista de los cinco empleados que se llevaría con él.

Sculley se quedó pálido. Le dijo: «Steve, estas no son personas de bajo nivel». A lo que Jobs respondió: «Bueno, pero se iban a ir de la empresa de todos modos. Te van a entregar su dimisión a las nueve en punto de la mañana».

Todas estas personas tenían cargos altos y eran empleados que llevaban muchos años en Apple, especialmente Dan Lewin, que era ejecutivo de Marketing y había conseguido crear una relación comercial fuerte entre Apple y las universidades. Este perfil era especialmente importante para la nueva empresa de Steve, porque dentro del mundo universitario todos conocían a Dan y confiaban en él. El resto eran miembros del antiguo proyecto Big Mac, y, claro, era gente que tenía conocimientos e información que era propiedad intelectual de Apple.

La junta de Apple se molestó mucho y decidió contarle a la prensa que iban a quitar a Steve Jobs de la junta directiva. Esto dejó a Steve muy sorprendido, especialmente porque primero le habían dicho que querían invertir en su empresa y mantenerlo en la junta, y luego, de repente, le dijeron que lo iban a echar.

Curiosamente, esta noticia resultó ser buena para Apple, ya que su valor en la bolsa subió un 7 por ciento. En aquel tiempo, para los inversores, no era muy cómodo que Steve Jobs y Steve Wozniak, quienes parecían unos hippies con ideas poco comunes, estuvieran al frente de Apple. Ahora que ambos se habían ido, la empresa estaba finalmente dirigida por gente de negocios más convencional.

Apple también demandó a Steve Jobs, acusándolo de planear en secreto una empresa competidora, de usar conocimientos y recursos de Apple para desarrollar sus productos y de llevarse a empleados clave de forma clandestina.

Steve se defendió ante los medios, argumentando que simplemente era bueno reclutando a personas talentosas para crear productos, que esos empleados ya planeaban dejar la empresa de todos modos y que era difícil creer que una compañía de dos mil millones de dólares y 4.300 empleados pudiera sentirse amenazada por cinco personas en vaqueros.

En ese momento, Steve poseía el 11 por ciento de Apple, valorado en más de cien millones de dólares. Comenzó a vender todas sus acciones.

## El NeXT

Su nuevo proyecto se llamaría NeXT, un nombre simple y directo. Para destacar, NeXT necesitaba un logotipo de primera. Así que contactó a Paul Rand, famoso por crear logotipos icónicos como los de Esquire, IBM y UPS. Como Rand tenía contrato de exclusividad con IBM, Steve llamó al presidente de IBM para pedir permiso, que finalmente le fue concedido por lo insistente que podía llegar a ser.

Paul Rand voló a ver a Jobs y empezaron a debatir sobre la visión de la empresa. Los ordenadores serían cubos perfectos. Por eso el logo también sería un cubo en 28 grados de inclinación. Jobs le pidió que le entregara unas cuantas opciones y Paul le dijo que no, que él no daba varias opciones. «Tu empresa tiene un problema, yo lo soluciono y tú me pagas. Yo te voy a hacer un logo, tú puedes usarlo o no usarlo, pero me vas a pagar de todos modos, por cierto, el precio son 100.000 dólares».

A Steve le gustó la actitud de Rand y aceptó el trato. En dos semanas, Rand presentó un logotipo amigable e informal, pero con autoridad. La palabra «NeXT» se dividía en dos partes para ajustarse al cubo, y la «e» minúscula simbolizaba educación y excelencia y hacía alusión a la fórmula $e = mc^2$, postulada por Albert Einstein.

NeXT aún no tenía productos ni oficinas, pero ya contaba con un logotipo de 100.000 dólares.

El siguiente paso era contratar a un diseñador industrial, y Jobs quería trabajar con Frog Design, una firma alemana de diseño que tenía un contrato de exclusividad con Apple, firmado por el propio Jobs. Convencer a IBM para que Rand creara el logotipo fue difícil, pero convencer a Apple para lo de Frog Design... Eso iba a ser otra historia.

Poco después de la demanda de Apple, Jobs escribió a Apple solicitando permiso para trabajar con Frog Design, argumentando que no habría conflictos de interés ya que NeXT no estaba al tanto de los planes de diseño de Apple.

Los ejecutivos de Apple quedaron sorprendidos. Señalaron que era imposible que NeXT no supiera los productos que Apple planeaba lanzar, dado que su equipo había trabajado en esta compañía hasta hacía poco. Además, recordaron que cuando Wozniak dejó Apple y quiso trabajar con Frog Design en su nuevo proyecto, Jobs se lo prohibió. La situación era contradictoria, pero como suele suceder, Steve encontró la manera de conseguir lo que quería.

Primero, resolvió el litigio con Apple. Durante el juicio, se comprometió a promocionar sus productos como estaciones de trabajo de alto rendimiento dirigidas a las universidades, que no se lanzarían al mercado hasta 1987 y que serían totalmente incompatibles con el Macintosh y su software.

Después, continuó persuadiendo a Frog Design hasta que Hartmut Esslinger, el propietario de la firma, aceptó terminar su contrato con Apple y trabajar con NeXT bajo la condición de tener total libertad creativa sin interferencias de Jobs. A pesar de su tendencia controladora y perfeccionista, Jobs cedía ante artistas de alto calibre como Rand y Esslinger, mostrando una gran admiración por su genio creativo.

La única condición de Steve era que los ordenadores debían ser cubos perfectos, con cada lado de exactamente un pie de largo y cada ángulo de precisamente 90 grados. Esta idea de Steve de que el ordenador debía ser una obra de arte complicaba enormemente el diseño, ya que una placa base estándar no encajaría en un cubo, lo que exigía rediseñar muchos componentes y crear soluciones innovadoras.

La necesidad de que el cubo fuera perfecto también presentó desafíos de fabricación. La mayoría de los ordenadores se moldeaban con ángulos ligeramente superiores a 90 grados para facilitar la extracción del molde, pero esto no era una opción para el NeXT debido a la insistencia de Jobs en la perfección del cubo. Cada lado tuvo que hacerse por separado. Los moldes para el cubo de NeXT costaron 650.000 dólares y se fabricaron en un taller de Chicago.

Cuando las primeras carcasas presentaron una pequeña imperfección, Jobs voló a Chicago para convencer a los fabricantes de que empezaran de nuevo, lo que logró debido a su insistencia. Incluso hizo que la empresa comprara una lijadora de 150.000 dólares para pulir las aristas.

La carcasa sería de magnesio en color negro mate, lo que aumentaba la dificultad debido a que cualquier defecto se notaría fácilmente. El monitor debía ser curvo y ajustable en inclinación, los tornillos internos debían estar cromados y el interior del ordenador tenía que ser del mismo negro mate que el exterior, aunque nadie lo viera.

Cuando el equipo de Steve le intentaba hacer entrar en razón, diciéndole que todo esto era demasiado caro, él contestaba diciéndoles que eran unos cobardes. Los ingenieros pasaron noches enteras intentando convertir toda esta larga lista de requisitos en un producto real. Era una locura.

El padre de Steve era un manitas y le había enseñado que un trabajo bien hecho era perfecto no solo en el exterior, sino también en el interior. Que nadie vaya a ver el interior no es una excusa para que sea una chapuza. Steve había aplicado eso a la filosofía de su empresa. Esto ya lo hacía en Apple, pero allí había gente que le paraba los pies. En NeXT, Steve había invertido todos sus millones y se hacía lo que él decía, sin restricciones.

Dentro de los diez primeros empleados de la empresa había un diseñador de interiores, encargado de diseñar la sede de la empresa. Steve alquiló un edificio que tenía un diseño que estaba bien, pero hizo que se desmontara absolutamente todo y se volvieran a construir las paredes, cambiándolas por cristales, la moqueta por madera. Años más tarde, cuando se mudaron a una oficina más grande en un edificio recién construido, también lo reformaron entero.

Movieron los ascensores de la entrada para hacerla más espectacular y encargó a I. M. Pei, al que probablemente conozcas por trabajos como la pirámide del Louvre, que diseñara unas escaleras de cristal que parecieran flotar en el aire. Es más, Pei le dijo que no era posible hacer las escaleras como él las quería. Steve insistió en que sí se podía y al final se pudo.

## IEOH MING PEI

Ieoh Ming Pei, conocido mundialmente como I. M. Pei, es una figura emblemática en el mundo de la arquitectura del siglo XX, cuyo legado perdura a través de su innovador trabajo y su visión estética única. Nacido en Cantón, China, en 1917, Pei se trasladó a Estados Unidos para continuar su educación, donde se graduó en arquitectura por el prestigioso MIT y posteriormente obtuvo un máster en arquitectura en la Universidad de Harvard. Trabajando inicialmente bajo la tutela de luminarias como Walter Gropius y Marcel Breuer, Pei pronto estableció su propio estilo, caracterizado por la fusión de la simplicidad estructural con la audacia geométrica, una síntesis que reflejaba tanto su formación occidental como su herencia oriental.

A lo largo de su ilustre carrera, Pei fue el cerebro detrás de algunas de las estructuras más reconocidas y respetadas del mundo, incluyendo la pirámide de vidrio del Louvre en París, el Museo de Arte Islámico en Doha y el Centro Bancario de Hong Kong. Estas obras no solo demuestran su habilidad para integrar elementos modernos en contextos históricos y culturales diversos, sino que también destacan su compromiso con la innovación técnica y la estética. Reconocido con numerosos galardones, incluido el prestigioso Premio Pritzker de Arquitectura en 1983, Pei logró un equilibrio magistral entre la funcionalidad y la forma, dejando un legado duradero que continúa inspirando a generaciones de arquitectos en todo el mundo.

Pero lo más extremo fue construir una fábrica, una fábrica totalmente automatizada. Esto ya lo había intentado con el Macintosh y no había salido bien, pero ahora que podía hacer lo que quería iba a hacerlo aún peor.

Todas las máquinas de la fábrica se pintaron de distintos colores, pero los colores no le convencían, así que se probaron distintas combinaciones cromáticas para ver cuál quedaba mejor. Después de montar y desmontar las máquinas, evidentemente, alguna no funcionaba, y hubo que hablar con los fabricantes en Alemania para que vinieran a arreglarlas.

Las paredes de la fábrica se pintaron de color blanco nuclear, lo cual exige tener muchísimo cuidado de no ensuciar nada. Mandó a hacer las sillas a medida en cuero negro por unos 20.000 dólares. Ah, y una escalera hecha a medida como la de la sede de NeXT para la fábrica. También exigió que la maquinaria estuviese dispuesta de tal manera que la línea de montaje moviera las placas y los circuitos de izquierda a derecha en todo momento, así los visitantes podían ver cómo se fabricaba paso a paso el ordenador en una línea continua desde una galería de observación.

No era una fábrica sin más: era una *performance*.

Las placas entraban vacías en una esquina de la fábrica y, veinte minutos después, en el otro extremo salía un NeXT completamente ensamblado sin intervención humana alguna. En aquella época, esto era revolucionario.

Obviamente, Steve necesitaba financiación, ya que tras invertir siete millones de dólares de su bolsillo, empezaba a tener problemas económicos. Contaba con una empresa con un logo atractivo y unas oficinas impresionantes, pero aún sin ingresos ni productos en el mercado. Por tanto, era difícil encontrar inversores, hasta que se cruzó con Ross Perot. Ross, un texano que había vendido su empresa electrónica a General Motors por 2.400 millones de dólares, estaba buscando oportunidades de inversión. Se sintió identificado con Steve al verlo hablar de NeXT en televisión.

Además, Ross lamentaba haber rechazado financiar a Bill Gates y Microsoft en el pasado, considerándolo el mayor error de su vida. Así que vio en NeXT una oportunidad que no podía desaprovechar.

Ross Perot no solo aportó veinte millones de dólares, sino también una valiosa red de contactos. En una ocasión, lo llevó a una cena de gala en San Francisco en honor a Juan Carlos I, rey de España. Allí, Perot presentó a Steve Jobs al rey y, tras una conversación, el rey escribió algo en una servilleta y se la entregó a Jobs. Perot preguntó qué había sucedido y Jobs respondió que acababa de venderle un ordenador a Juan Carlos I.

La relación entre Steve Jobs y Bill Gates siempre fue compleja. Microsoft era uno de los principales desarrolladores de software para Mac y, por ello, Steve cometió el error de mostrarle a Gates el software de los Macintosh antes de su lanzamiento, cuando aún estaba en Apple. Gates regresó a su casa y se dedicó a trabajar en la creación de Windows, inspirándose en la interfaz gráfica de Macintosh. Esto dañó su relación con Steve.

Sin embargo, con NeXT, la situación era diferente. Steve sabía que necesitaba a Bill Gates; necesitaba que el software de Microsoft funcionase en los nuevos ordenadores NeXT.

Así que invitó a Gates a su oficina, donde lo hizo esperar media hora, a pesar de que Gates podía verlo a través de las paredes de cristal charlando con otras personas. Al ver el ordenador NeXT, Gates comentó que era un producto deficiente, y criticó la latencia del disco óptico y el alto costo de la carcasa. Consideró absurdo desviar recursos de Microsoft para desarrollar aplicaciones para NeXT. Incluso llegó a decir en la revista *InfoWorld*: «¿Desarrollar producto para ellos? Me meo en su ordenador».

Una de las principales razones por las que Gates y Jobs no podían colaborar era su enfoque diametralmente opuesto. Jobs aspiraba a crear un ecosistema cerrado; es decir, NeXT sería un sistema con puertos únicos, un sistema operativo exclusivo y programas propios que no tendrían relación con los de otras compañías. Al adquirir un NeXT, te comprometías completamente con él.

Bill Gates, por otro lado, se enfocaba en que diferentes compañías fabricaran ordenadores compatibles entre sí, todos con el mismo sistema operativo, como sucedió con Windows, que no está vinculado a ninguna marca específica. Así, no importaba la marca del ordenador; cualquier software diseñado para Windows funcionaría sin problemas.

En esa época, la mayoría de las marcas seguían un modelo de ecosistema cerrado, que era el estándar hasta entonces. Cada empresa desarrollaba su propio hardware y software, pero el mercado estaba evolucionando y Microsoft estaba marcando la nueva tendencia. Steve intentaba mantener un sistema que estaba quedando obsoleto, al menos en el ámbito de los PC.

## El lanzamiento

El día de lanzamiento del NeXT, a finales de 1988, fue crucial.

Steve Jobs es conocido por sus presentaciones de producto casi teatrales. Popularizó las *keynotes* tal como las conocemos hoy, y la presentación del NeXT podría considerarse el nacimiento de este estilo. No fue la primera presentación de Steve, pero sí la más dramática hasta ese momento.

Contrató a George Coates, un reconocido productor de teatro de la época, y destinó más de 60.000 dólares al presupuesto audiovisual.

El evento se realizó en el auditorio de la Orquesta Sinfónica de San Francisco, donde Steve pasó tres horas en escena explicando cada detalle del producto.

Todo transcurría sin contratiempos hasta que se anunció el precio: 6.500 dólares. Hubo algunos aplausos, probablemente por cortesía, pero el precio era un desastre. Sus asesores universitarios le habían recomendado un precio entre 2.000 y 3.000 dólares. Solo la impresora costaba 2.000 dólares, y se sugería adquirir un disco duro adicional por 2.500 dólares debido a la lentitud del disco óptico, elevando el costo total a más de 10.000 dólares con todos los accesorios. Lo peor fue que no se proporcionó una fecha de lanzamiento concreta, aunque se insinuó que sería a mediados del año siguiente.

La Orquesta Sinfónica tocó un dueto con el ordenador, y en la rueda de prensa posterior, al ser cuestionado sobre la tardanza del lanzamiento, Jobs respondió que no se retrasaba, sino que llegaba cinco años adelantado a su tiempo.

Tras unos días de expectativa inicial, el interés por NeXT desapareció rápidamente. Bill Gates comentó en una entrevista que el producto le había decepcionado, ya que el Macintosh de Apple había ofrecido innovaciones revolucionarias que ningún otro ordenador había traído hasta entonces. En cambio, NeXT ofrecía características como el envío de notas de voz por correo electrónico y una colección de citas de Shakespeare, pero nada verdaderamente revolucionario.

Para el lanzamiento, la fábrica estaba preparada para producir diez mil unidades al mes, pero las ventas no superaron las cuatrocientas mensuales. La prensa comenzó a criticar el mal desempeño de NeXT, especialmente en una era que se movía hacia sistemas abiertos. NeXT era completamente incompatible, limitándose solo a software diseñado específicamente para él.

Otro problema era la competencia: NeXT aspiraba a vender estaciones de trabajo de alto rendimiento pero personales (Workstations), pero ese mercado era de Sun Microsystems, que en ese momento estaba en su *prime*, con ingresos cien veces mayores que los de NeXT.

## El ocaso de NeXT

Unos tres años más tarde, la situación de NeXT era insostenible. Jobs finalmente se resignó. Como mencionamos anteriormente, NeXT era un ecosistema cerrado. Por eso, también tenía su propio sistema operativo, llamado NeXTSTEP, que estaba inspirado en Unix.

Jobs decidió adaptarlo a otras plataformas, comenzando con NeXTSTEP para PC, que pertenecía al ecosistema de IBM e Intel.

Además, detuvieron la producción de ordenadores, despidieron a la mitad del personal, vendieron la famosa fábrica automatizada a Canon. Se transformaron en una compañía de software.

¿Cuánto éxito tuvo esta maniobra? Probablemente nunca hayas oído hablar de NeXTSTEP. En resumen, tuvo un éxito moderado. Esto ocurrió durante la primera mitad de los noventa, una época en la que Microsoft se consolidó como el líder del mercado de computadoras personales y los ordenadores basados en Intel y compatibles con PC se convirtieron en el estándar, dominando prácticamente todo el mercado actual.

¿Y Apple? No le iba mucho mejor. Tras la salida de Jobs, Apple se enfocó en el mercado de la autoedición. Gracias a sus tipografías y herramientas enfocadas al diseño gráfico, los Mac eran ideales para aquellos que querían editar de forma independiente, sin depender de grandes editoriales. Desde libros y pósters hasta diseño gráfico tal y como lo conocemos hoy, Apple dominaba ese sector, lo que le permitía vender productos relacionados a precios altos con grandes márgenes de beneficio.

La única prioridad de la dirección de Sculley era incrementar la rentabilidad de Apple. Los empleados se centraban en desarrollar nuevos productos alrededor de lo mismo de siempre, pero sin innovación, la empresa iba decayendo poco a poco, especialmente en un mundo donde el PC se posicionaba como la mejor opción.

Este enfoque reflejaba el perfil de Sculley, quien había ascendido en su carrera centrándose en las ventas, especialmente proveniente de una empresa como Pepsi, donde la innovación no era prioritaria. Aunque apostar por lo seguro y conocido no es necesariamente una mala estrategia, en una época de innovación absoluta como fue la primera mitad de los noventa, aquellos que no supieron reinventarse se quedaron atrás.

A Microsoft le costó bastante alcanzar el nivel de Apple en cuanto a interfaz gráfica con Windows, pero una vez que lanzaron Windows 95, este se convirtió en el sistema operativo más utilizado en la historia.

La situación era tan grave que en 1993 Sculley dejó la empresa. El nuevo CEO intentó venderla a cualquier interesado, como Sun Microsystems, IBM y HP, pero nadie la quería. Finalmente, en 1996, con apenas un 4 por ciento de usuarios de Mac en el mercado, llegó otro CEO, Gil Amelio. Al enterarse, Steve Jobs lo visitó y le propuso un plan sorprendente: que le ayudara a regresar a Apple.

Steve argumentó que él era el único capaz de liderar a Apple en una nueva era, insinuando que el Macintosh había quedado obsoleto. Intentó convencer a Amelio, pero como no tenía un plan claro, Amelio lo despidió cortésmente de su oficina.

Sin embargo, Apple afrontaba un gran problema: Windows estaba prosperando y el Mac se quedaba atrás. Apple trabajaba en Copland, un nuevo sistema operativo, pero su desarrollo estaba retrasado y no se esperaba hasta 1997. Además, era inferior a Windows, lo que reflejaba la falta de inversión de Apple en innovación.

La empresa consideró cerrar el proyecto Copland y buscar un sistema operativo externo. Primero negociaron con Be Inc., pero las conversaciones fueron demasiado agresivas. Luego pensaron en Sun Microsystems y Windows NT, este último como una versión adaptada que se asemejara más a Macintosh. La idea de que incluso los dispositivos Apple llevaran Windows complacía enormemente a Bill Gates, representando un final irónico y humillante para la saga entre Jobs y Gates.

Finalmente, Apple se interesó por NeXTSTEP de NeXT. Steve Jobs presentó el software a Apple, convenciéndolos de que, al profundizar, desearían adquirir toda la empresa, no solo el software. En efecto, Jobs tenía un plan para regresar a Apple: que Apple comprara NeXT.

Convencer a Apple le llevó muchísimo trabajo, pero Steve tenía razón. NeXT en ese momento era una empresa de software centrada en desarrollar un sistema operativo, con un equipo de ingenieros que llevaban años trabajando en el proyecto y con conceptos bastante innovadores, capaces incluso de competir con Windows. Eso era exactamente lo que Apple necesitaba, así que al final, después de muchísimas negociaciones, acabaron comprando la empresa.

El acuerdo se cerró, y Jobs recibió 120 millones de dólares en efectivo y 37 millones en acciones de Apple. Jobs se incorporó a la compañía con un cargo directivo y, más tarde, consiguió reemplazar a Amelio como CEO, regresando al mando de la empresa que había fundado.

El resto es historia: la llegada del famoso iMac, el iPod, iTunes, iPhone, iPad y toda la era moderna de Apple, que la catapultó al estrellato y la convirtió en la empresa tecnológica más grande del mundo, manteniéndose en la cima incluso después del fallecimiento de Steve Jobs a finales de 2011.

## Don Quijote tecnológico

El éxito de Steve Jobs se basa en su habilidad para pensar de manera distinta a los demás, tener ideas que iban en contra de lo que la mayoría creía, y ser lo suficientemente terco como para hacerlas realidad, como un moderno don Quijote de la tecnología. Pero este rasgo no es exclusivo de Steve; muchos empresarios exitosos han tenido que apostar por ideas revolucionarias, aunque eso implique el riesgo de fallar.

Ser despedido de Apple y enfrentarse al reto de NeXT, invirtiendo su propio dinero, su obsesión y todo su esfuerzo, solo para ver cómo fracasaba, fue una lección de humildad para Jobs. Le enseñó que ni su instinto ni su visión del mundo eran infalibles, y lo preparó para lo que vendría después: su regreso triunfal a Apple.

NeXT marcó probablemente la etapa profesional más sombría de Jobs, donde dio rienda suelta a su temperamento y caprichos, para finalmente buscar una manera de regresar a Apple. Sin embargo, no todo fue negativo en esos años.

Durante esa misma época Jobs también invirtió en Pixar, la creadora de *Toy Story*, que acabaría siendo adquirida por Disney, aunque esa es otra historia. Además, su trabajo en NeXT no cayó en el olvido. Muchos elementos de NeXT siguen presentes en productos actuales como el Mac Studio y el Mac Mini, que a pesar de ser el ordenador más económico de Apple, posee una construcción impresionante. Incluso el Mac Pro muestra acabados internos excepcionales. Aunque estos productos no son cubos, Apple ya experimentó con esta forma en el Power Mac G4 Cube.

La adopción de materiales como el magnesio y el aluminio en la fabricación de ordenadores fue una innovación liderada por NeXT, y hoy en día, incluso Microsoft utiliza magnesio en sus dispositivos Surface, algo que en su momento habría parecido absurdo para Bill Gates.

La escalera de cristal que mandó diseñar para la sede de NeXT, ahora un icono en las Apple Store, seguramente la hayas visto en fotos o en persona, como la que hay en la Apple Store de la Quinta Avenida de Nueva York. Es otro legado de la visión de Jobs.

Pero quizá el legado más importante de Steve Jobs sea NeXTSTEP, que terminó evolucionando hasta convertirse en MacOS. Como estaba basado en UNIX, igual que Linux, MacOS comparte muchas similitudes con este, lo que lo hace muy popular entre desarrolladores de software y web de código abierto. El dock de Mac, XCode y elementos como el framework Foundation y AppKit también son herencias directas de NeXT.

Objective-C, el lenguaje de programación orientado a objetos que Apple usó durante muchos años, aún coexiste hoy con su sucesor, Swift. Todo esto muestra cómo la influencia de NeXT y la filosofía de Jobs siguen vivas en la tecnología que usamos actualmente.

Aunque NeXT fue un fracaso comercial, su código y, más importante, su enfoque siguen presentes en Apple. No se trata solo del software que Apple adquirió de NeXT, sino que Steve Jobs también reintrodujo la filosofía de centrarse en el diseño y la innovación, lo que terminó redefiniendo la identidad de Apple a finales de los noventa.

Esta vez, sin embargo, Jobs había aprendido la lección: sabía que debía ser más prudente, cuidar los costos, dejar de lado la arrogancia y aplicar la misma visión, pero con una actitud más sabia y madura.

«Para viajar lejos no hay mejor nave que un libro».

EMILY DICKINSON

# Gracias por tu lectura de este libro.

En **penguinlibros.club** encontrarás las mejores recomendaciones de lectura.

Únete a nuestra comunidad y viaja con nosotros.